효과 빠른 약점 처방전

[과탐] 지구과학 Ⅰ S

구성과 특징 Structure

» 전체 교과 내용을 **11강**으로 분류하여 효율적 학습이 가능하도록 구성하였습니다.

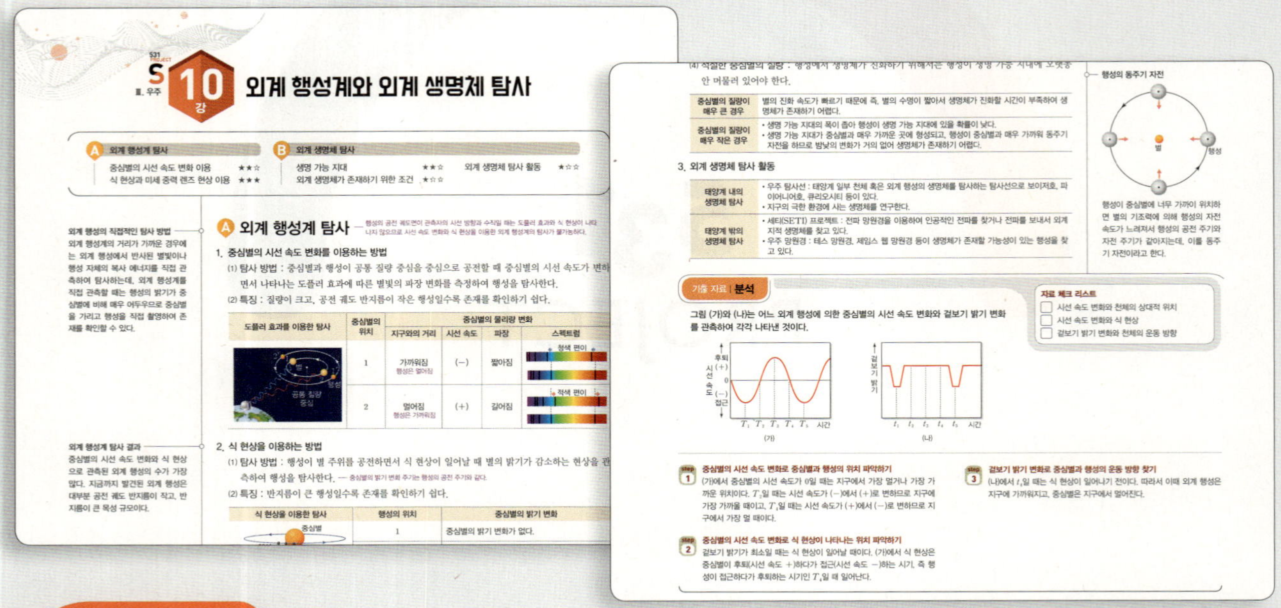

내용 정리

▶ 이 단원에서 반드시 알아야 할 개념을 체계적으로 정리하였습니다.

▶ 해당 개념에 대한 출제 빈도를 한눈에 파악할 수 있도록 제시하였습니다.

▶ **기출 자료 분석 :** 수능이나 평가원 기출 문제에 제시된 자료를 단계별로 상세하게 분석하였습니다.

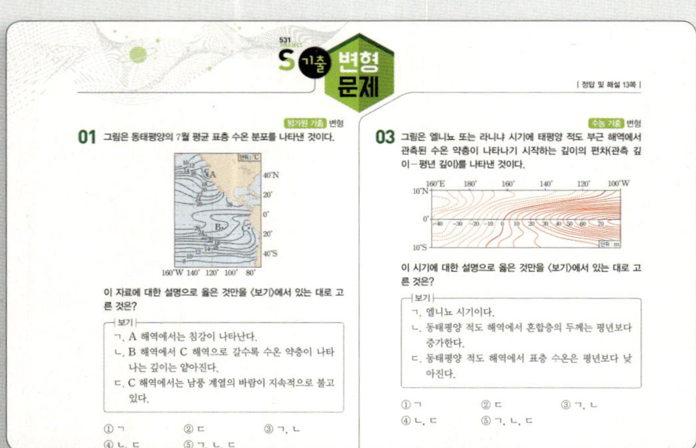

기출 변형 문제

▶ 수능, 평가원, 교육청 기출 문제를 변형하여 구성하였습니다.

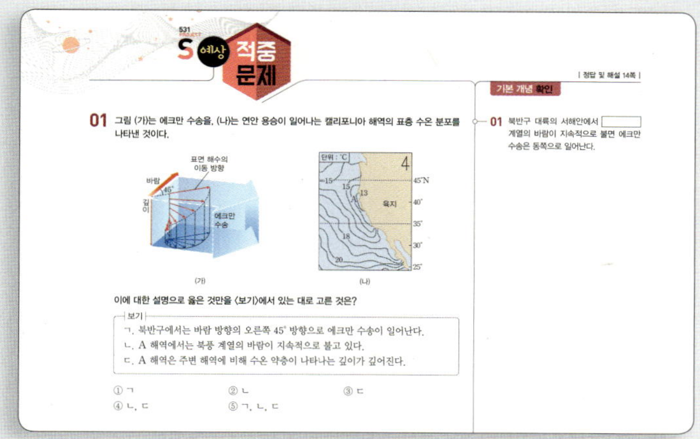

예상 적중 문제

▶ 수능에 출제될 가능성이 높은 문제로 구성하였습니다.

▶ **기본 개념 확인** : 문제를 풀기 위해 알아야 할 개념을 확인할 수 있습니다.

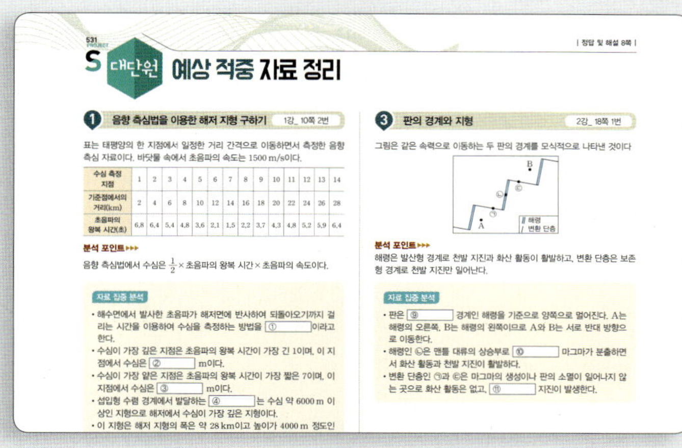

대단원 예상 적중 자료 정리

▶ 대단원에서 나올 수 있는 대표적인 자료를 분석하면서 시험에 나올 수 있는 다양한 내용을 한 번 더 확인합니다.

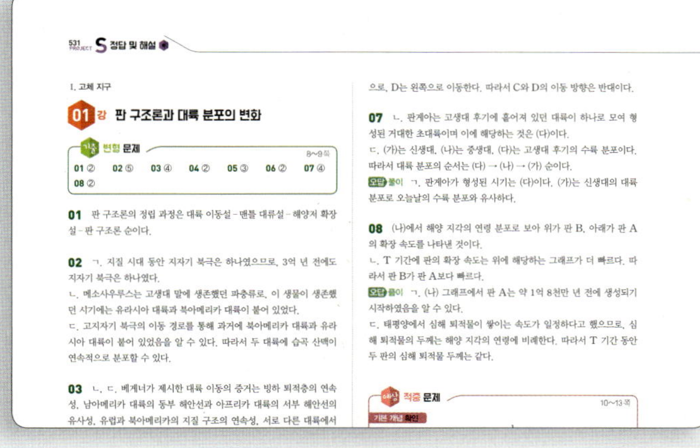

정답 및 해설

▶ 정확하고 상세한 해설로 문제를 완벽하게 이해할 수 있도록 도와줍니다.

▶ 오답 풀이를 통해 무엇이 잘못된 내용인지 확인할 수 있습니다.

531 PROJECT S

차례 Contents

I 고체 지구

II 대기와 해양

III 우주

I 고체 지구

531 PROJECT

S 01강 판 구조론과 대륙 분포의 변화

A 판 구조론의 정립		B 지질 시대 대륙 분포의 변화	
판 구조론의 정립 과정	★★☆	지자기 북극의 겉보기 이동 경로	★☆☆
대륙 이동의 증거	★★☆	고지자기 복각	★☆☆
해양저 확장설의 증거	★★★	대륙 분포의 변화	★☆☆

음향 측심법
해수면에서 해저면으로 발사한 초음파가 해저면에서 반사되어 되돌아오는 데 걸리는 시간(t)을 이용하면 수심(d)을 측정할 수 있다.

$$d = \frac{1}{2}vt \ (v : 초음파의 속도)$$

고지자기 줄무늬
현무암질 암석에 있는 철 성분이 풍부한 광물은 자성을 갖게 되어 생성될 당시의 지구 자기장이 기록되는데 이를 고지자기라고 한다. 해양 지각의 고지자기를 분석하면 현재의 지구 자기장 방향과 나란한 정상 시기(정자극기)와 반대 방향인 역전 시기(역자극기)가 교대로 반복되어 나타나는데 이를 고지자기의 줄무늬라고 한다.

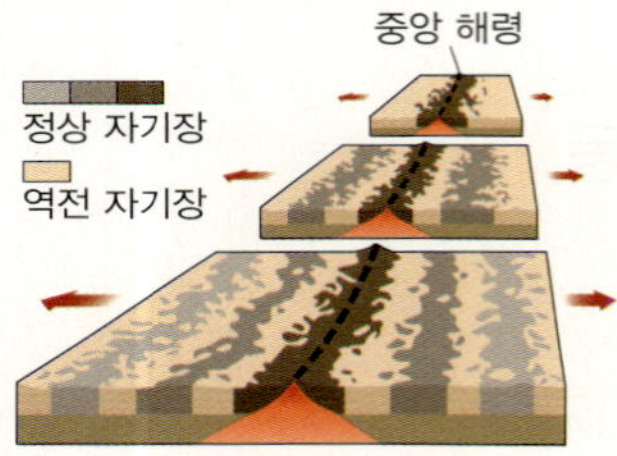

복각
자기장을 나타내는 선을 자기력선이라 하고, 지구 자기력선의 방향과 수평면이 이루는 각도를 복각이라 한다. 복각은 자극에서 90°이고, 자극에서 멀어질수록 작아져 자기 적도에서는 0°가 된다.

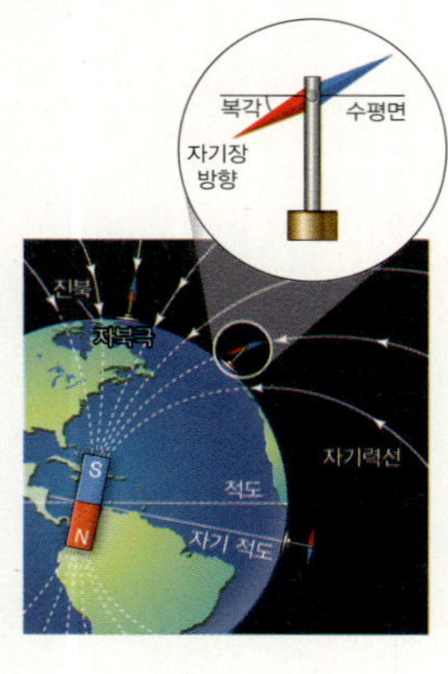

A 판 구조론의 정립

1. 판 구조론의 정립 과정

대륙 이동설	➡	맨틀 대류설	➡	해양저 확장설	➡	판 구조론

(1) **대륙 이동설** : 1912년 베게너는 과거에 하나로 모여 있던 대륙이 분리되고 이동하여 오늘날과 같은 대륙 분포를 이루었다고 주장하였다.

(2) **맨틀 대류설** : 1920년대 후반 홈스는 맨틀이 열대류를 하며, 맨틀 대류의 상승부에서는 대륙 지각이 분리되면서 새로운 해양이 생성되고, 맨틀 대류의 하강부에서는 산맥과 해구가 생성된다고 주장하였다.

(3) **해양저 확장설** : 1960년대 초 헤스와 디츠는 새로운 지각이 생성되는 해령을 중심으로 양쪽으로 해양저가 확장되며, 해구에서는 오래된 해양 지각이 소멸된다고 주장하였다.

(4) **판 구조론** : 지구 표면은 20여 개의 판으로 구성되어 있으며, 이들의 상대적인 운동에 의해 여러 가지 지각 변동과 지질 현상이 일어난다는 이론으로, 1960년대 말에 공식화되었다.

2. 베게너가 제시한 대륙 이동의 증거 — 베게너는 대륙 이동의 원동력을 설명하지 못하였다.

고생물 화석의 분포	해안선과 지질 구조의 연속성	과거 빙하의 흔적

3. 해양저 확장설의 증거

(1) 해령에서 멀어질수록 해양 지각의 연령과 심해 퇴적물의 두께가 증가한다.

(2) 해저 고지자기 줄무늬가 해령과 거의 나란하며 해령을 축으로 대칭을 이룬다.

B 지질 시대 대륙 분포의 변화

1. 고지자기 변화와 대륙 이동 복원

(1) **지자기 북극의 겉보기 이동 경로와 대륙 이동** : 북아메리카 대륙과 유럽 대륙에서 측정한 지자기 북극의 겉보기 이동 경로가 어긋나 있는 것은 붙어 있던 두 대륙이 분리되었기 때문이다.

(2) **고지자기 복각을 이용한 대륙 이동 복원** : 고지자기 복각의 크기는 위도와 비례하므로, 고지자기 복각을 측정하면 대륙의 과거 위도를 알 수 있고, 이로부터 대륙의 이동 경로를 복원할 수 있다.

2. 지질 시대 대륙 분포의 변화

(1) **로디니아 이전의 초대륙** : 약 36억 년 전에 형성된 초대륙 발바라(Vaalbara), 약 30억 년 전에 형성된 초대륙 우르(Ur), 약 27억 년 전에 형성된 초대륙 케놀랜드(Kenorland), 약 18억 년 전에 형성된 초대륙 콜롬비아(Columbia) 등이 있다.

(2) 로디니아 이후의 대륙 분포 변화

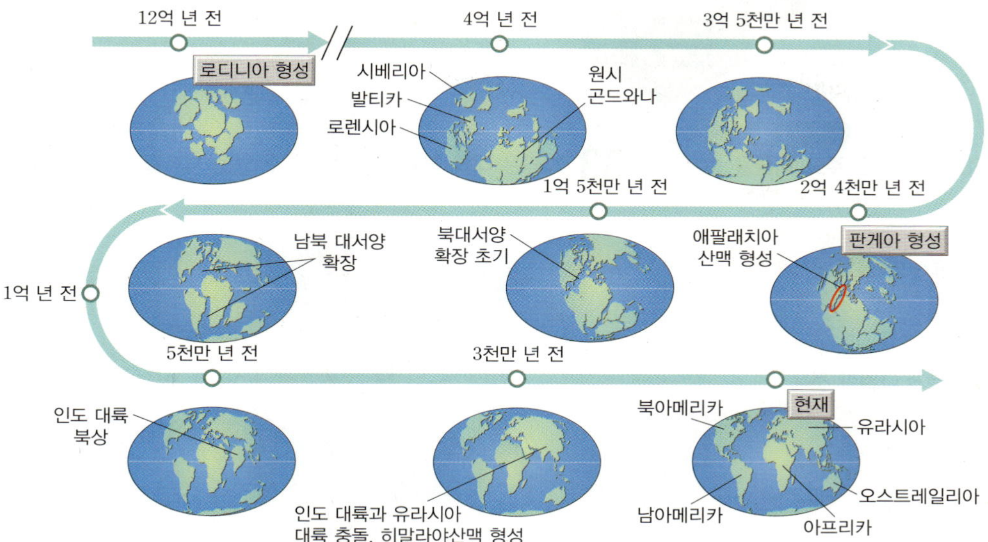

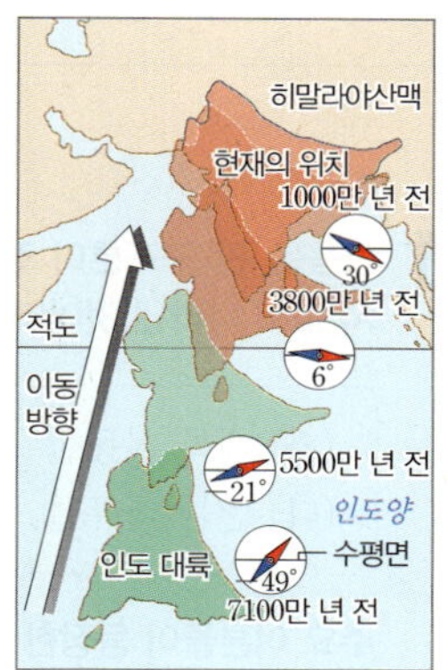

지질 시대 동안 인도 대륙의 위치 변화와 복각의 변화

초대륙
로디니아 대륙 이전에도 지질 시대 동안 여러 차례 초대륙이 형성되었으며, 로디니아 대륙 이후에도 판게아가 형성되기 전 곤드와나 초대륙이 존재하였다. 현재까지 알려진 가장 오래된 초대륙은 발바라이다.

판게아 울티마(Ultima)
판게아 울티마는 프록시마(Pangaea Proxima), 네오판게아(Neopangaea), 판게아Ⅱ(PangaeaⅡ), 아마시아(Amasia)로도 불린다.

(3) **미래의 대륙 분포 변화** : 지구가 현재와 같은 판 구조 운동을 지속한다면 약 5천만 년 후에는 대서양이 더욱 넓어지고, 아프리카는 유럽과 충돌하여 지중해는 사라질 것으로 추정된다. 또한 오스트레일리아는 동남아시아와 충돌하고, 미국의 캘리포니아주는 알래스카까지 이동할 것이며, 1억 년 후에는 대서양이 북아메리카와 남아메리카의 동쪽 해안을 따라 섭입하기 시작하여 약 2억 5천만 년 후에는 대서양이 완전히 사라질 것이다. 이 때문에 남북아메리카, 유럽, 아프리카 및 아시아가 모여서 새로운 초대륙인 판게아 울티마(Pangaea Ultima)가 형성될 것이다.

그림 (가)는 북아메리카 대륙과 유라시아 대륙에서 측정한 고지자기 북극의 이동 경로를 나타낸 것이고, (나)는 두 대륙에서 측정한 자극의 이동 경로를 일치시켰을 때 나타나는 대륙의 분포이다.

자료 체크 리스트
- [ ] 지자기 북극의 개념 및 특징
- [ ] 대륙 이동의 증거
- [ ] 북아메리카와 유라시아의 지질 구조 연속성 적용

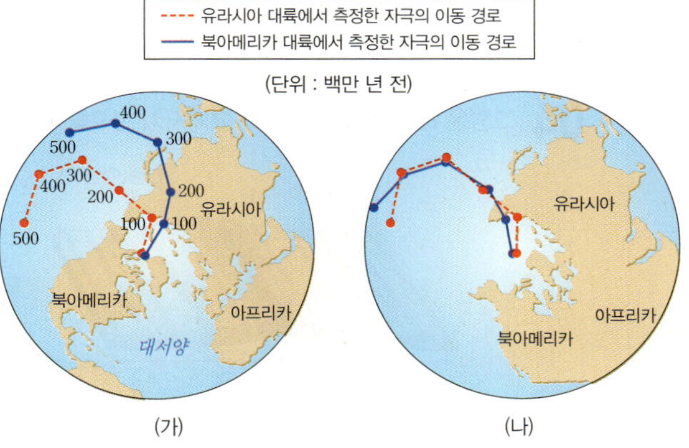

step 1 지자기 북극과 지리상 북극의 개념 및 특징을 이해하기
지리상 북극은 고정되어 있는 위치이지만, 지자기 북극은 지구 자기장의 변화에 의해 위치가 변한다. 지자기 북극은 하나만 존재한다.

step 2 지자기 북극의 이동 경로를 통해 대륙 이동을 유추하기
두 대륙에서 지자기 북극의 이동 경로가 다른 까닭은 두 대륙이 상대적으로 이동하였기 때문이다. 과거에 두 대륙이 이동하면서 대서양이 형성되어 현재의 모습으로 변하였다. 이러한 사실은 대륙 이동설을 부활시키는 결정적 요인으로 작용하였다.

step 3 유럽과 북아메리카 대륙에서 지질 구조의 연속성 찾기
지자기 북극의 이동 경로를 통해 과거에 북아메리카 대륙과 유라시아 대륙이 붙어 있었음을 알 수 있다. 따라서 두 대륙에서 습곡 산맥의 분포가 연속성을 가진다.

01 다음은 판 구조론이 정립되는 과정에서 등장한 주요 이론을 순서 없이 나타낸 것이다.

> (가) 대륙 이동설　　　(나) 해양저 확장설
> (다) 맨틀 대류설

주요 이론들이 등장한 시간 순으로 바르게 나열한 것은?

① (가) – (나) – (다)
② (가) – (다) – (나)
③ (나) – (가) – (다)
④ (나) – (다) – (가)
⑤ (다) – (가) – (나)

02 그림 (가)는 북아메리카와 유라시아 대륙에서 측정한 고지자기 북극의 이동 경로를 나타낸 것이고, (나)는 두 대륙에서 측정한 자극의 이동 경로를 일치시켰을 때 나타나는 대륙 분포이다.

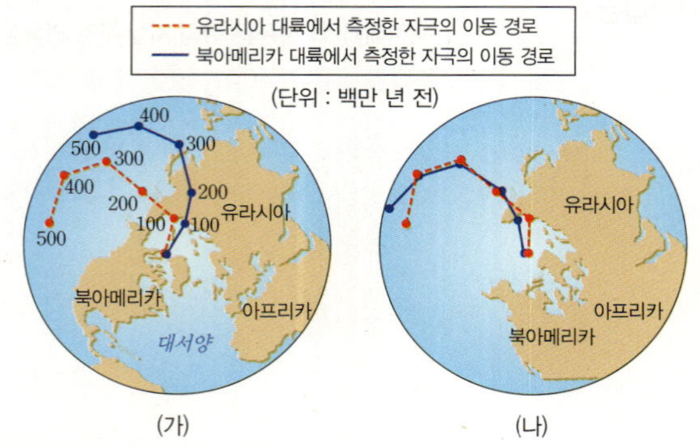

이에 대한 설명으로 옳은 것만을 〈보기〉에서 있는 대로 고른 것은?

> **보기**
> ㄱ. 3억 년 전에 지자기 북극은 하나였다.
> ㄴ. 메소사우루스가 생존했던 시기에 유라시아 대륙과 북아메리카 대륙은 붙어 있었다.
> ㄷ. 북아메리카 대륙에서 발견되는 습곡 산맥이 유라시아 대륙에 연속적으로 분포할 수 있다.

① ㄱ　　　　② ㄴ　　　　③ ㄱ, ㄷ
④ ㄴ, ㄷ　　　⑤ ㄱ, ㄴ, ㄷ

03 그림은 대륙 이동을 뒷받침할 수 있는 자료를 지도에 나타낸 것이다.

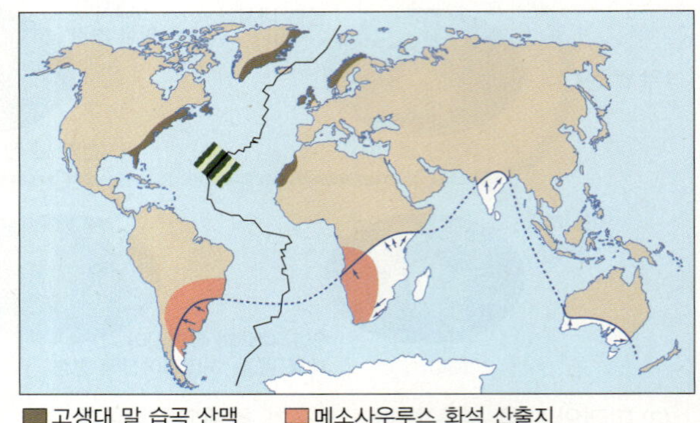

이 자료와 관련하여 베게너가 대륙 이동의 증거로 제시한 것을 〈보기〉에서 있는 대로 고른 것은?

> **보기**
> ㄱ. 해령을 중심으로 고지자기 줄무늬가 대칭적으로 나타난다.
> ㄴ. 여러 대륙에 나타나는 빙하 퇴적층의 분포에 연속성이 있다.
> ㄷ. 남아메리카 대륙의 동부 해안선과 아프리카 대륙의 서부 해안선의 형태가 유사하다.

① ㄱ　　　　② ㄴ　　　　③ ㄱ, ㄷ
④ ㄴ, ㄷ　　　⑤ ㄱ, ㄴ, ㄷ

04 그림은 해양 지각의 연령과 고지자기 분포를 나타낸 모식도이다.

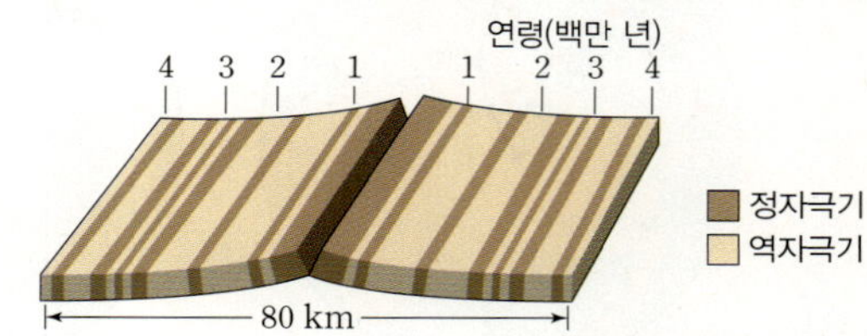

이 자료에 대한 설명으로 옳은 것만을 〈보기〉에서 있는 대로 고른 것은?

> **보기**
> ㄱ. 수렴형 경계에서 나타나는 고지자기 분포이다.
> ㄴ. 판의 평균 이동 속도는 약 1 cm/년이다.
> ㄷ. 고지자기 역전 주기는 일정하다.

① ㄱ　　　　② ㄴ　　　　③ ㄱ, ㄷ
④ ㄴ, ㄷ　　　⑤ ㄱ, ㄴ, ㄷ

05 그림은 위도 50°S에 위치한 어느 해령 부근의 고지자기 분포를 나타낸 것이다.

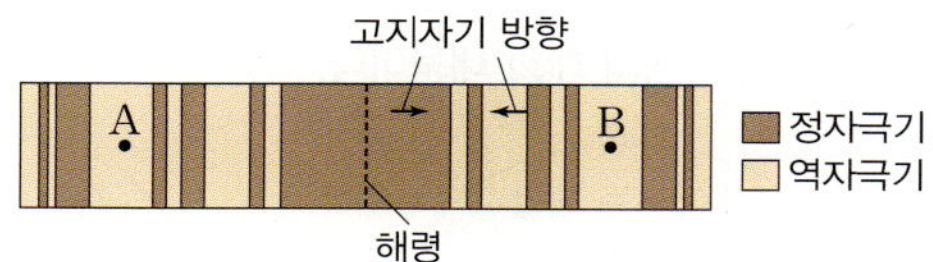

이에 대한 설명으로 옳은 것만을 〈보기〉에서 있는 대로 고른 것은?

├ 보기 ├
ㄱ. A에서 고지자기 방향은 남쪽을 가리킨다.
ㄴ. A는 B보다 고위도에 위치한다.
ㄷ. 지각의 연령은 A 지점이 B 지점보다 많다.

① ㄱ   ② ㄷ   ③ ㄱ, ㄴ
④ ㄴ, ㄷ   ⑤ ㄱ, ㄴ, ㄷ

06 그림은 해령 부근의 판 경계를 모식적으로 나타낸 것이다.

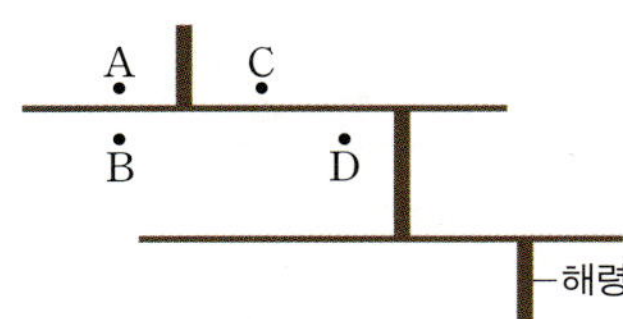

A~D 지점에 대한 설명으로 옳은 것만을 〈보기〉에서 있는 대로 고른 것은?

├ 보기 ├
ㄱ. A와 B 사이에는 변환 단층이 존재한다.
ㄴ. 퇴적물의 두께는 B가 D보다 두껍다.
ㄷ. C와 D의 이동 방향은 같다.

① ㄱ   ② ㄴ   ③ ㄱ, ㄷ
④ ㄴ, ㄷ   ⑤ ㄱ, ㄴ, ㄷ

07 그림은 현생 누대의 서로 다른 시기의 대륙 분포를 순서 없이 나타낸 것이다.

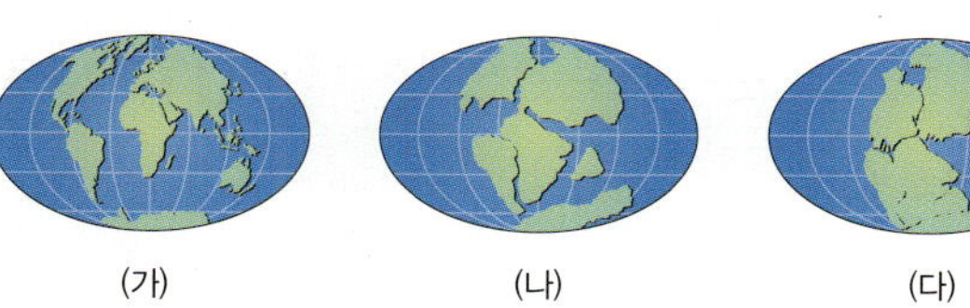

이에 대한 설명으로 옳은 것만을 〈보기〉에서 있는 대로 고른 것은?

├ 보기 ├
ㄱ. 판게아는 (가) 시기에 존재했다.
ㄴ. (다)는 고생대 후기에 해당한다.
ㄷ. 대륙 분포는 (다) → (나) → (가) 순이다.

① ㄱ   ② ㄴ   ③ ㄱ, ㄷ
④ ㄴ, ㄷ   ⑤ ㄱ, ㄴ, ㄷ

08 그림 (가)는 판 경계와 해양판 A, B를 나타낸 것이고, (나)는 시간에 따른 A와 B의 확장 속도를 순서 없이 나타낸 것이다.

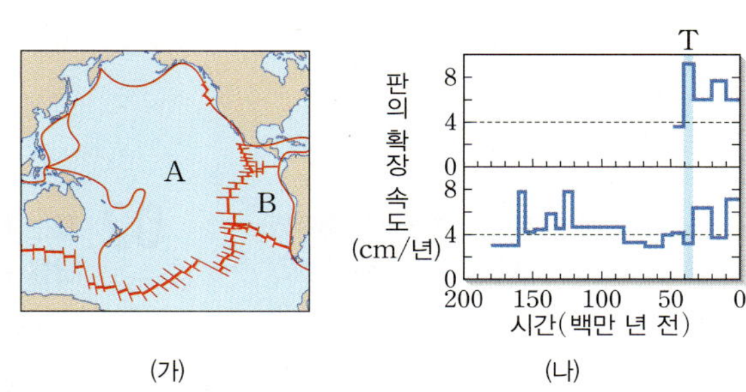

이 자료에 대한 설명으로 옳은 것만을 〈보기〉에서 있는 대로 고른 것은? (단, 태평양에서 심해 퇴적물이 쌓이는 속도는 일정하다.)

├ 보기 ├
ㄱ. 판 A는 약 5천만 년 전에 생성되기 시작하였다.
ㄴ. T 기간에 판의 확장 속도는 B가 A보다 빠르다.
ㄷ. T 기간에 생성된 판 위에 쌓인 심해 퇴적물의 두께는 A가 B보다 3배 두껍다.

① ㄱ   ② ㄴ   ③ ㄱ, ㄷ
④ ㄴ, ㄷ   ⑤ ㄱ, ㄴ, ㄷ

기본 개념 확인

01 판 구조론의 정립 과정은 대륙 이동설 – [   ] – [   ] – 판 구조론 순이다.

01 다음은 판 구조론의 정립 과정에 대한 세 학생의 대화 내용이다.

판 구조론의 정립 과정에 대해 옳게 말한 학생만을 있는 대로 고른 것은?

① A   ② B   ③ A, C   ④ B, C   ⑤ A, B, C

02 해저면을 향해 발사한 초음파가 해저면에 반사되어 되돌아오는 데 걸리는 시간을 t, 초음파의 속도를 v라고 하면 수심은 [   ] 식으로 구할 수 있다.

02 표는 태평양의 한 지점에서 일정한 거리 간격으로 이동하면서 측정한 음향 측심 자료이다. 바닷물 속에서 초음파의 속도는 1500 m/s이다.

수심 측정 지점	1	2	3	4	5	6	7	8	9	10	11	12	13	14
기준점에서의 거리(km)	2	4	6	8	10	12	14	16	18	20	22	24	26	28
초음파의 왕복 시간(초)	6.8	6.4	5.4	4.8	3.6	2.1	1.5	2.2	3.7	4.3	4.8	5.2	5.9	6.4

이에 대한 설명으로 옳은 것만을 〈보기〉에서 있는 대로 고른 것은?

┌ 보기 ┐
ㄱ. 관측 지점에는 해구가 나타난다.
ㄴ. 관측 지점 7의 지하에는 섭입대가 있다.
ㄷ. 수심이 가장 깊은 지점의 수심은 5100 m이다.

① ㄱ   ② ㄷ   ③ ㄱ, ㄴ
④ ㄴ, ㄷ   ⑤ ㄱ, ㄴ, ㄷ

03 그림은 해양 A와 B에서 측정한 최근 8천만 년 동안의 고지자기 분포를 해령으로부터의 거리에 따라 나타낸 것이다. 점선은 두 해양에서 암석의 절대 연령이 같은 지점을 연결한 것이다.

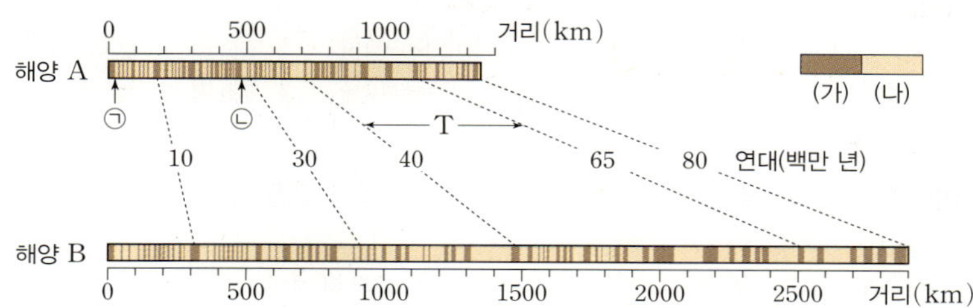

이에 대한 설명으로 옳은 것만을 〈보기〉에서 있는 대로 고른 것은?

| 보기 |

ㄱ. 해저 퇴적물의 두께는 ㉠ 지점이 ㉡ 지점보다 두껍다.
ㄴ. T 기간 동안 판의 확장 속도는 해양 B가 해양 A보다 빨랐다.
ㄷ. (가)는 정자극기, (나)는 역자극기이다.

① ㄱ   ② ㄴ   ③ ㄱ, ㄷ
④ ㄴ, ㄷ   ⑤ ㄱ, ㄴ, ㄷ

03 해령에서 멀어질수록 해양 지각의 연령은 [   ]지고, 심해 퇴적물의 두께는 [   ]진다.

04 그림은 음향 측심 장치를 장착한 관측선이 해안가에서 출발하여 먼 바다로 이동하면서 측정한 초음파의 왕복 시간을 나타낸 것이다.

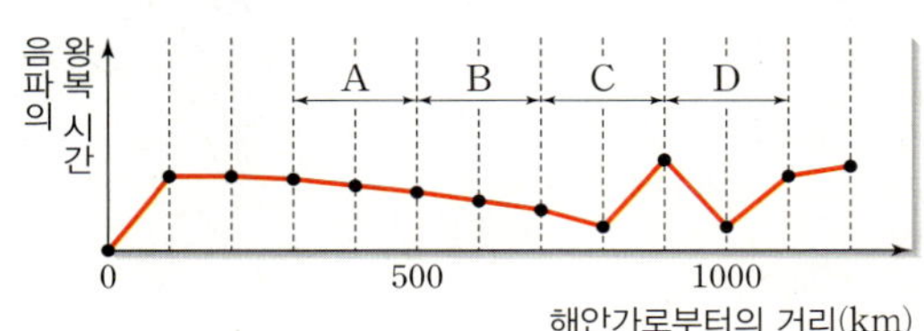

이에 대한 설명으로 옳은 것만을 〈보기〉에서 있는 대로 고른 것은?

| 보기 |

ㄱ. 이 관측선은 해구 위를 통과하였다.
ㄴ. 해저 퇴적물의 평균 두께는 A가 B보다 두껍다.
ㄷ. C의 해양 지각이 정자극기이면 D의 해양 지각은 역자극기이다.

① ㄱ   ② ㄴ   ③ ㄱ, ㄷ
④ ㄴ, ㄷ   ⑤ ㄱ, ㄴ, ㄷ

04 고지자기는 [   ]을 중심으로 정자극기와 역자극기가 대칭적으로 반복하여 나타난다.

05 지질 시대 동안 지리상 북극의 위치가 변하지 않았다고 가정하면 고지자기 복각의 크기는 위도와 [　　　　　]한다.

05 그림은 남반구에 위치한 어느 해령 주변의 고지자기 분포를 나타낸 모식도이다.

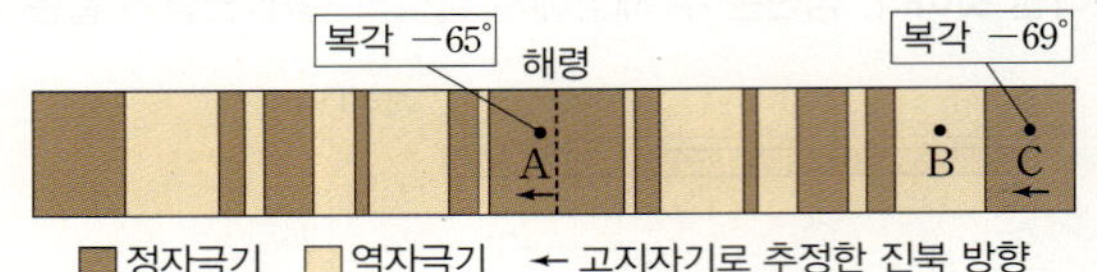

이에 대한 설명으로 옳은 것만을 〈보기〉에서 있는 대로 고른 것은?

| 보기 |
ㄱ. A의 해양 지각은 생성된 후 서쪽으로 이동하였다.
ㄴ. B의 복각은 (＋) 값을 갖는다.
ㄷ. A가 C보다 저위도에서 생성되었다.

① ㄱ　　　　② ㄴ　　　　③ ㄱ, ㄷ
④ ㄴ, ㄷ　　　⑤ ㄱ, ㄴ, ㄷ

06 해양 지각에서 고지자기 줄무늬는 [　　　　　]과 거의 나란하게 분포하며, [　　　　　]을 축으로 대칭을 이룬다.

06 그림은 북대서양에서 판의 경계와 해양 지각의 연령을 나타낸 것이다.

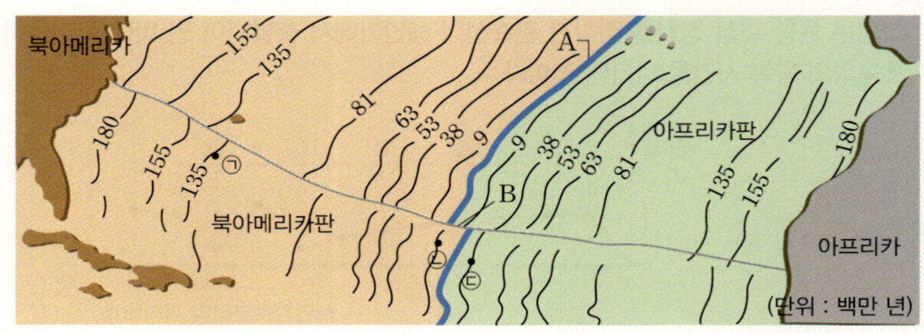

이에 대한 설명으로 옳은 것만을 〈보기〉에서 있는 대로 고른 것은?

| 보기 |
ㄱ. 화산 활동은 A보다 B에서 활발하다.
ㄴ. 퇴적물의 두께는 ⊙보다 ⓒ이 두껍다.
ㄷ. ⓒ과 ⓒ에서 측정한 고지자기 방향은 같다.

① ㄱ　　　　② ㄷ　　　　③ ㄱ, ㄴ
④ ㄴ, ㄷ　　　⑤ ㄱ, ㄴ, ㄷ

07 표는 지질 시대 동안 인도 대륙 어느 한 지점의 복각의 변화를, 그래프는 위도와 복각과의 관계를 나타낸 것이다.

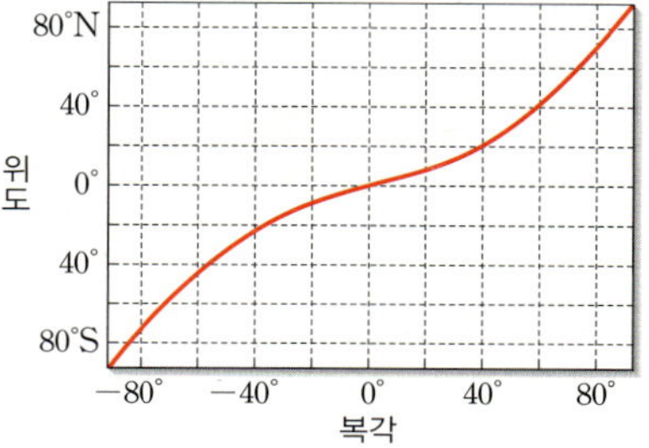

시기(만 년 전)	고지자기 복각(°)
7100	−49
5500	−21
3800	6
1000	30
현재	36

이에 대한 설명으로 옳은 것만을 〈보기〉에서 있는 대로 고른 것은?

| 보기 |

ㄱ. 인도 대륙은 현재 북반구에 위치한다.

ㄴ. 5500만 년 전에 이 지점은 위도 20°S에 위치했다.

ㄷ. 위도의 평균 변화율은 5500만 년 전~3800만 년 전이 7100만 년 전~5500만 년 전보다 작다.

① ㄱ   ② ㄴ   ③ ㄱ, ㄷ
④ ㄴ, ㄷ   ⑤ ㄱ, ㄴ, ㄷ

07 인도 대륙은 약 7100만 년 전에는 [   ]에 위치해 있다가 약 3800만 년 전에는 [   ]에 위치하였다.

08 그림은 예측 모형을 이용하여 추정한 미래의 대륙 분포의 한 예로서, 대륙의 분포를 5천만 년 단위로 나타낸 것이다.

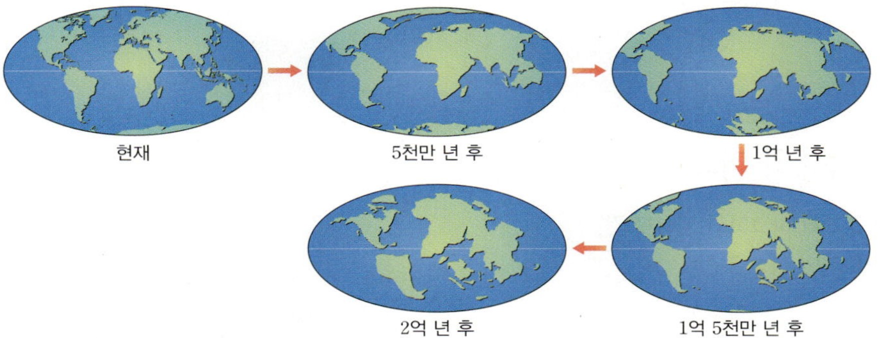

이에 대한 설명으로 옳은 것만을 〈보기〉에서 있는 대로 고른 것은?

| 보기 |

ㄱ. 이 기간 동안 대서양은 계속해서 넓어질 것이다.

ㄴ. 1억 년 후~1억 5천만 년 후 사이에 대서양에는 수렴형 경계가 생성될 것이다.

ㄷ. 2억 5천만 년 후 해안선의 길이는 현재보다 짧아질 것이다.

① ㄱ   ② ㄴ   ③ ㄱ, ㄷ
④ ㄴ, ㄷ   ⑤ ㄱ, ㄴ, ㄷ

08 흩어져 있던 대륙이 모여 하나의 초대륙을 형성하면 해안선의 길이는 [   ]진다.

S 02강 판 이동의 원동력과 마그마 활동

A 판 이동의 원동력		**B** 변동대와 마그마 활동
맨틀 대류와 판의 운동	★☆☆	판 경계와 마그마의 생성 조건 ★★☆
플룸 구조론	★★☆	화성암의 생성과 분류 ★★☆

A 판 이동의 원동력

1. 맨틀 대류와 판의 운동

(1) **암석권** : 암석권은 지각과 상부 맨틀의 일부를 포함하는 두께 약 $100\,km$의 암석으로 이루어진 층이다. 암석권은 여러 조각으로 나뉘어져 있는데, 이 암석권의 조각을 판이라고 한다. 판은 해양판과 대륙판으로 구분된다.

(2) **맨틀 대류와 판의 이동** : 맨틀은 고체이지만 온도가 높아 유동성을 띠고 있으며, 지구 중심으로 갈수록 온도가 높아진다. 따라서 깊이에 따른 온도 차이로 연약권에서 대류가 일어나며, 판의 운동은 연약권 위에 놓인 암석권이 맨틀의 대류에 따라 이동하는 것으로 설명된다.

(3) **판 자체에서 발생하는 힘** : 맨틀 대류 외에도 섭입하는 판이 잡아당기는 힘, 중력에 의해 해령에서 판을 밀어내는 힘과 같이 판 자체에서 만들어지는 물리적인 힘에 의해서도 이동한다.

(4) **판의 경계와 종류**

발산형 경계	새로운 해양 지각이 생성되면서 양쪽 방향으로 확장되는 경계 예 대서양 중앙 해령, 동태평양 해령
수렴형 경계	판과 판이 충돌하거나 수렴하는 경계로 충돌형 수렴 경계와 섭입형 수렴 경계로 구분된다. 예 히말라야산맥, 일본 해구
보존형 경계	판이 수평으로 미끄러지면서 어긋나는 경계 예 산안드레아스 단층

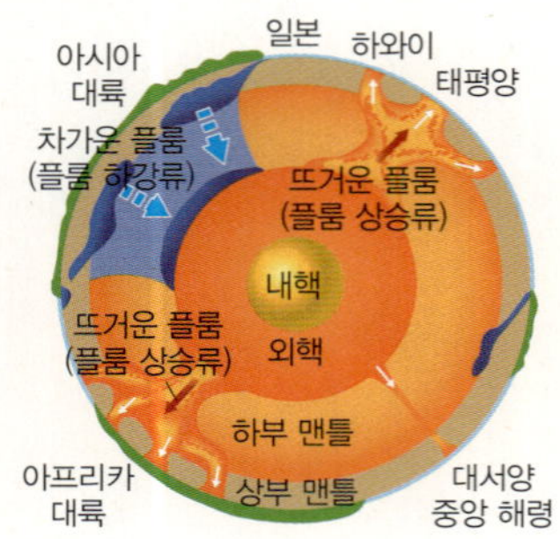

2. 플룸 구조론

뜨거운 플룸이 상승하는 곳에서 마그마가 생성되는 곳이다.

(1) **플룸 구조론** : 플룸의 상승이나 하강으로 지구 내부의 변동이 일어난다는 이론으로, 열점에서의 화산 활동과 같이 판의 내부에서 일어나는 화산 활동을 설명하기 위해 대두되었다.

(2) **뜨거운 플룸과 차가운 플룸** : 지진파 단층 촬영 영상 연구에 의하면, 맨틀 내에는 주위보다 온도가 높거나 낮은 부분이 기둥 모양으로 나타나는데, 이 부분을 플룸이라고 한다. 차가운 플룸은 맨틀에서 주위보다 온도가 낮아 하강하고, 뜨거운 플룸은 주위보다 온도가 높아 상승한다.

B 변동대와 마그마 활동

1. 판의 경계와 마그마의 생성 조건

(1) 마그마의 생성 조건

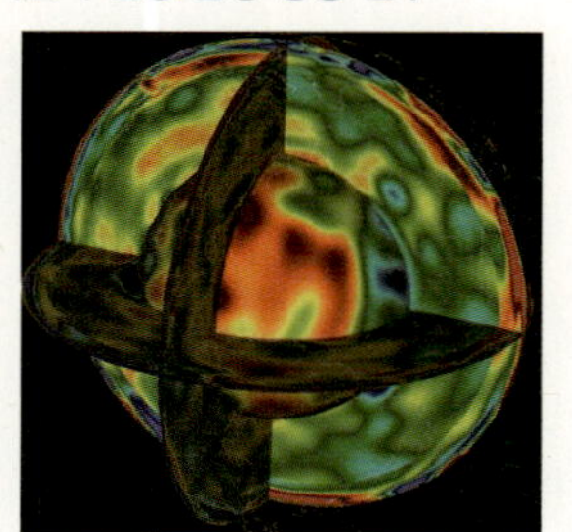

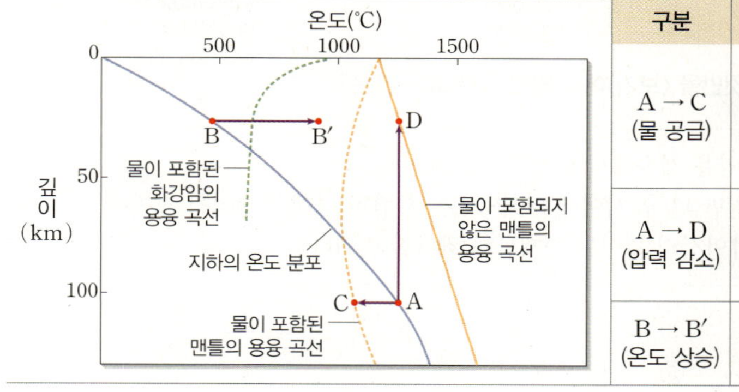

구분	마그마의 생성 과정
A → C (물 공급)	물의 공급에 의해 온도가 낮아져 맨틀 용융 온도(용융점)가 하강하면 고체 상태의 암석 A가 용융되어 마그마가 생성된다.
A → D (압력 감소)	맨틀의 상승으로 지하에 있던 고체 상태의 암석 A가 D로 올라가면 압력이 낮아져 마그마가 생성된다.
B → B′ (온도 상승)	고체 상태의 암석 B의 온도가 높아지면 화강암질 마그마가 생성된다.

(2) 마그마의 생성 장소

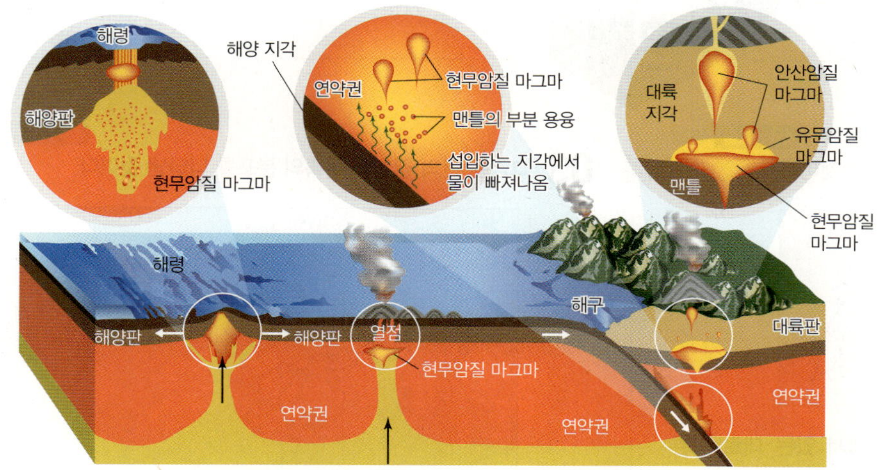

2. 화성암의 생성과 분류

(1) 화성암의 생성 : 지구 내부에서 생성된 마그마가 지표 부근이나 지하에서 식어서 만들어진 암석을 화성암이라고 한다.

(2) 조직에 따른 분류

화산암	지표 부근에서 마그마가 빨리 냉각되어 굳어진 암석으로, 결정의 크기가 비교적 작거나 보이지 않는다. ➡ 세립질 조직, 유리질 조직
심성암	지하 깊은 곳에서 마그마가 천천히 냉각되어 굳어진 암석으로, 결정의 크기가 비교적 크고 고르다. ➡ 조립질 조직

(3) 화학 성분(SiO_2 함량)에 따른 분류

구분			염기성암	중성암	산성암
SiO_2 함량			적음 ← 52 % ←→ 63 % → 많음		
색			어두운색 ←——————→ 밝은색		
주요 구성 원소			Ca, Fe, Mg ←——→ Na, K, Si		
밀도			약 3.2 g/cm³ ←——→ 약 2.7 g/cm³		
화산암	세립질 조직 ↕ 조립질 조직	냉각 속도 빠름 ↕ 냉각 속도 느림	현무암	안산암	유문암
심성암			반려암	섬록암	화강암

그림은 지하의 온도 곡선과 두 암석의 용융 곡선을 나타낸 것이다.

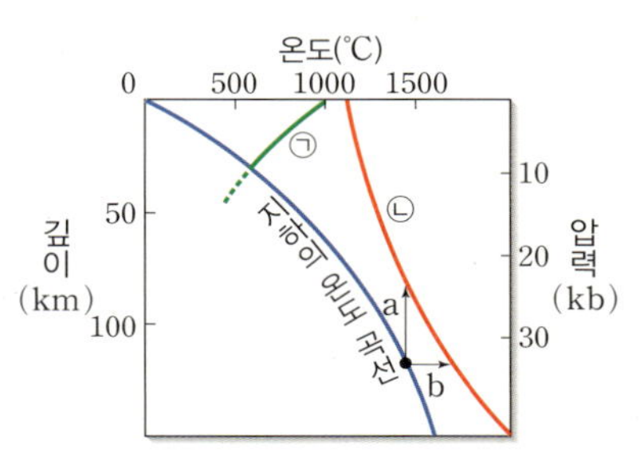

자료 체크 리스트
☐ 암석의 용융 곡선 구분
☐ 마그마의 생성 장소
☐ 해령에서 만들어지는 마그마의 생성 원리

step 1 두 암석의 용융 곡선 구분하기
비교적 얕은 곳에서 지하의 온도 곡선과 만나 마그마를 형성하는 ㉠이 물을 포함하는 화강암의 용융 곡선이고, ㉡이 현무암의 용융 곡선이다.

step 2 마그마의 생성 깊이를 설명하기
현무암질 마그마는 깊이 100 km 이상의 지하 깊은 곳에서, 화강암질 마그마는 깊이 35 km 부근의 비교적 얕은 곳에서 만들어진다.

step 3 해령 아래에서 마그마가 생성되는 원리를 설명하기
해령 아래에서는 맨틀과 외핵의 경계에서 뜨거운 물질이 상승함에 따라 압력이 감소(a)하면서 현무암질 마그마가 생성된다.

01 그림은 태평양 어느 지역의 판 경계를 나타낸 것이다.

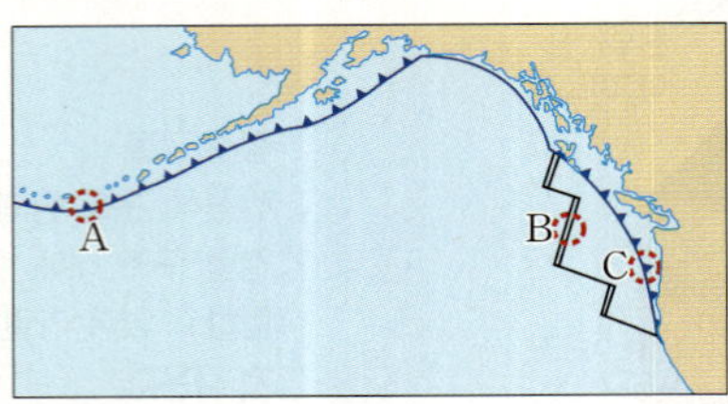

이에 대한 설명으로 옳은 것만을 〈보기〉에서 있는 대로 고른 것은?

| 보기 |
ㄱ. A는 섭입형 수렴 경계이다.
ㄴ. B는 맨틀 대류의 하강부이다.
ㄷ. 분출된 용암의 평균 점성은 B가 A보다 크다.

① ㄱ　　　② ㄴ　　　③ ㄱ, ㄷ
④ ㄴ, ㄷ　　　⑤ ㄱ, ㄴ, ㄷ

02 그림은 알류샨 해구와 그 주변의 화산 분포를 나타낸 것이다.

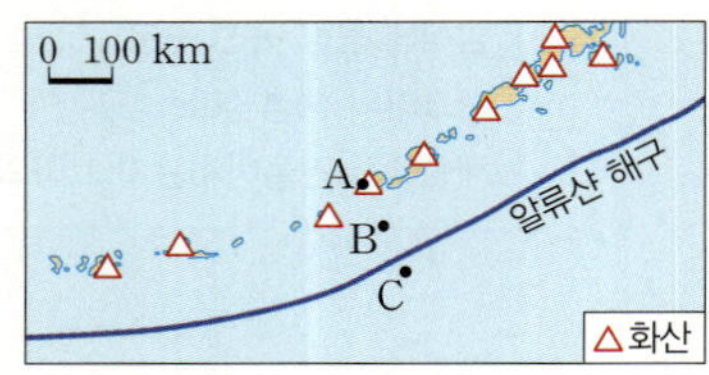

지점 A, B, C에 대한 설명으로 옳은 것만을 〈보기〉에서 있는 대로 고른 것은?

| 보기 |
ㄱ. A 하부의 마그마는 주로 압력 감소에 의해 생성되었다.
ㄴ. 판의 두께는 A보다 C가 두껍다.
ㄷ. 이 지역의 아래에는 차가운 플룸이 존재한다.

① ㄱ　　　② ㄷ　　　③ ㄱ, ㄴ
④ ㄴ, ㄷ　　　⑤ ㄱ, ㄴ, ㄷ

03 그림은 판의 경계와 대륙의 분포를 나타낸 것이다.

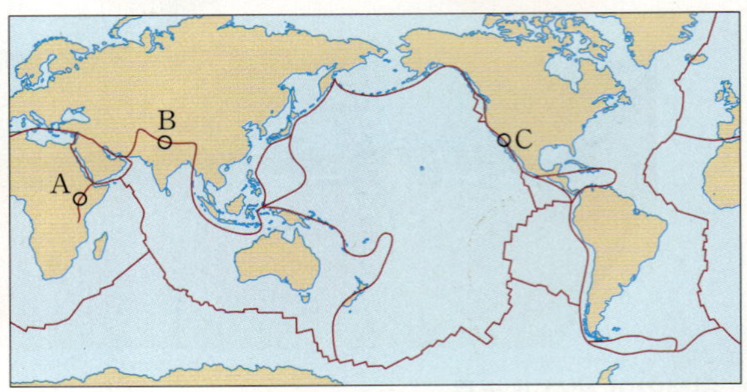

지역 A, B, C에 대한 설명으로 옳은 것만을 〈보기〉에서 있는 대로 고른 것은?

| 보기 |
ㄱ. A의 하부에는 뜨거운 플룸이 있다.
ㄴ. B의 하부에서는 마그마가 생성된다.
ㄷ. C의 하부에는 베니오프대가 발달한다.

① ㄱ　　　② ㄴ　　　③ ㄱ, ㄷ
④ ㄴ, ㄷ　　　⑤ ㄱ, ㄴ, ㄷ

04 그림은 태평양 주변에서 최근 1만 년 이내에 분출한 적이 있는 화산의 분포를 나타낸 것이다.

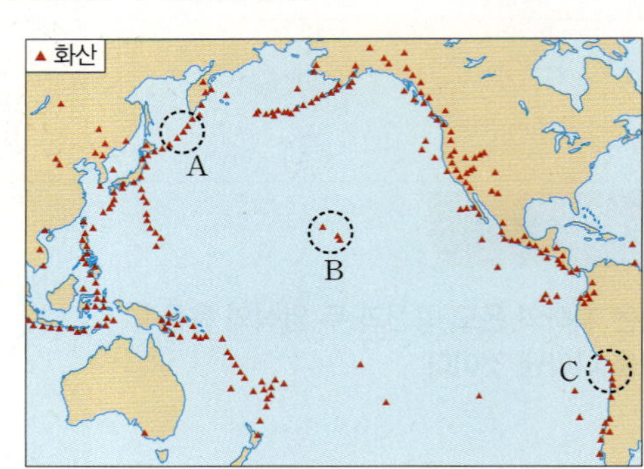

지역 A, B, C에 대한 설명으로 옳은 것만을 〈보기〉에서 있는 대로 고른 것은?

| 보기 |
ㄱ. B의 화산은 뜨거운 플룸에 의해 형성된 것이다.
ㄴ. 화산에서 분출된 용암의 평균 SiO_2 함량은 B가 C보다 낮다.
ㄷ. 해구에서 섭입하는 판의 지각 나이는 A가 C보다 많다.

① ㄱ　　　② ㄴ　　　③ ㄱ, ㄷ
④ ㄴ, ㄷ　　　⑤ ㄱ, ㄴ, ㄷ

05 그림 (가)는 어느 판 경계부에서 지하 온도 분포와 암석 용융 곡선을, (나)는 이 경계부에서 마그마가 생성될 때 (가)의 암석 용융 곡선이 변화한 것을 나타낸 것이다.

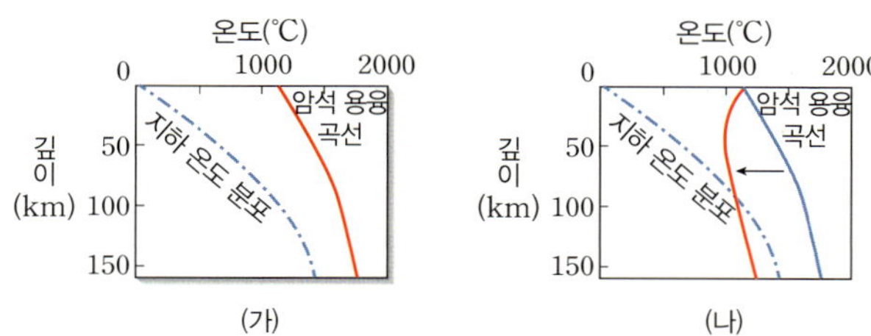

이에 대한 설명으로 옳은 것만을 〈보기〉에서 있는 대로 고른 것은?

| 보기 |

ㄱ. 마그마가 생성될 수 있는 조건은 (가)이다.
ㄴ. (나)와 같은 조건에서 열점이 형성된다.
ㄷ. 암석에 물이 포함되면, (가)의 암석 용융 곡선은 (나)의 암석 용융 곡선으로 변한다.

① ㄱ　　　　② ㄷ　　　　③ ㄱ, ㄴ
④ ㄴ, ㄷ　　　⑤ ㄱ, ㄴ, ㄷ

06 그림 (가)는 지하의 온도 분포와 암석의 용융 곡선을, (나)는 마그마가 생성되는 장소 A, B, C를 모식적으로 나타낸 것이다. (가)에서 a와 b는 현무암의 용융 곡선과 물을 포함한 화강암의 용융 곡선을 순서 없이 나타낸 것이다.

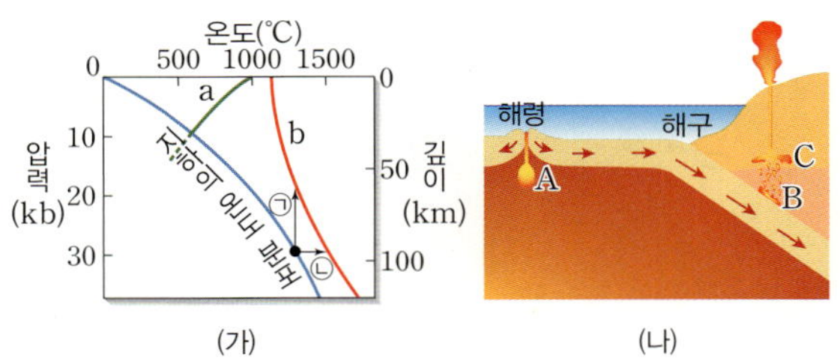

이에 대한 설명으로 옳은 것만을 〈보기〉에서 있는 대로 고른 것은?

| 보기 |

ㄱ. 물을 포함한 화강암의 용융 곡선은 b이다.
ㄴ. A에서는 (가)의 ㉠ 과정에 의하여 마그마가 생성된다.
ㄷ. C에서는 유문암질 마그마가 생성될 수 있다.

① ㄱ　　　　② ㄷ　　　　③ ㄱ, ㄴ
④ ㄴ, ㄷ　　　⑤ ㄱ, ㄴ, ㄷ

07 그림은 같은 방향으로 이동하는 두 판의 경계 부근에서 발생한 지진의 진앙 분포를 나타낸 것이다. A와 B 지역은 서로 다른 판에 위치하고, 판의 이동 속력은 B가 A보다 빠르다.

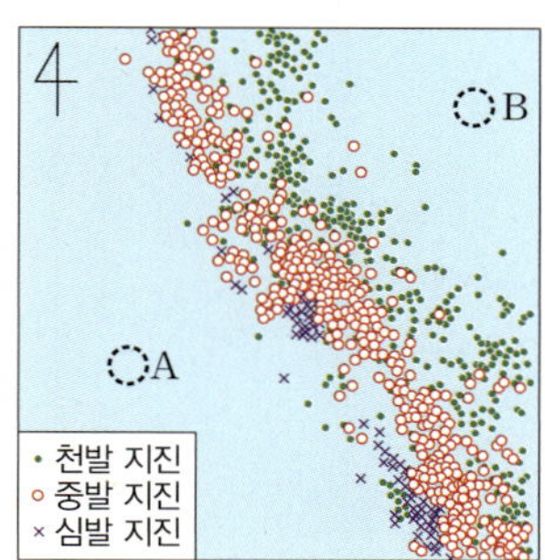

이에 대한 설명으로 옳은 것만을 〈보기〉에서 있는 대로 고른 것은?

| 보기 |

ㄱ. 해구로부터의 거리는 A가 B보다 멀다.
ㄴ. 두 판은 북동쪽으로 이동하고 있다.
ㄷ. A와 B 사이의 거리는 점점 가까워질 것이다.

① ㄱ　　　　② ㄴ　　　　③ ㄱ, ㄷ
④ ㄴ, ㄷ　　　⑤ ㄱ, ㄴ, ㄷ

08 그림 (가), (나), (다)는 판 경계의 변화 과정을 순서 없이 나타낸 것이다.

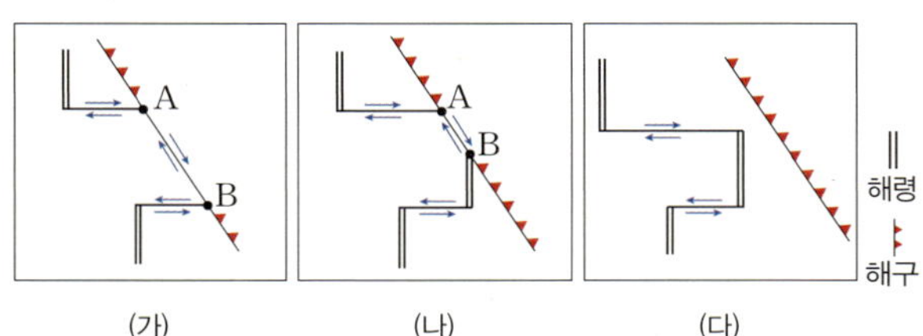

이에 대한 설명으로 옳은 것만을 〈보기〉에서 있는 대로 고른 것은?

| 보기 |

ㄱ. 변화 순서는 (가) → (나) → (다)이다.
ㄴ. (나)에서 해령의 일부가 섭입하여 소멸된다.
ㄷ. 구간 A－B에서는 현무암질 마그마가 분출된다.

① ㄱ　　　　② ㄴ　　　　③ ㄱ, ㄷ
④ ㄴ, ㄷ　　　⑤ ㄱ, ㄴ, ㄷ

01 변환 단층은 판의 [ ] 경계에 해당한다.

02 섭입형 수렴 경계에서 진앙은 밀도가 [ ] 판 위에서 나타난다.

---

01 그림은 같은 속력으로 이동하는 두 판의 경계를 모식적으로 나타낸 것이다.

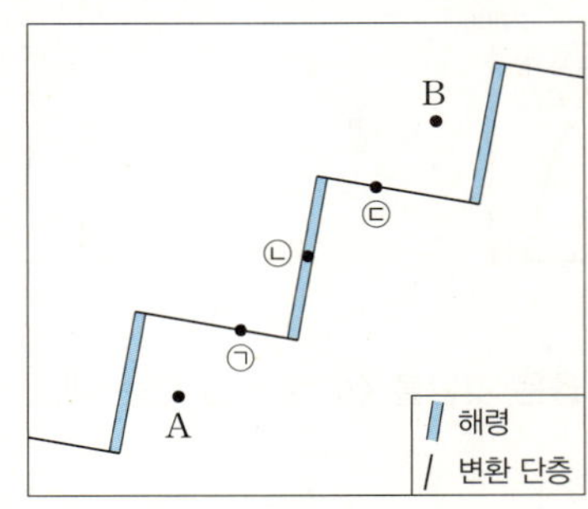

이에 대한 설명으로 옳은 것만을 〈보기〉에서 있는 대로 고른 것은?

보기
ㄱ. A판과 B판의 이동 방향은 같다.
ㄴ. 화산 활동은 ⓙ보다 ⓛ에서 더 활발하다.
ㄷ. ⓒ에서는 천발 지진이 발생한다.

① ㄱ   ② ㄴ   ③ ㄱ, ㄷ
④ ㄴ, ㄷ   ⑤ ㄱ, ㄴ, ㄷ

02 그림은 북아메리카판, 코코스판, 카리브판의 경계와 이동 방향을 지진의 분포와 함께 나타낸 것이다.

이에 대한 설명으로 옳은 것만을 〈보기〉에서 있는 대로 고른 것은?

보기
ㄱ. 코코스판은 카리브판 아래로 섭입한다.
ㄴ. 판의 밀도는 북아메리카판이 카리브판보다 크다.
ㄷ. 이 지역에는 해구, 해령, 변환 단층이 나타난다.

① ㄱ   ② ㄷ   ③ ㄱ, ㄴ
④ ㄴ, ㄷ   ⑤ ㄱ, ㄴ, ㄷ

03 그림 (가)는 하와이 열도를 이루는 섬들의 연령을, (나)는 마그마의 생성 장소 A, B, C를 나타낸 것이다.

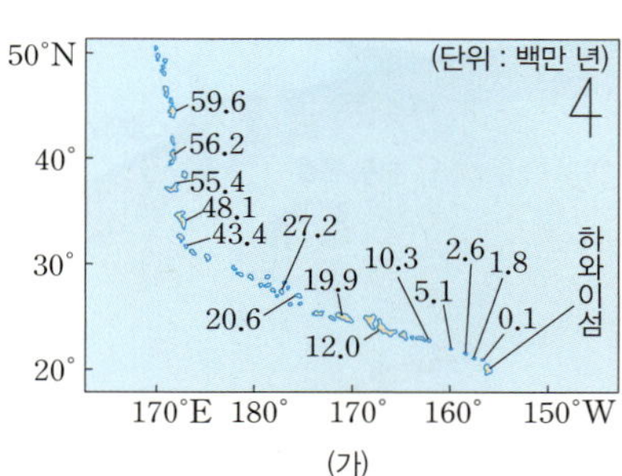

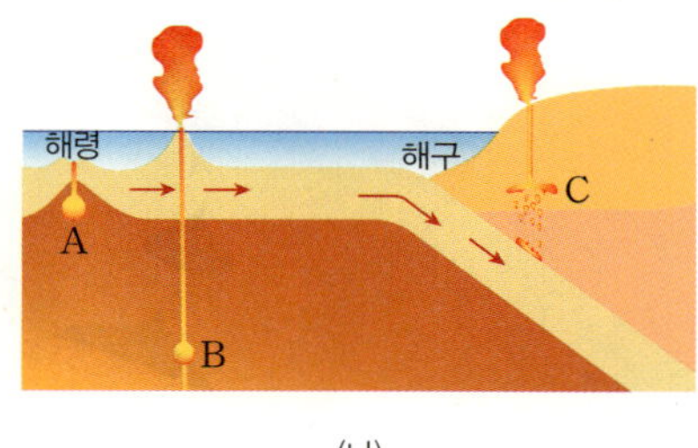

(가)　　　　　(나)

이에 대한 설명으로 옳은 것만을 〈보기〉에서 있는 대로 고른 것은?

| 보기 |
ㄱ. 하와이섬이 속해 있는 판은 남동쪽으로 이동하였다.
ㄴ. 용암의 SiO_2 함량은 A보다 C가 많다.
ㄷ. 하와이섬을 만든 마그마는 B이다.

① ㄱ　　　　　② ㄴ　　　　　③ ㄱ, ㄷ
④ ㄴ, ㄷ　　　　⑤ ㄱ, ㄴ, ㄷ

03 판의 경계가 아닌 내부에서 발생한 화산 활동으로 형성된 하와이 열도는 □□□□□에서 분출한 마그마에 의해 형성된 것이다.

04 그림 (가)는 어느 판의 경계와 이동 방향을, (나)는 (가)의 A, B, C 세 지역 중 한 곳의 지진 발생 분포를 나타낸 것이다.

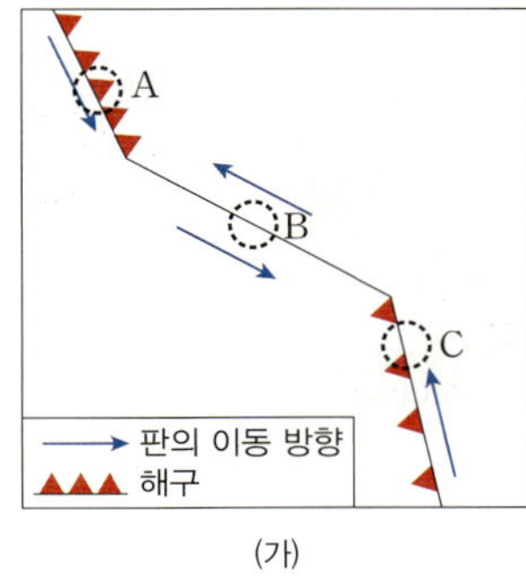

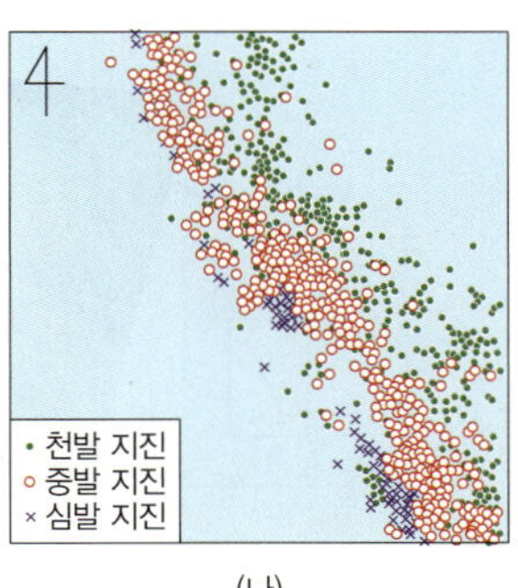

(가)　　　　　(나)

이에 대한 설명으로 옳은 것만을 〈보기〉에서 있는 대로 고른 것은?

| 보기 |
ㄱ. (가)에서 천발 지진은 세 지역에서 모두 발생한다.
ㄴ. A와 C 부근의 아래에는 베니오프대가 나타난다.
ㄷ. (나)는 C 지역의 지진 발생 분포이다.

① ㄱ　　　　　② ㄴ　　　　　③ ㄱ, ㄷ
④ ㄴ, ㄷ　　　　⑤ ㄱ, ㄴ, ㄷ

04 섭입형 수렴 경계에서는 천발 지진, 중발 지진, 심발 지진이 모두 발생하며, 보존형 경계에서는 □□□□ 지진만 발생한다.

05 판 구조론에서는 상부 맨틀에서 일어나
는 [   ]로 지각 변동을 설명하
고, [   ]에서는 판의 내부에서
일어나는 화산 활동을 설명한다.

---

05 그림은 플룸 구조론을 나타낸 모식도이다.

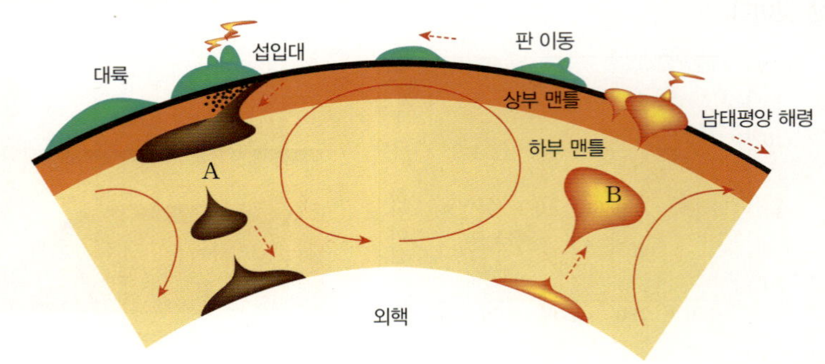

이에 대한 설명으로 옳은 것만을 〈보기〉에서 있는 대로 고른 것은?

| 보기 |

ㄱ. 온도는 A가 B보다 높다.
ㄴ. 일본 부근에 존재하는 플룸은 A이다.
ㄷ. 열점과 같이 판의 내부에서 일어나는 화산 활동을 설명할 수 있다.

① ㄱ ② ㄴ ③ ㄱ, ㄷ
④ ㄴ, ㄷ ⑤ ㄱ, ㄴ, ㄷ

---

06 지각과 맨틀에서의 지진파 속도 분포를
나타내는 지진파 단층 촬영 영상에서 지
진파의 속도가 빠른 곳은 주위보다 온도
가 [   ] 곳이며, 지진파의 속도
가 느린 곳은 주위보다 온도가
[   ] 곳이다.

06 그림은 동아프리카의 지진파 단층 촬영 영상을 나타낸 것이다.

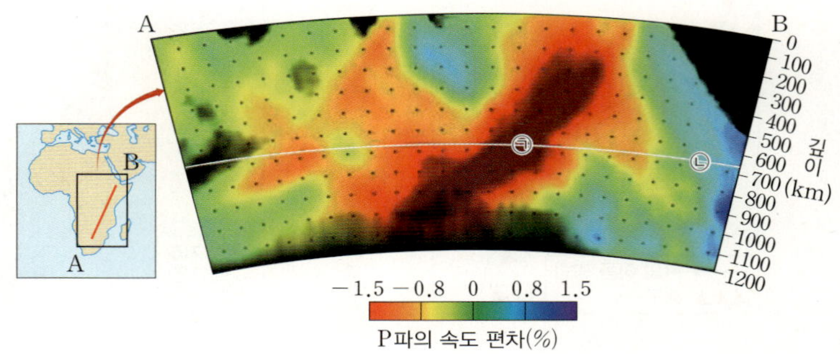

이에 대한 설명으로 옳은 것만을 〈보기〉에서 있는 대로 고른 것은?

| 보기 |

ㄱ. 지구 내부의 온도는 ㉠보다 ㉡이 낮다.
ㄴ. 이 지역의 아래에는 맨틀 물질이 상승하는 플룸이 존재한다.
ㄷ. 상부 맨틀에서 일어나는 맨틀 대류를 설명해 주는 영상이다.

① ㄱ ② ㄷ ③ ㄱ, ㄴ
④ ㄴ, ㄷ ⑤ ㄱ, ㄴ, ㄷ

07 그림 (가)는 지하의 온도와 지구 내부 구성 암석의 용융 곡선을, (나)는 마그마의 생성 위치를 나타낸 것이다.

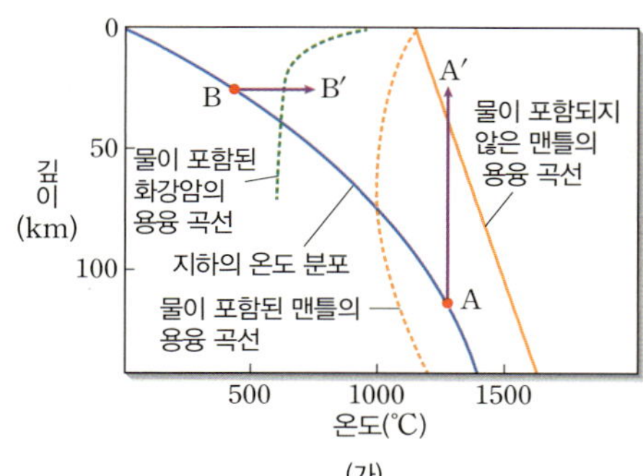

(가)

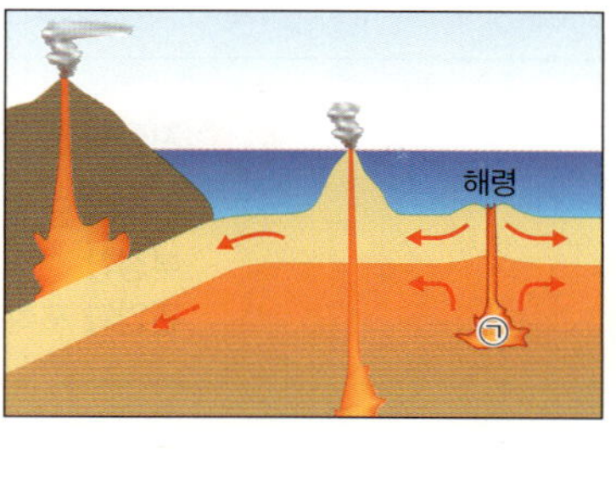

(나)

이에 대한 설명으로 옳은 것만을 〈보기〉에서 있는 대로 고른 것은?

| 보기 |

ㄱ. B 지점에서 지각은 고체 상태로 존재한다.
ㄴ. 물이 포함되면 맨틀의 용융 온도는 낮아진다.
ㄷ. ㉠에서 마그마는 A → A′ 과정으로 생성된다.

① ㄱ ② ㄴ ③ ㄱ, ㄷ
④ ㄴ, ㄷ ⑤ ㄱ, ㄴ, ㄷ

07 열점과 해령을 만드는 마그마는 맨틀 물질이 상승하여 □□□□□이 감소하면서 생성된다.

08 그림 (가)와 (나)는 우리나라의 지질 명소에서 볼 수 있는 암석을 나타낸 것이다.

(가) 재인폭포(한탄강) (나) 인수봉(북한산)

이에 대한 설명으로 옳은 것만을 〈보기〉에서 있는 대로 고른 것은?

| 보기 |

ㄱ. (가)를 이루는 암석은 현무암질 마그마가 분출하여 형성되었다.
ㄴ. (나)는 고생대에 관입한 화강암이다.
ㄷ. (가)를 이루는 암석은 산성암, (나)를 이루는 암석은 염기성암이다.

① ㄱ ② ㄴ ③ ㄱ, ㄷ
④ ㄴ, ㄷ ⑤ ㄱ, ㄴ, ㄷ

08 현무암은 염기성암에 세립질 조직이며, 화강암은 □□□□□에 □□□□□ 조직이다.

S 03강 퇴적암과 지질 구조

A 퇴적암과 퇴적 구조		B 지질 구조	
속성 작용	★★☆	습곡과 단층	★★★
퇴적암의 종류	★★☆	부정합	★★★
퇴적 구조	★★★	관입과 포획	★★☆

A 퇴적암과 퇴적 구조

교결 작용
지하수에 용해된 이온 물질로부터 결정화된 새로운 광물들이 공극 내에 침전되며 입자들을 결합시키므로, 교결 작용은 화학적 변화에 해당한다. 교결 물질로는 탄산칼슘, 석회질, 규질 물질, 산화 철 등이 있다.

1. **퇴적암** 퇴적물이 다져지고 굳어져 생성된 암석이다.
   (1) **속성 작용** : 퇴적물이 쌓인 후 다져지고 굳어져 퇴적암으로 되어가는 물리·화학적 과정이다. 속성 작용은 퇴적물 입자를 서로 치밀하게 다져 주는 다짐 작용과 퇴적물 입자들을 서로 결합해 주는 교결 작용으로 이루어진다.
   (2) **퇴적암의 종류** : 퇴적물의 기원에 따라 쇄설성 퇴적암, 화학적 퇴적암, 유기적 퇴적암으로 구분한다.

쇄설성 퇴적암	암석의 풍화, 침식 작용으로 생성된 입자들이 운반되어 쌓이거나 화산 분출물이 쌓여서 만들어진 퇴적암으로, 퇴적물 입자의 크기와 종류에 따라 분류한다. 예 역암 - 자갈, 사암 - 모래, 셰일 - 점토, 응회암 - 화산재
화학적 퇴적암	물속에 녹아 있던 규질, 석회 물질, 산화 철, 염분 등이 침전하거나 물이 증발함에 따라 잔류하여 만들어진 퇴적암이다. 예 석회암 - $CaCO_3$, 암염 - $NaCl$
유기적 퇴적암	생물의 유해나 골격의 일부가 쌓여서 만들어진 퇴적암이다. 예 석탄 - 식물체, 석회암 - 석회질 생물체, 처트 - 규질 생물체

층리
입자의 크기, 색깔, 성분 등이 다른 퇴적물이 겹겹이 쌓여 생긴 줄무늬 구조로, 보통 수평면과 나란하게 형성되며, 셰일이나 사암과 같은 쇄설성 퇴적물에서 잘 나타난다.

2. **퇴적 구조** 퇴적 당시의 환경을 유추하거나 지층의 역전 여부를 판단하는 데 중요한 단서를 제공한다.

구분	사층리	점이 층리	연흔	건열
모양	위 물이 흐르거나 바람이 분 방향 / 아래	위 / 아래	위 / 아래	위 / 아래
퇴적 구조	층리가 나란하지 않고 비스듬히 기울어지거나 엇갈려 나타난다.	입자가 클수록 먼저 가라앉아 위로 갈수록 입자의 크기가 점점 작아진다.	물결의 영향으로 퇴적물의 표면에 물결 모양의 흔적이 남아 있다.	퇴적층의 표면이 갈라지면서 쐐기 모양의 틈이 생긴 구조이다.
형성 원인	바람, 흐르는 물	가라앉는 속도 차이	흐르는 물, 파도, 바람	건조한 환경에 노출
퇴적 환경	사막, 삼각주	대륙대, 수심이 깊은 호수	수심이 얕은 물 밑, 사막	건조한 환경

퇴적 구조로 판단한 지층의 역전
- 사층리 : 위로 갈수록 층리의 폭이 좁아진다.
- 점이 층리 : 위로 갈수록 입자의 크기가 커진다.
- 연흔 : 뾰족한 부분이 아래로 향한다.
- 건열 : 쐐기 모양의 틈이 아래로 갈수록 넓어진다.

3. **퇴적 환경**
   (1) **육상 환경** : 육지에서 퇴적물이 퇴적되는 환경 예 선상지, 하천, 호수, 사막 등
   (2) **연안 환경** : 육상 환경과 해양 환경이 만나는 곳에서 퇴적물이 퇴적되는 환경 예 삼각주, 조간대, 해빈, 사주, 석호 등
   (3) **해양 환경** : 바다 밑에서 퇴적물이 퇴적되는 환경 예 대륙붕, 대륙 사면, 대륙대, 심해저 등

4. **한반도의 퇴적 지형**

강원도 태백시 구문소	고생대 석회암로 이루어져 있고, 연흔과 건열이 나타난다.
전북 부안군 채석강	중생대 역암과 셰일 등으로 이루어져 있고, 층리가 잘 나타난다.
경남 고성군 덕명리	중생대 셰일로 이루어져 있고, 공룡 발자국 화석, 연흔, 건열이 잘 나타난다.
제주도 수월봉	신생대 응회암으로 이루어져 있고, 층리가 잘 나타난다.
전북 진안군 마이산	중생대 역암과 사암 등으로 이루어져 있다.
경기도 화성시 시화호	중생대 역암과 사암 등으로 이루어져 있고, 공룡 알, 공룡 뼈 화석이 발견된다.

B 지질 구조

1. **습곡** 수평으로 퇴적된 지층이 양쪽에서 미는 횡압력을 받아 휘어진 지질 구조로, 위로 볼록한 부분을 배사, 아래로 볼록한 부분을 향사라고 한다. 습곡축면의 기울어진 정도에 따라 정습곡, 경사 습곡, 횡와 습곡으로 구분한다.

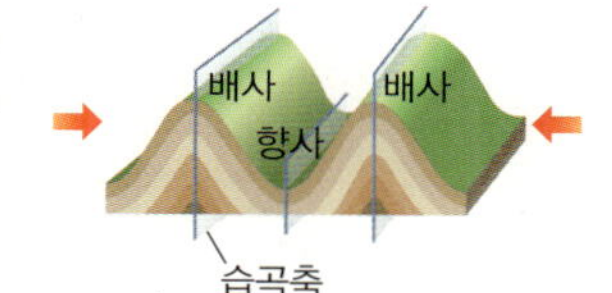

2. **단층** 지층이 힘을 받아 끊어지면서 양쪽 지층이 상대적으로 이동하여 형성된 지질 구조이다. 단층의 종류로는 횡압력을 받아 상반이 하반에 비해 위로 이동한 역단층, 장력을 받아 상반이 하반에 비해 아래로 이동한 정단층, 지층이 수평 방향으로만 이동한 주향 이동 단층이 있다.

 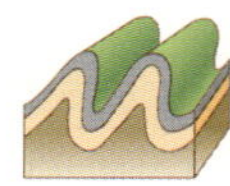   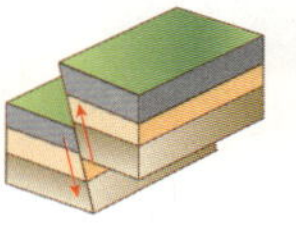 

| 정습곡 | 경사 습곡 | 횡와 습곡 | 정단층 | 역단층 | 주향 이동 단층 |

▲ 습곡의 종류　　　　　　▲ 단층의 종류

3. **부정합** 퇴적이 오랫동안 중단된 후 다시 퇴적이 일어나 상하 지층 사이에 오랜 퇴적 시간의 공백이 생긴 지질 구조로, 퇴적 → 융기 → 침식 → 침강 → 퇴적의 과정으로 형성된다.

4. **절리** 암석에 생긴 틈이나 균열을 절리라고 하며, 단층과는 달리 틈을 따라 양쪽 암석의 상대적인 이동이 없는 지질 구조이다. — 주상 절리는 화산암(현무암)에서 잘 나타나고, 판상 절리는 심성암(화강암)에서 잘 나타난다.

구분	주상 절리	판상 절리
모양	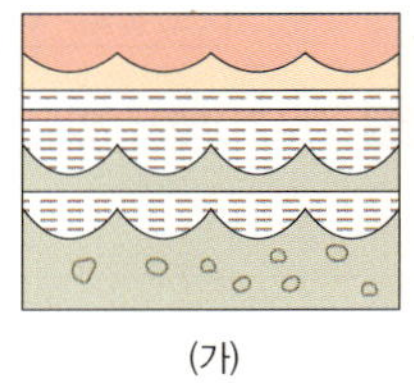	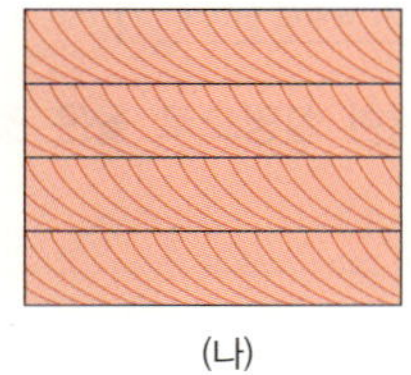
생성 원인	지표로 분출한 용암이 중심 방향으로 빠르게 식는 과정에서 수축하여 생성된다.	지하 깊은 곳에 있는 암석이 융기할 때 암석을 누르는 압력이 감소하면서 서서히 팽창하여 생성된다.

5. **관입과 포획**

   (1) **관입** : 지하에서 마그마가 암석의 틈을 따라 들어가 화성암으로 굳어지는 과정을 관입이라고 한다. 마그마 주변의 암석은 열을 받아 변성 작용이 일어난다.

   (2) **포획** : 마그마가 주변의 암석을 관입할 때는 암석의 일부를 포획하여 완전히 녹이기도 하지만 포획된 암석이 일부 남기도 하는데, 이를 포획암이라고 한다.

기저 역암
부정합면 바로 위에 놓인 역암으로, 부정합면 아래 지층의 암석 조각이 남아 있는 것이다.

부정합의 종류
- 평행 부정합 : 부정합면을 경계로 상하 지층이 나란한 부정합
- 경사 부정합 : 부정합면을 경계로 상하 지층의 경사가 다른 부정합
- 난정합 : 부정합면 아래의 지층에 심성암이나 변성암이 분포하는 부정합

관입암

포획암
포획당한 암석(포획암)은 포획한 암석보다 먼저 형성된 암석이다.

기출 자료 | 분석

자료 체크 리스트
- [ ] 퇴적 구조의 종류
- [ ] 퇴적 당시 환경 유추
- [ ] 지층의 역전 여부 판단

그림 (가), (나), (다)는 퇴적 구조를 나타낸 것이다.

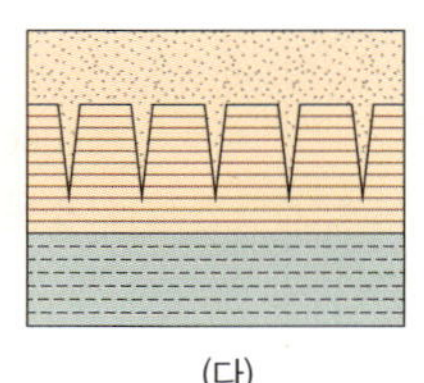 

(가)　　　　　(나)　　　　　(다)

step 1　퇴적 구조를 구분하기
(가)는 연흔, (나)는 사층리, (다)는 건열이다. 이 밖에도 점이 층리가 있다.

step 2　퇴적 구조를 통해 퇴적 당시 환경을 파악하기
연흔은 수심이 얕은 물 밑, 사층리는 물이 흐르거나 바람이 부는 환경, 건열은 건조한 환경이었음을 알 수 있다.

step 3　퇴적 구조를 지층의 상하 판단에 이용하기
연흔은 물결 자국의 뾰족한 부분이 위로 왔을 때, 사층리는 층리 사이의 간격이 넓은 부분이 위로, 간격이 좁은 부분이 아래로 왔을 때, 건열은 쐐기 모양의 틈이 아래쪽으로 향할 때가 지층의 역전이 일어나지 않은 경우이다.

01 그림 (가), (나), (다)는 어느 지역에서 관찰되는 건열, 사층리, 연흔을 순서 없이 나타낸 것이다.

(가)　　　　(나)　　　　(다)

이에 대한 설명으로 옳은 것만을 〈보기〉에서 있는 대로 고른 것은?

보기
ㄱ. (가)는 심해 환경에서 생성된다.
ㄴ. (나)는 점토질 물질로 이루어져 있다.
ㄷ. (다)에서는 퇴적물의 공급 방향을 알 수 있다.

① ㄱ　　　　② ㄴ　　　　③ ㄱ, ㄷ
④ ㄴ, ㄷ　　　　⑤ ㄱ, ㄴ, ㄷ

02 그림 (가), (나), (다)는 퇴적 구조를 나타낸 것이다.

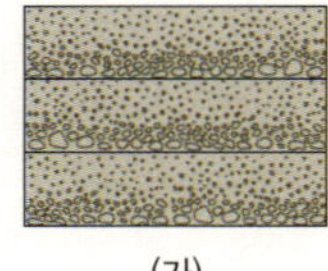
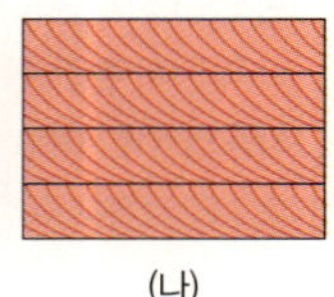
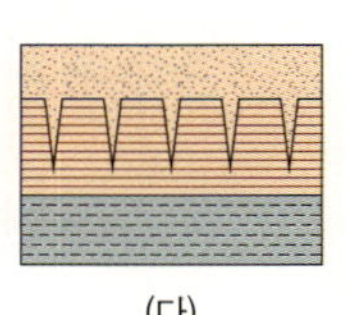

(가)　　　　(나)　　　　(다)

이에 대한 설명으로 옳은 것만을 〈보기〉에서 있는 대로 고른 것은?

보기
ㄱ. (가)는 대륙대나 깊은 호수 환경에서 퇴적된다.
ㄴ. (나)는 사층리이다.
ㄷ. (다)에서는 역전된 지층이 발견된다.

① ㄱ　　　　② ㄷ　　　　③ ㄱ, ㄴ
④ ㄴ, ㄷ　　　　⑤ ㄱ, ㄴ, ㄷ

03 그림은 퇴적 구조 A, B, C를 나타낸 것이다.

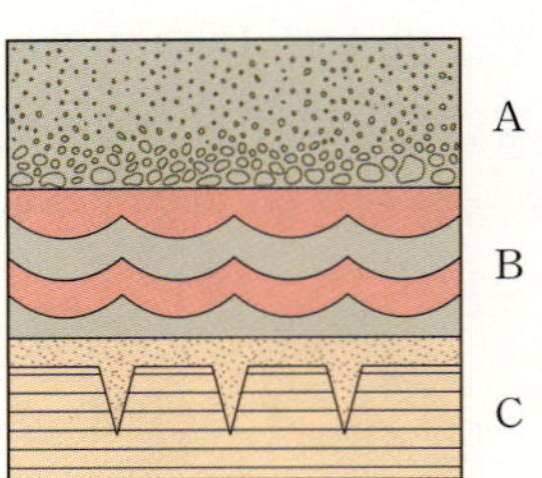

이에 대한 설명으로 옳은 것만을 〈보기〉에서 있는 대로 고른 것은?

보기
ㄱ. A는 지층이 역전되었다.
ㄴ. B는 물의 흐름 환경에서 잘 형성된다.
ㄷ. C가 생성되는 동안 건조한 대기에 노출된 시기가 있었다.

① ㄱ　　　　② ㄷ　　　　③ ㄱ, ㄴ
④ ㄴ, ㄷ　　　　⑤ ㄱ, ㄴ, ㄷ

04 그림은 우리나라 국가 지질 공원에서 볼 수 있는 지질 구조를 나타낸 것이다.

이에 대한 설명으로 옳은 것만을 〈보기〉에서 있는 대로 고른 것은?

보기
ㄱ. (가)에서는 층리가 관찰된다.
ㄴ. (나)와 (다)는 모두 지하수의 용해 작용으로 형성되었다.
ㄷ. (라)의 주상 절리는 용암이 급격히 냉각 수축하는 과정에서 형성되었다.

① ㄱ　　　　② ㄴ　　　　③ ㄱ, ㄷ
④ ㄴ, ㄷ　　　　⑤ ㄱ, ㄴ, ㄷ

05 그림 (가), (나), (다)는 우리나라 지질 명소를 나타낸 것이다.

(가) 진안 마이산　　(나) 북한산 인수봉　　(다) 제주도 주상 절리대

이에 대한 설명으로 옳은 것만을 〈보기〉에서 있는 대로 고른 것은?

> | 보기 |
> ㄱ. (가)는 중생대 호수에서 퇴적된 역암, 사암 등으로 이루어져 있다.
> ㄴ. (나)에서는 판상 절리가 나타난다.
> ㄷ. (나)의 암석은 (다)의 암석보다 먼저 생성되었다.

① ㄱ　　　　② ㄴ　　　　③ ㄱ, ㄷ
④ ㄴ, ㄷ　　　⑤ ㄱ, ㄴ, ㄷ

06 그림은 우리나라에서 관찰되는 지질 구조이다.

(가) 제주도 주상 절리　　　　(나) 부안 정단층

이에 대한 설명으로 옳은 것만을 〈보기〉에서 있는 대로 고른 것은?

> | 보기 |
> ㄱ. (가)는 주로 지표로 분출한 용암이 냉각되어 형성되었다.
> ㄴ. (나)는 단층면을 따라 상반이 아래로 이동하였다.
> ㄷ. (가)와 (나)는 횡압력이 작용하여 형성되었다.

① ㄱ　　　　② ㄷ　　　　③ ㄱ, ㄴ
④ ㄴ, ㄷ　　　⑤ ㄱ, ㄴ, ㄷ

07 그림은 지질 구조에 대해 수업하는 장면을 나타낸 것이다.

설명한 내용이 옳은 학생만을 있는 대로 고른 것은?

① A　　　　② B　　　　③ C
④ A, B　　　⑤ B, C

08 그림 (가)와 (나)는 서로 다른 두 지역의 지질 단면도를 나타낸 것이다.

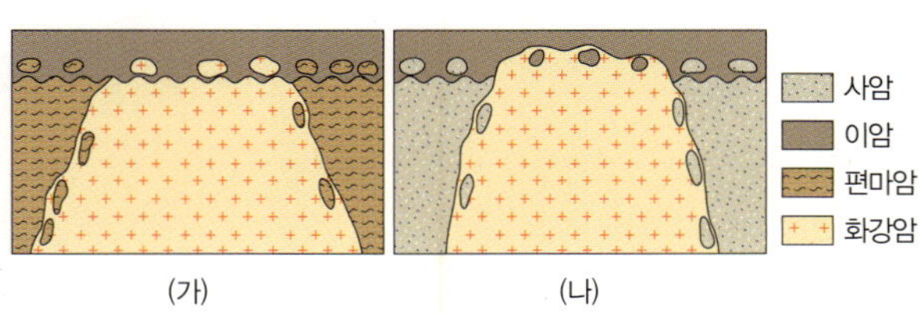

이에 대한 설명으로 옳은 것만을 〈보기〉에서 있는 대로 고른 것은?

> | 보기 |
> ㄱ. (가)에서는 편마암이 화강암보다 먼저 생성되었다.
> ㄴ. (나)에서 관입은 부정합의 형성보다 먼저 일어났다.
> ㄷ. (가)와 (나)에서 모두 포획암이 관찰된다.

① ㄱ　　　　② ㄴ　　　　③ ㄱ, ㄷ
④ ㄴ, ㄷ　　　⑤ ㄱ, ㄴ, ㄷ

기본 개념 확인

01 퇴적물이 쌓여 퇴적암이 되기까지의 전체 과정으로, 다짐 작용과 교결 작용으로 이루어진 작용을 [   ]이라고 한다.

01 다음은 퇴적암의 생성과 분류에 관한 세 학생의 대화이다.

위 대화에서 옳게 말한 학생만을 있는 대로 고른 것은?

① A　　　　　② C　　　　　③ A, B
④ B, C　　　　⑤ A, B, C

02 사층리는 아래쪽에서 위쪽으로 갈수록 층리의 폭이 [   ]진다.

02 그림은 여러 가지 퇴적 구조가 나타난 지층의 모습을 나타낸 것이다.

(가) 연흔

(나) 점이 층리

(다) 건열

(라) 사층리

이에 대한 설명으로 옳지 <u>않은</u> 것은?

① (가)의 퇴적 구조는 수심이 얕은 물가에서 생성되었다.
② (나) 지층은 역전되지 않았다.
③ (나)의 퇴적 구조는 대륙대나 수심이 깊은 호수의 바닥에서 잘 형성된다.
④ (다) 지층은 주로 점토질 퇴적층이다.
⑤ (라) 지층에서 물이 흐른 방향은 ㉠이다.

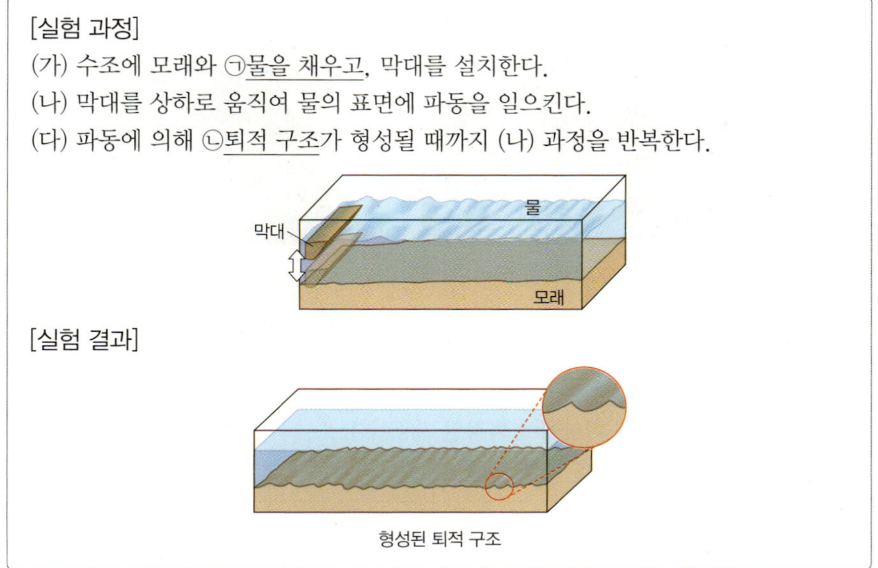

이에 대한 설명으로 옳은 것만을 〈보기〉에서 있는 대로 고른 것은?

| 보기 |
ㄱ. ㉠에서 물을 깊게 채울수록 (다)의 퇴적 구조는 잘 만들어진다.
ㄴ. (나)는 저탁류의 발생 과정에 해당한다.
ㄷ. ㉡은 연흔이다.

① ㄱ   ② ㄷ   ③ ㄱ, ㄴ
④ ㄴ, ㄷ   ⑤ ㄱ, ㄴ, ㄷ

03 수심이 얕은 물 밑에서는 퇴적물의 표면에 흐르는 물이나 파도의 흔적이 생기는데, 이를 [   ]이라고 한다.

---

04 그림 (가)는 여러 가지 퇴적 환경을, (나)의 ㉠, ㉡은 퇴적 구조를 나타낸 것이다.

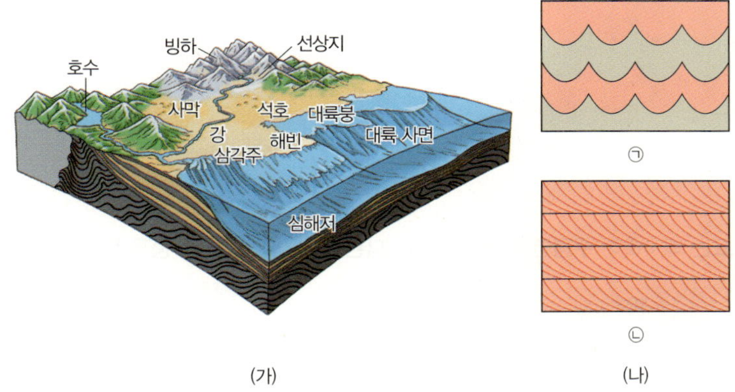

이에 대한 설명으로 옳은 것만을 〈보기〉에서 있는 대로 고른 것은?

| 보기 |
ㄱ. 삼각주와 석호는 연안 환경에 해당한다.
ㄴ. ㉠은 대륙 사면에서 잘 생성된다.
ㄷ. ㉡은 강보다 호수에서 잘 생성된다.

① ㄱ   ② ㄷ   ③ ㄱ, ㄴ
④ ㄴ, ㄷ   ⑤ ㄱ, ㄴ, ㄷ

04 퇴적 환경은 육상 환경, [   ] 환경, 해양 환경으로 구분된다.

기본 개념 확인

05 제주도 수월봉은 [   ]가 쌓여 형성된 응회암 지층으로, 층리가 잘 관찰된다.

05 그림 (가)는 제주도 수월봉 해안 절벽에 평행하게 쌓인 응회암 지층을, (나)는 태백 구문소 지역의 지층에서 발견된 삼엽충 화석을 나타낸 것이다.

(가)

(나)

이에 대한 설명으로 옳은 것만을 〈보기〉에서 있는 대로 고른 것은?

보기
ㄱ. (가)에서는 주상 절리가 잘 관찰된다.
ㄴ. (나)는 과거에 바다에서 퇴적된 지층이다.
ㄷ. (가)보다 (나) 지층이 먼저 형성되었다.

① ㄱ   ② ㄴ   ③ ㄱ, ㄷ
④ ㄴ, ㄷ   ⑤ ㄱ, ㄴ, ㄷ

06 습곡에서 위로 볼록하게 휘어진 부분을 [   ], 아래로 오목하게 휘어진 부분을 [   ]라고 한다.

06 표는 배사축이 수평면과 이루는 각이 다른 (가), (나), (다) 세 종류의 습곡을 나타낸 것이다.

구분	(가)	(나)	(다)
배사축면이 수평면과 이루는 각(°)	50	90	15

이에 대한 설명으로 옳은 것만을 〈보기〉에서 있는 대로 고른 것은?

보기
ㄱ. (가)는 경사 습곡이다.
ㄴ. (나)는 습곡축을 경계로 날개의 경사각이 서로 대칭이다.
ㄷ. 습곡으로 인해 지층의 역전을 관찰할 수 있는 것은 (다)이다.

① ㄱ   ② ㄷ   ③ ㄱ, ㄴ
④ ㄴ, ㄷ   ⑤ ㄱ, ㄴ, ㄷ

07 그림 (가), (나), (다)는 여러 가지 단층과 단층에 작용한 힘의 방향(➡)과 지층의 이동 방향(→)을 나타낸 것이다.

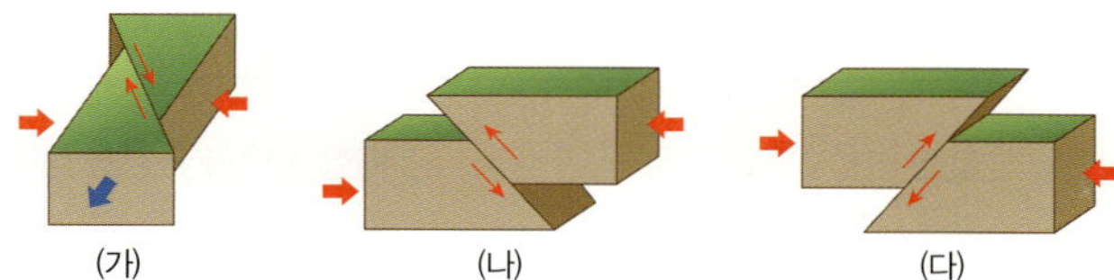

이에 대한 설명으로 옳은 것만을 〈보기〉에서 있는 대로 고른 것은?

보기
ㄱ. (가)는 단층면을 따라 지층이 수평으로 이동하였다.
ㄴ. (나)는 상반이 하반보다 상대적으로 위로 이동하였다.
ㄷ. (다)는 역단층이다.

① ㄱ 　　② ㄴ 　　③ ㄱ, ㄷ
④ ㄴ, ㄷ 　　⑤ ㄱ, ㄴ, ㄷ

07 단층이 경사져 있을 때 단층면을 경계로 그 윗부분을 [　　　], 아랫부분을 [　　　]이라고 한다.

08 그림 (가), (나), (다)는 서로 다른 세 지질 구조의 모습을 나타낸 것이다.

이에 대한 설명으로 옳은 것만을 〈보기〉에서 있는 대로 고른 것은?

보기
ㄱ. (가)는 경사 습곡이다.
ㄴ. (나)는 암체의 융기에 의한 압력 감소로 형성되었다.
ㄷ. (다)는 장력이 작용하여 상반이 아래로 내려간 정단층이다.

① ㄱ 　　② ㄴ 　　③ ㄱ, ㄷ
④ ㄴ, ㄷ 　　⑤ ㄱ, ㄴ, ㄷ

08 지표로 분출한 용암이 식을 때 부피가 수축하여 단면이 오각형이나 육각형인 긴 기둥 모양의 절리를 [　　　]라고 한다.

지구의 역사

A 지층의 생성 순서	B 상대 연령과 절대 연령	C 지질 시대의 환경과 생물
지사학 법칙 ★★☆	상대 연령 ★★★	화석 ★★☆
지층의 대비 ★★☆	절대 연령 ★★☆	지질 시대의 구분과 기후 ★☆☆
		지질 시대의 환경과 생물 ★★★

관입과 분출

· 관입

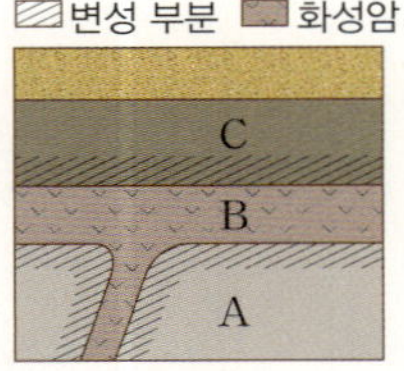

지층의 생성 순서: A → C → B

· 분출

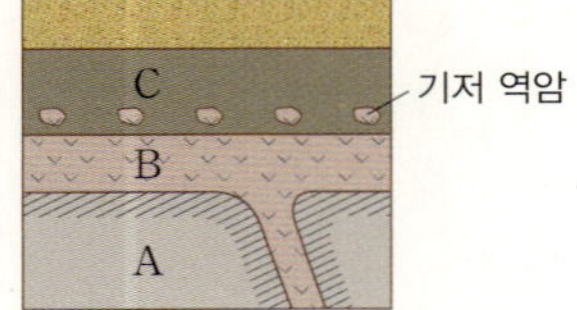

지층의 생성 순서: A → B → C

건층

암상에 의한 대비를 할 때 기준이 되는 지층을 건층 또는 열쇠층이라고 한다. 건층(열쇠층)은 비교적 넓은 지역에 고루 퇴적된 지층이 유리하므로 응회암이나 석탄층이 많이 이용된다.

지층의 상대 연령 결정하기

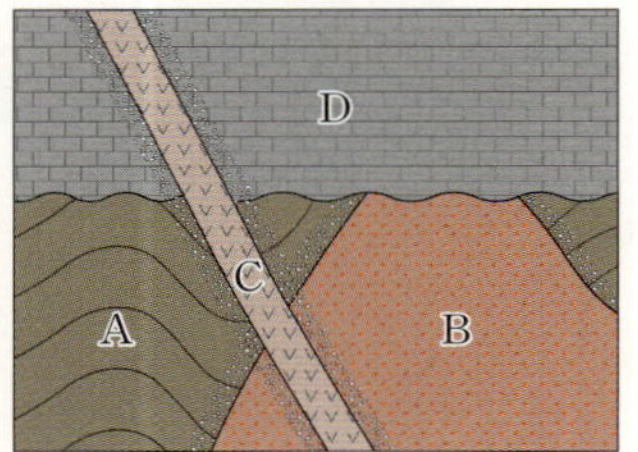

· 지층과 암석의 생성 순서는 A → B → D → C이다.
· A와 B의 생성 시기를 결정하는 데는 관입의 법칙이 적용된다.
· A와 D의 생성 시기를 결정하는 데는 부정합의 법칙이 적용된다.
· C와 D의 생성 시기를 결정하는 데는 관입의 법칙이 적용된다.

A 지층의 생성 순서

1. **지사학 법칙** — 현재 지구에서 일어나고 있는 지질학적 변화 과정은 과거에도 동일하게 일어났다는 동일 과정의 원리를 바탕으로 한다.

   (1) **수평 퇴적의 법칙** : 물속에서 퇴적이 일어날 때 중력의 영향을 받아 수평면과 나란한 방향으로 퇴적물이 쌓여 지층을 이룬다. 현재 지층이 기울어져 있거나 휘어져 있다는 것은 지각 변동을 받았음을 알려준다.

   (2) **지층 누중의 법칙** : 수평면으로 쌓인 지층 위에 퇴적물이 계속 공급되면 새로운 퇴적물은 이전에 쌓였던 지층 위에 쌓이면서 여러 지층을 이루게 된다. 따라서 먼저 쌓인 지층이 새롭게 쌓인 지층보다 아래에 위치한다. — 퇴적 구조나 화석을 이용하여 지층의 역전 여부를 결정할 수 있다.

   (3) **관입의 법칙** : 관입한 화성암체와 그에 인접한 암석 사이의 상대적인 생성 순서를 밝히는 데 이용되는 법칙으로 관입당한 암석이 관입한 암석보다 시간상 오래되었다는 것이다.

   (4) **부정합의 법칙** : 지층이 퇴적 → 융기 → 침식 → 침강 → 퇴적되는 경우 부정합이 나타난다. 부정합면을 경계로 상부 지층과 하부 지층의 퇴적 시기 사이에는 큰 시간적 격차가 존재한다는 것을 알려준다.

   (5) **동물군 천이의 법칙** : 오래된 지층에서 새로운 지층으로 갈수록 더 복잡하고 진화된 생물의 화석이 발견된다. 이처럼 지층에서 발견되는 화석의 종류와 진화 정도를 해석하면 지층의 선후 관계를 결정할 수 있다.

2. **지층의 대비** 여러 지역의 지층들을 서로 비교하여 상대적인 선후 관계를 밝히는 것을 지층의 대비라고 한다.

   (1) **암상에 의한 대비** : 가까운 지역의 지층을 구성하는 암석의 종류, 조직, 지질 구조 등의 특징을 대비하여 지층의 선후 관계를 판단한다. 응회암이나 석탄층이 주로 건층으로 이용된다.

   (2) **화석에 의한 대비** : 서로 멀리 떨어져 있는 지층은 퇴적 환경이 많이 다르기 때문에 암상에 의한 대비가 한계가 있다. 이런 경우 같은 종류의 표준 화석이 산출되는 지층을 연결하여 지층의 선후 관계를 판단한다.

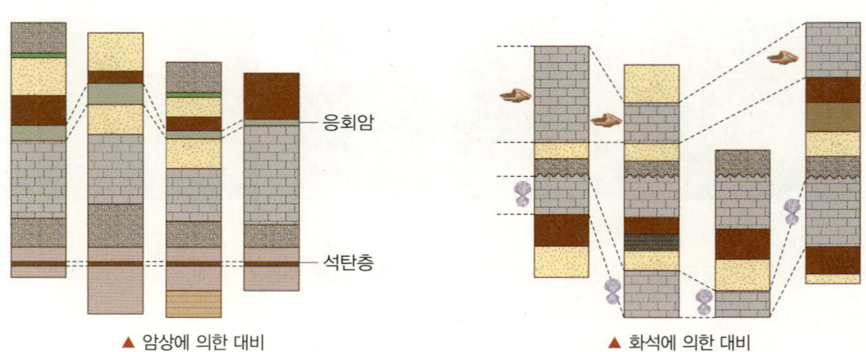

▲ 암상에 의한 대비   ▲ 화석에 의한 대비

B 상대 연령과 절대 연령

1. **상대 연령** 지층이나 암석의 생성 시기와 지질학적 사건의 발생 순서를 상대적인 선후 관계로만 나타낸 것이다. ➡ 지사학의 여러 법칙을 적용하여 지질학적 사건의 발생 순서를 판단한다.

2. **절대 연령** 지층이나 암석의 생성 시기와 지질학적 사건의 발생 시기를 수치로 나타낸 것이다.

➡ 암석 속에 포함되어 있는 방사성 동위 원소의 반감기를 이용하여 알아낸다.

(1) **반감기** : 방사성 동위 원소가 붕괴하여 처음 양의 반으로 줄어드는 데 걸리는 시간이다. 광물이나 암석 속에 들어 있는 모원소와 자원소의 양, 그리고 반감기를 알면 암석의 절대 연령을 구할 수 있다.

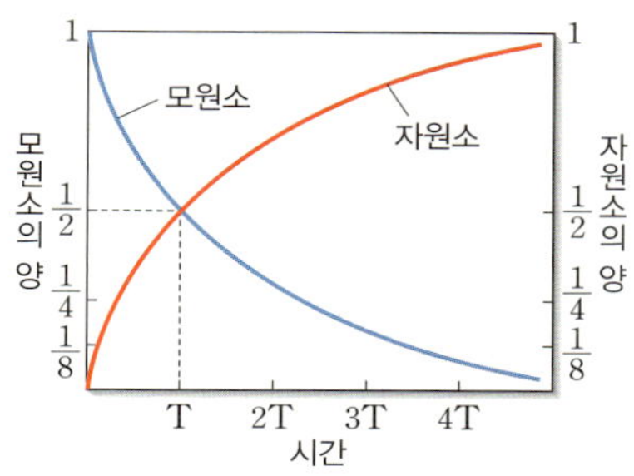

$$t = n \times T$$
(t: 절대 연령, n: 반감기 경과 횟수, T: 반감기)

▲ 반감기에 따른 모원소와 자원소의 비율

(2) 주요 방사성 동위 원소의 반감기

방사성 동위 원소 (모원소)	최종 생성 원소 (자원소)	반감기	포함 광물
^{238}U	^{206}Pb	약 45억 년	우라나이트
^{235}U	^{207}Pb	약 7억 년	우라나이트
^{232}Th	^{208}Pb	약 141억 년	우라나이트
^{87}Rb	^{87}Sr	약 492억 년	운모, 장석
^{40}K	^{40}Ar	약 13억 년	운모, 장석
^{14}C	^{14}N	약 5730 년	유기물

C 지질 시대의 환경과 생물

1. 표준 화석과 시상 화석

(1) **표준 화석** : 특정 시기에 출현하여 일정 기간 번성하다가 멸종되어 화석으로 남은 것을 표준 화석이라고 한다. 표준 화석은 생존 기간이 짧고, 분포 지역이 넓으며 개체 수가 많은 생물이어야 한다. 예 고생대 – 삼엽충, 중생대 – 공룡, 신생대 – 매머드 등

(2) **시상 화석** : 환경 변화에 민감하여 특정한 환경에서 번성하다가 화석으로 남은 것을 시상 화석이라고 한다. 시상 화석은 생존 기간이 길고 특정한 환경에 제한적으로 분포하는 생물이어야 한다. 예 따뜻하고 습한 육지 환경의 고사리, 따뜻하고 얕은 바다의 산호 등

2. 지질 시대 지구가 탄생한 약 46억 년 전부터 현재까지를 지질 시대라고 한다.

(1) **지질 시대의 구분 기준** : 생물계에서 일어난 급격한 변화나 지각 변동, 기후 변화 등을 기준으로 구분한다.

(2) **지질 시대의 구분** : 누대, 대, 기 등으로 구분한다. ─지질 시대의 상대적 길이 : 선캄브리아 시대＞고생대＞중생대＞신생대

이언	대	시기 (백만 년 전)	대	기	시기 (백만 년 전)
현생 누대	신생대	66	신생대	제4기	2.6
	중생대	252		네오기	23.0
	고생대	541		팔레오기	66.0
선캄브리아 시대	원생 누대	신원생대 / 1000	중생대	백악기	145.0
		중원생대 / 1600		쥐라기	201.3
		고원생대 / 2500		트라이아스기	252
	시생 누대	신시생대 / 2800	고생대	페름기	299
		중시생대 / 3200		석탄기	359
		고시생대 / 3600		데본기	419
		초시생대		실루리아기	444
				오르도비스기	485
				캄브리아기	541
			선캄브리아 시대		

모원소와 자원소
광물이나 암석 속에 들어 있는 방사성 동위 원소가 붕괴할 때 붕괴하는 방사성 동위 원소를 모원소라 하고, 모원소가 붕괴하여 새로 생성된 원소를 자원소라고 한다.

표준 화석과 시상 화석

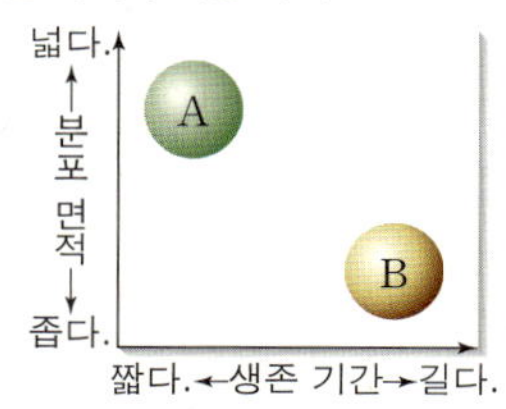

• A : 생존 기간이 짧고, 분포 면적이 넓다. ➡ 표준 화석
• B : 생존 기간이 길고, 분포 면적이 좁다. ➡ 시상 화석

빙하 코어 연구
빙하 속에 들어 있는 공기 방울을 분석하여 과거 대기 조성을 알 수 있고, 빙하를 구성하는 물 분자의 산소 동위 원소 비율($^{18}O/^{16}O$)로부터 기온 변화를 추정할 수 있다.

지층의 퇴적물 연구
퇴적물 속에 보존되어 있는 꽃가루 화석을 분석하면 과거 식물의 분포와 기후를 추정할 수 있다.

스트로마톨라이트
남세균에 의해 형성된 것으로, 따뜻하고 수심이 얕아 햇빛이 잘 드는 적도 부근의 바다에서 잘 만들어진다.

3. 지질 시대의 기후 화석 연구, 지층의 퇴적물 연구, 나무의 나이테 연구, 빙하 코어 연구(산소 동위 원소 비율)로부터 과거의 기후를 추정할 수 있다.

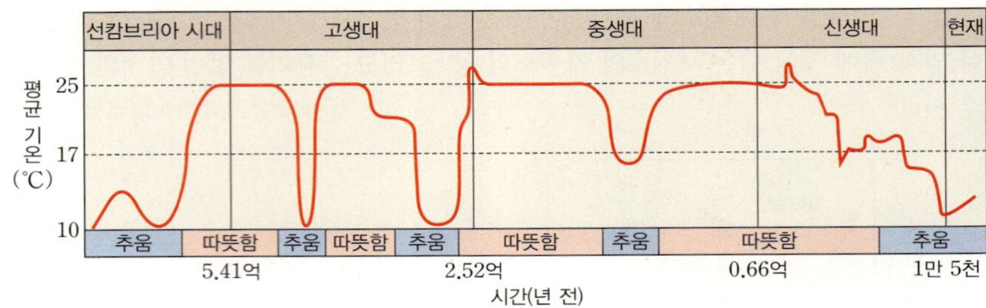

4. 지질 시대의 환경과 생물

선캄브리아 시대	환경	• 시생 누대에는 대기 중 산소가 희박하고 온난한 기후였다. • 원생 누대에는 대규모 빙하기가 있었을 것으로 추정되며, 대기 중에 산소가 점차 증가하였다.
	생물	• 시생 누대에는 바다에서 최초의 생명체가 출현, 남세균 출현, 원생 누대에는 최초의 다세포 동물 출현 • 화석 : 스트로마톨라이트(시생 누대), 에디아카라 동물군(원생 누대)
고생대	환경	• 초·중기에는 대체로 온난하였고, 말기에 빙하기가 있었다. • 말기에 초대륙 판게아를 형성하면서 대규모 조산 운동이 일어났다.
	생물	캄브리아기(삼엽충의 시대)에는 무척추동물의 번성, 오르도비스기(필석의 시대)에는 최초의 척추동물인 어류 출현, 실루리아기에는 최초의 육상 식물 출현, 데본기(어류의 시대)에는 최초의 양서류 출현, 석탄기에는 최초의 파충류 출현과 양치식물 번성, 페름기에는 겉씨식물 출현
중생대	환경	• 전반적으로 온난하였으며 빙하기는 없었다. • 판게아의 분리로 대서양과 인도양이 형성되기 시작하고, 해양판이 섭입하면서 습곡 산맥이 형성되기 시작하였다.
	생물	트라이아스기에는 공룡과 포유류 출현, 암모나이트와 겉씨식물 번성, 쥐라기에는 공룡과 암모나이트, 겉씨식물의 번성과 함께 시조새 출현, 백악기에는 공룡과 암모나이트가 멸종하고 속씨식물이 출현
신생대	환경	• 팔레오기와 네오기는 대체로 온난하였으나 제4기에 4번의 빙하기와 3번의 간빙기가 있었다. • 오늘날과 비슷한 수륙 분포를 이루었다.
	생물	팔레오기와 네오기에는 화폐석과 속씨식물 번성, 제4기에는 매머드 등의 대형 포유류 번성, 인류의 조상 출현

기출 자료 | 분석

그림 (가)는 어느 지역의 지질 단면을, (나)는 방사성 원소 X의 붕괴 곡선을 나타낸 것이다. (가)의 화성암 E와 F에 포함된 방사성 원소 X의 양은 각각 처음 양의 $\frac{1}{4}$과 $\frac{1}{2}$이다.

자료 체크 리스트
☐ 지층의 퇴적 순서
☐ 암석의 절대 연대 측정
☐ 단층과 습곡의 선후 관계 파악

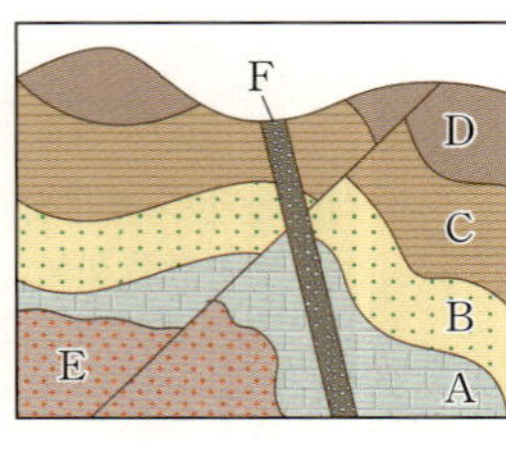

(가)

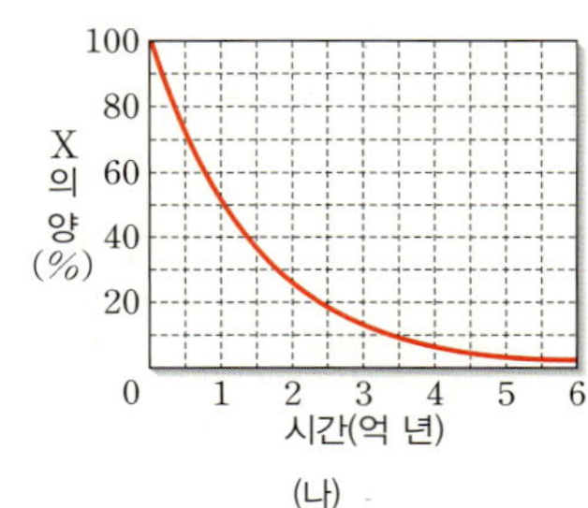

(나)

step 1 지사학의 법칙을 이용해 지층의 퇴적 순서 찾기
지층의 퇴적 순서는 A-B-C-D-F이다. E는 F 이전이라는 것만 알 수 있고 정확한 순서는 정할 수 없다.

step 2 반감기 그래프를 이용하여 절대 연령 측정하기
그래프에서 반감기는 1억 년임을 알 수 있다. E는 반감기를 두 번 거쳤으므로 절대 연령이 2억 년, F는 반감기를 한 번 거쳤으므로 절대 연령이 1억 년이다.

step 3 단층과 습곡의 선후 관계를 파악하기
지사학의 법칙을 이용해 단층과 습곡의 선후 관계를 파악할 수 있다. 지층이 퇴적된 후 습곡이 형성되었고, 습곡이 단층에 의해 잘려 이동하였으므로 습곡은 단층보다 먼저 형성되었다.

01 변형

다음은 지사학의 법칙 일부를 정리한 것이다.

지사학의 법칙	
법칙	설명
㉠	부정합면을 경계로 상, 하부 지층의 퇴적 시기에 큰 시간적 간격이 있다.
관입의 법칙	마그마가 기존의 암석을 관입하여 식으면 관입암이 생성된다. 따라서 (㉡)
동물군 천이의 법칙	새로운 지층으로 갈수록 더욱 진화된 생물 화석군이 발견된다.

이 자료를 보고 학생 A, B, C가 의견을 제시하였다. 제시한 의견이 옳은 학생만을 〈보기〉에서 있는 대로 고른 것은?

| 보기 |
학생 A : ㉠은 '부정합의 법칙'이야.
학생 B : ㉡에는 '관입당한 암석은 관입암보다 먼저 생성된 것이다.'를 넣을 수 있어.
학생 C : 지사학의 법칙을 통해 지층의 절대 연령을 구할 수 있어.

① A　　　　② C　　　　③ A, B
④ B, C　　　⑤ A, B, C

02 변형

그림은 인접한 세 지역의 지층 단면 A, B, C를 나타낸 것이다. 이 지역에는 동일한 시기에 분출된 화산재가 쌓여 만들어진 지층이 있다.

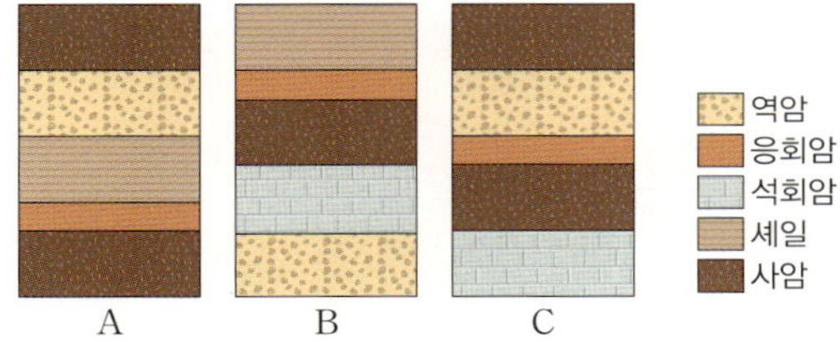

이에 대한 설명으로 옳은 것만을 〈보기〉에서 있는 대로 고른 것은? (단, 지층의 역전은 없었다.)

| 보기 |
ㄱ. C에는 부정합이 존재한다.
ㄴ. 가장 오래된 지층은 A에 존재한다.
ㄷ. B와 C의 역암층은 동일한 시기에 형성된 것이다.

① ㄱ　　　　② ㄷ　　　　③ ㄱ, ㄷ
④ ㄴ, ㄷ　　　⑤ ㄱ, ㄴ, ㄷ

03 변형

그림은 어느 지역의 지질 단면도와 산출되는 화석을 나타낸 것이다.

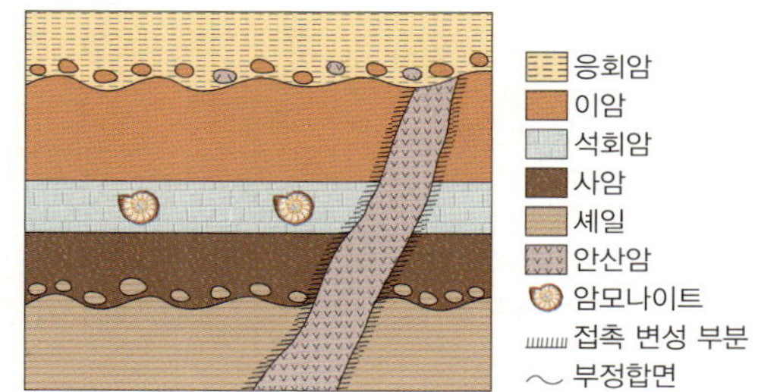

이에 대한 설명으로 옳은 것만을 〈보기〉에서 있는 대로 고른 것은?

| 보기 |
ㄱ. 석회암층은 중생대에 퇴적되었다.
ㄴ. 가장 늦게 생성된 지층은 응회암층이다.
ㄷ. 셰일층과 사암층 사이에 퇴적이 중단된 시기가 있었다.

① ㄱ　　　　② ㄷ　　　　③ ㄱ, ㄴ
④ ㄴ, ㄷ　　　⑤ ㄱ, ㄴ, ㄷ

04 변형

그림은 어느 지역의 지질 단면도를, 표는 화성암 D와 F에 포함된 방사성 원소 X와 이 원소가 붕괴되어 생성된 자원소의 함량비를 나타낸 것이다.

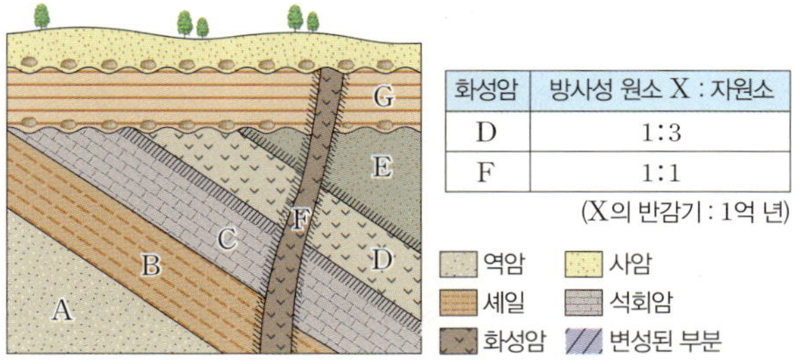

화성암	방사성 원소 X : 자원소
D	1:3
F	1:1

(X의 반감기 : 1억 년)

이 지역에 대한 설명으로 옳은 것만을 〈보기〉에서 있는 대로 고른 것은?

| 보기 |
ㄱ. D는 E보다 먼저 생성되었다.
ㄴ. F의 절대 연령은 1억 년이다.
ㄷ. E는 속씨식물이 번성한 시대에 생성되었다.

① ㄱ　　　　② ㄴ　　　　③ ㄱ, ㄷ
④ ㄴ, ㄷ　　　⑤ ㄱ, ㄴ, ㄷ

05 다음은 빙하 코어를 이용한 고기후 연구 방법을, 그림은 그린란드 빙하 코어를 분석하여 알아낸 산소 동위 원소비($^{18}O/^{16}O$)를 나타낸 것이다.

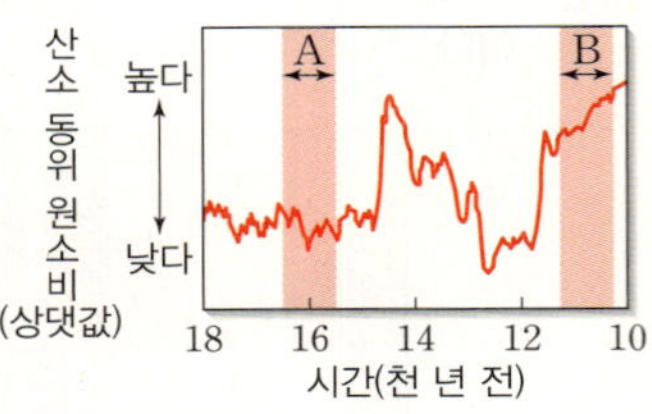

이에 대한 설명으로 옳은 것만을 〈보기〉에서 있는 대로 고른 것은?

| 보기 |

ㄱ. ⊙은 빙하 형성 당시 대기 중 이산화 탄소 농도이다.
ㄴ. 해양 생물 화석에 포함된 ⓛ은 A 시기가 B 시기보다 낮다.
ㄷ. 대륙 빙하의 면적은 A 시기가 B 시기보다 좁다.

① ㄱ　　　　② ㄴ　　　　③ ㄱ, ㄷ
④ ㄴ, ㄷ　　　⑤ ㄱ, ㄴ, ㄷ

06 그림은 현생 누대 동안의 해수면 높이와 해양 생물 과의 수를 나타낸 것이다.

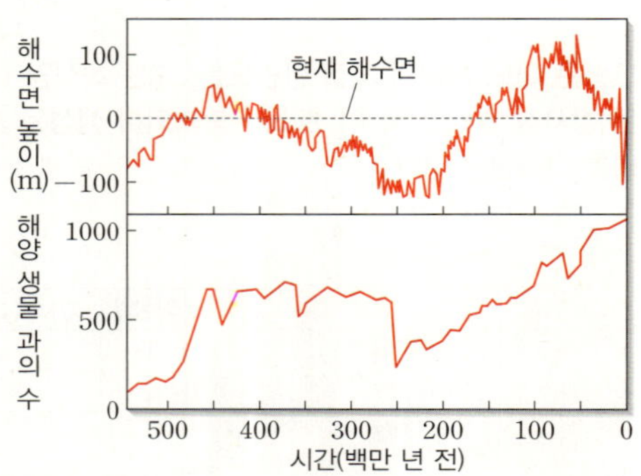

이에 대한 설명으로 옳은 것만을 〈보기〉에서 있는 대로 고른 것은?

| 보기 |

ㄱ. 최초의 척추동물은 캄브리아기에 출현하였다.
ㄴ. 해양 생물 과의 수가 가장 많이 감소한 시기는 페름기와 트라이아스기 사이이다.
ㄷ. 판게아가 분리되기 시작했을 때의 해수면은 현재보다 높았다.

① ㄱ　　　　② ㄴ　　　　③ ㄱ, ㄷ
④ ㄴ, ㄷ　　　⑤ ㄱ, ㄴ, ㄷ

07 그림은 현생 누대 동안 생물 과의 멸종 비율과 대멸종 ⊙~⑩을 나타낸 것이다.

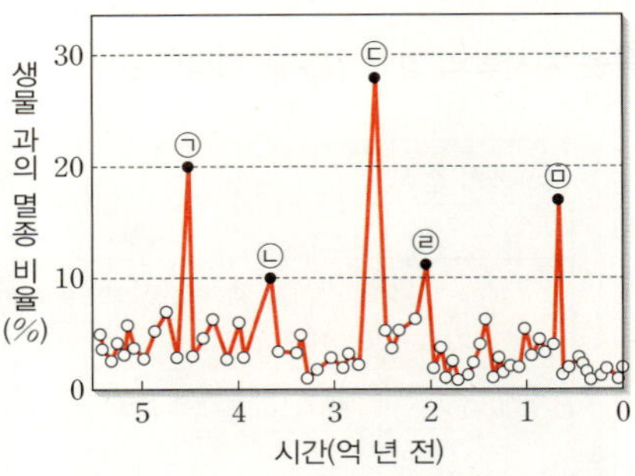

이에 대한 설명으로 옳은 것만을 〈보기〉에서 있는 대로 고른 것은?

| 보기 |

ㄱ. ⊙은 오르도비스기 말에 해당한다.
ㄴ. 판게아가 형성된 시기는 ⓛ이다.
ㄷ. 삼엽충과 방추충을 비롯한 해양 생물의 대멸종 시기는 ⓒ이다.

① ㄱ　　　　② ㄴ　　　　③ ㄱ, ㄷ
④ ㄴ, ㄷ　　　⑤ ㄱ, ㄴ, ㄷ

08 그림은 현생 누대의 평균 기온 변화와 생물 A, B, C의 생존 시기를 나타낸 것이다.

지질 시대	평균 기온		생존 시기
	낮음 ← 현재 값 → 높음		
제4기			
네오기			A B
팔레오기			
백악기			
쥐라기			
트라이아스기			
페름기			
석탄기			C
데본기			
실루리아기			
오르도비스기			
캄브리아기			

이에 대한 설명으로 옳은 것만을 〈보기〉에서 있는 대로 고른 것은?

| 보기 |

ㄱ. A는 B보다 시상 화석으로 더 적합하다.
ㄴ. B의 생존 시기에는 빙하기가 없었다.
ㄷ. C의 생존 시기에 속씨식물이 번성하였다.

① ㄱ　　　　② ㄷ　　　　③ ㄱ, ㄴ
④ ㄴ, ㄷ　　　⑤ ㄱ, ㄴ, ㄷ

| 정답 및 해설 7쪽 |

01 다음은 철수와 영희가 지사학의 법칙을 이용해 지층의 선후 관계와 지질학적 사건을 해석하는 방법을 정리한 것이다.

철수	(가) 현재 지층이 기울어져 있으면 퇴적된 후 지각 변동을 받은 것이다. (나) 퇴적 구조를 통해 지층의 역전 여부를 판단할 수 있다.
영희	(다) 관입당한 암석은 관입암보다 먼저 형성된 것이다. (라) 동물군 천이의 법칙은 시상 화석을 이용해 지층의 선후 관계를 판단한다.

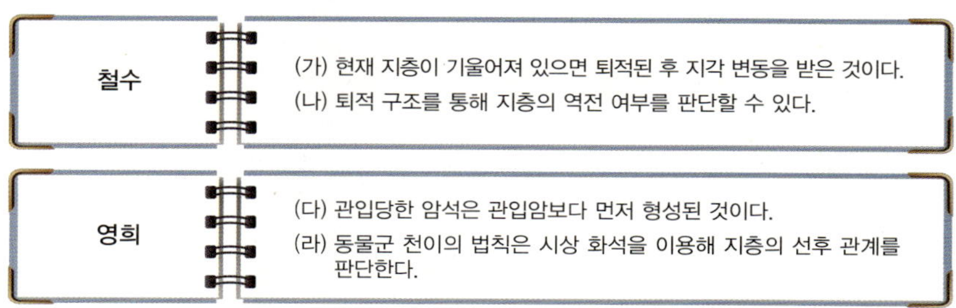

철수와 영희가 정리한 내용 중 옳지 않은 것만을 있는 대로 고른 것은?

① (나) ② (라) ③ (나), (라)
④ (가), (나), (다) ⑤ (나), (다), (라)

02 그림은 어느 지역의 지질 단면도를 나타낸 것이다.

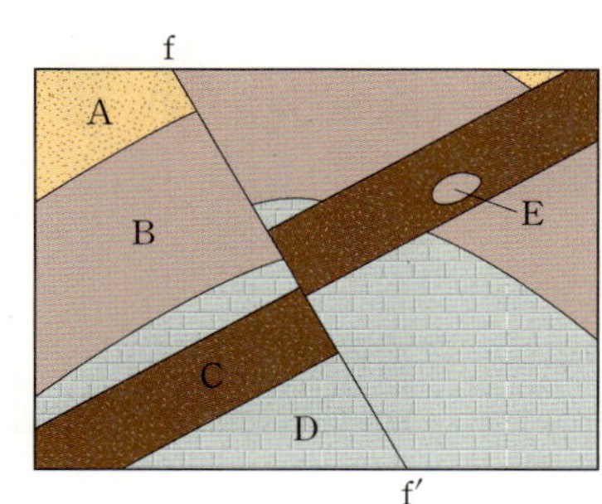

이에 대한 설명으로 옳은 것만을 <보기>에서 있는 대로 고른 것은? (단, 지층은 역전되지 않았고, B와 E는 같은 종류의 암석이다.)

보기
ㄱ. 역단층이 관찰된다.
ㄴ. C보다 E가 먼저 형성되었다.
ㄷ. 이 지층의 상대 연령을 구하는 데 관입의 법칙이 이용된다.

① ㄱ ② ㄷ ③ ㄱ, ㄴ
④ ㄴ, ㄷ ⑤ ㄱ, ㄴ, ㄷ

기본 개념 확인

01 오래된 지층에서 새로운 지층으로 갈수록 더욱 진화된 생물의 화석이 산출된다는 지사학의 법칙은 [ ] 이다.

02 마그마가 관입할 때 주변 암석의 일부가 떨어져 나와 마그마 속으로 유입되는 것을 포획이라 하고, 포획된 암석을 [ ]이라고 한다.

기본 개념 확인

03 침식 이후 퇴적 과정이 진행될 수 있는 환경에서 부정합면 윗면에는 기존 암석의 파편이 남아 [　　　　]으로 나타난다.

04 [　　　　]에 의한 지층의 대비는 진화 계통이 잘 알려진 생물의 화석을 이용하여 대비하며, 가까운 거리뿐만 아니라 멀리 떨어져 있는 지층의 대비에도 이용된다.

---

03 그림은 어느 지역의 지질 단면도를 나타낸 것이다. A~E는 퇴적암, F는 화성암이다.

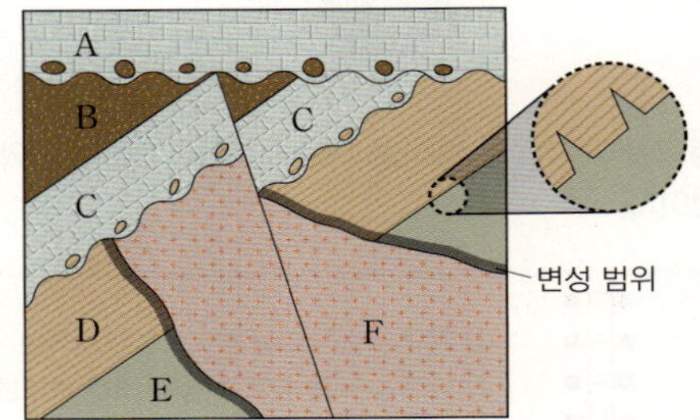

이에 대한 설명으로 옳은 것만을 〈보기〉에서 있는 대로 고른 것은?

┤ 보기 ├
ㄱ. A에서는 F의 기저 역암이 관찰될 수 있다.
ㄴ. 이 지역에서 가장 오래된 암석은 E이다.
ㄷ. C와 D의 퇴적 시기 사이에는 큰 시간적 간격이 존재한다.

① ㄱ　　　　　② ㄷ　　　　　③ ㄱ, ㄴ
④ ㄴ, ㄷ　　　　⑤ ㄱ, ㄴ, ㄷ

04 그림은 서로 떨어져 있는 세 지역 (가), (나), (다)의 지층과 산출되는 표준 화석을 나타낸 것이다.

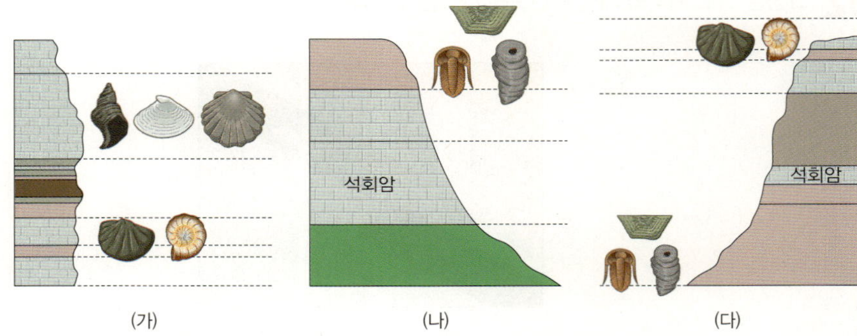

이에 대한 설명으로 옳은 것만을 〈보기〉에서 있는 대로 고른 것은?

┤ 보기 ├
ㄱ. 가장 오래된 지층은 (나) 지역에 분포한다.
ㄴ. (나)와 (다) 지역의 석회암층은 같은 시기에 퇴적되었다.
ㄷ. 이 지역의 지층 선후 관계는 암상에 의한 대비보다는 화석에 의한 대비가 더 적합하다.

① ㄴ　　　　　② ㄷ　　　　　③ ㄱ, ㄴ
④ ㄱ, ㄷ　　　　⑤ ㄱ, ㄴ, ㄷ

05 그림 (가)는 어느 지역의 지질 단면도이고, (나)는 (가)의 화성암 A, B에 들어 있는 방사성 동위 원소 X의 붕괴 곡선이다. 화성암 A에 남아 있는 방사성 동위 원소 X의 비율은 25 %이고, 화성암 B에 남아 있는 방사성 동위 원소 X의 비율은 50 %이다.

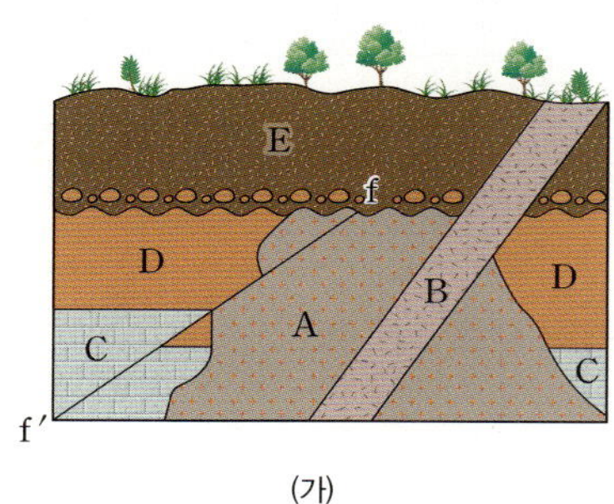
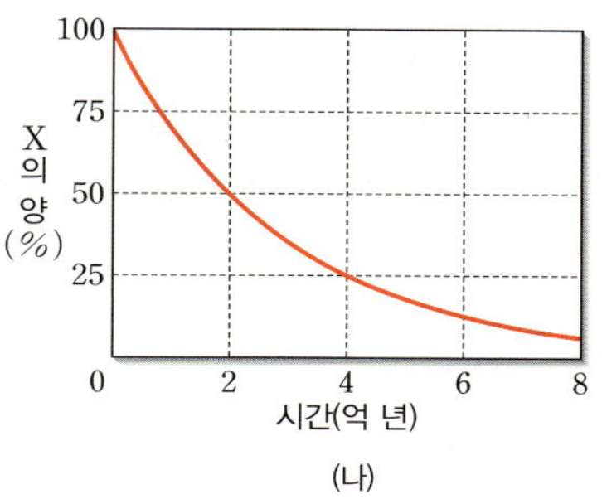

(가) (나)

이에 대한 설명으로 옳은 것만을 〈보기〉에서 있는 대로 고른 것은?

| 보기 |

ㄱ. 화성암 A의 절대 연령은 4억 년이다.
ㄴ. D에서는 화폐석 화석이 산출될 수 있다.
ㄷ. f–f′는 역단층이다.

① ㄱ   ② ㄴ   ③ ㄱ, ㄷ
④ ㄴ, ㄷ   ⑤ ㄱ, ㄴ, ㄷ

06 그림 (가)는 어느 지역의 지질 단면도를, (나)는 방사성 동위 원소가 붕괴되는 과정에서 방사성 동위 원소 X와 자원소의 상대적인 양을 나타낸 것이다. ㉠과 ㉡은 각각 화성암 P 또는 Q의 방사성 동위 원소 X와 자원소의 상대적인 양이다.

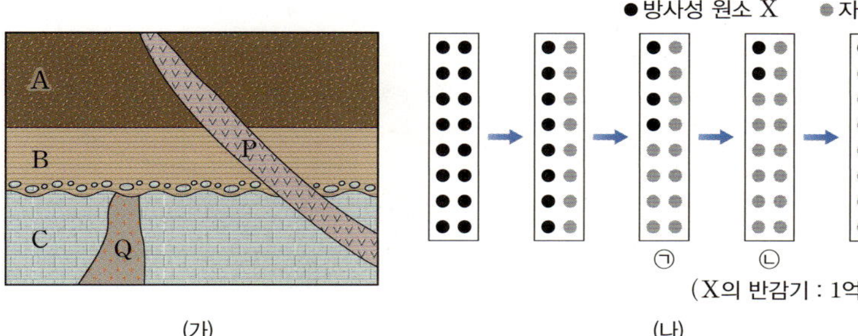

(가) (나)

이에 대한 설명으로 옳은 것만을 〈보기〉에서 있는 대로 고른 것은?

| 보기 |

ㄱ. 화성암 P에 포함된 방사성 동위 원소 X와 자원소의 상대적인 양은 ㉠이다.
ㄴ. 부정합은 3억 년 전보다 이전에 형성되었다.
ㄷ. 지층 C는 겉씨식물이 번성하던 시대에 퇴적되었다.

① ㄱ   ② ㄷ   ③ ㄱ, ㄴ
④ ㄴ, ㄷ   ⑤ ㄱ, ㄴ, ㄷ

07 지질 시대는 대규모 조산 운동이나 부정합, ◻◻◻◻◻◻의 급격한 변화 등을 기준으로 구분한다.

08 실루리아기에 필석류, 산호, 갑주어 등이 번성하였고, 해안의 낮은 습지에서 최초의 ◻◻◻◻◻이 출현하였다.

---

07 그림은 어느 지역의 지층과 그 지층에서 발견된 화석의 일부를 나타낸 것이고, 표는 각 지층에서 발견된 화석의 종류를 나타낸 것이다.

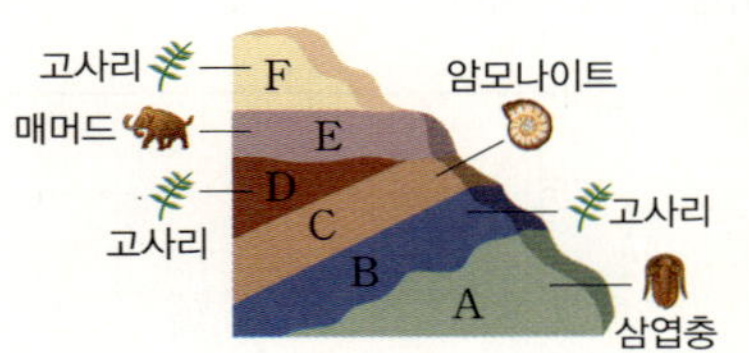

지층 \ 화석	(가)	(나)	(다)	(라)	(마)	(바)	(사)	(아)
F	○							○
E	○							○
D		○	○	○	○	○		○
C		○	○	○	○	○	○	○
B		○		○	○	○	○	○
A					○		○	

이에 대한 설명으로 옳은 것만을 〈보기〉에서 있는 대로 고른 것은?

> **보기**
> ㄱ. (가)는 고사리이다.
> ㄴ. 화석의 종류 변화가 가장 큰 두 경계는 A와 B, D와 E 사이이다.
> ㄷ. (다)는 표준 화석, (아)는 시상 화석으로 적합하다.

① ㄴ   ② ㄷ   ③ ㄱ, ㄴ
④ ㄱ, ㄷ   ⑤ ㄴ, ㄷ

---

08 그림은 현생 누대 동안 해양 무척추동물과 육상 식물의 과의 수 변화를 나타낸 것이다.

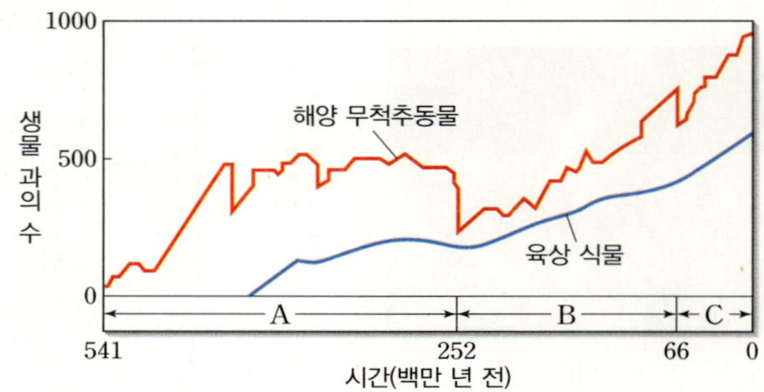

이에 대한 설명으로 옳은 것만을 〈보기〉에서 있는 대로 고른 것은?

> **보기**
> ㄱ. 육상 식물은 고생대 말에 출현하였다.
> ㄴ. 해양 무척추동물의 과의 수는 A 시기 말이 B 시기 말보다 적었다.
> ㄷ. C 시기에는 빙하기가 없었다.

① ㄱ   ② ㄴ   ③ ㄱ, ㄷ
④ ㄴ, ㄷ   ⑤ ㄱ, ㄴ, ㄷ

S 대단원 예상 적중 자료 정리

① 음향 측심법을 이용한 해저 지형 구하기 — 1강_ 10쪽 2번

표는 태평양의 한 지점에서 일정한 거리 간격으로 이동하면서 측정한 음향 측심 자료이다. 바닷물 속에서 초음파의 속도는 1500 m/s이다.

수심 측정 지점	1	2	3	4	5	6	7	8	9	10	11	12	13	14
기준점에서의 거리(km)	2	4	6	8	10	12	14	16	18	20	22	24	26	28
초음파의 왕복 시간(초)	6.8	6.4	5.4	4.8	3.6	2.1	1.5	2.2	3.7	4.3	4.8	5.2	5.9	6.4

분석 포인트 ▶▶▶

음향 측심법에서 수심은 $\frac{1}{2}$ × 초음파의 왕복 시간 × 초음파의 속도이다.

자료 집중 분석

- 해수면에서 발사한 초음파가 해저면에 반사하여 되돌아오기까지 걸리는 시간을 이용하여 수심을 측정하는 방법을 ① [　　　] 이라고 한다.
- 수심이 가장 깊은 지점은 초음파의 왕복 시간이 가장 긴 1이며, 이 지점에서 수심은 ② [　　　] m이다.
- 수심이 가장 얕은 지점은 초음파의 왕복 시간이 가장 짧은 7이며, 이 지점에서 수심은 ③ [　　　] m이다.
- 섭입형 수렴 경계에서 발달하는 ④ [　　　] 는 수심 약 6000 m 이상인 지형으로 해저에서 수심이 가장 깊은 지형이다.
- 이 지형은 해저 지형의 폭은 약 28 km이고 높이가 4000 m 정도인 ⑤ [　　　] 지형을 보여주고 있다.

② 고지자기 복각을 이용한 대륙 이동 — 1강_ 13쪽 7번

표는 지질 시대 동안 인도 대륙 어느 한 지점의 복각의 변화를, 그래프는 위도와 복각과의 관계를 나타낸 것이다.

시기(만 년 전)	고지자기 복각(°)
7100	−49
5500	−21
3800	6
1000	30
현재	36

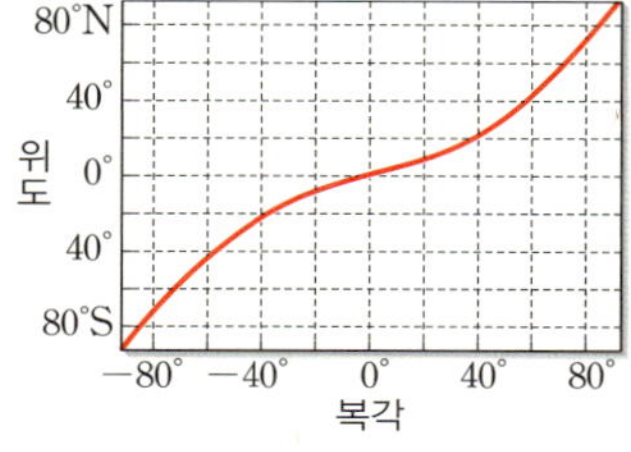

분석 포인트 ▶▶▶

고지자기 복각의 크기는 고위도일수록 크다.

자료 집중 분석

- 고지자기 복각의 크기는 위도와 ⑥ [　　　] 한다.
- 현재 인도 대륙의 고지자기 복각 값이 (+)이므로 현재 ⑦ [　　　] 에 위치하고 있다.
- 그래프에서 위도의 평균 변화율은 기울기 값이 ⑧ [　　　] 수록 크다. ➡ 위도의 평균 변화율은 5500만 년 전~3800만 년 전이 7100만 년 전~5500만 년 전보다 작다.

③ 판의 경계와 지형 — 2강_ 18쪽 1번

그림은 같은 속력으로 이동하는 두 판의 경계를 모식적으로 나타낸 것이다

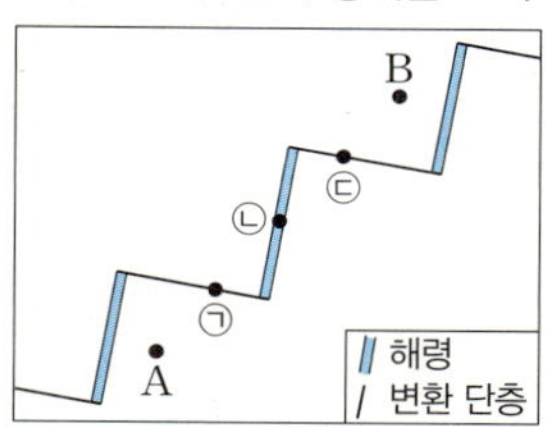

분석 포인트 ▶▶▶

해령은 발산형 경계로 천발 지진과 화산 활동이 활발하고, 변환 단층은 보존형 경계로 천발 지진만 일어난다.

자료 집중 분석

- 판은 ⑨ [　　　] 경계인 해령을 기준으로 양쪽으로 멀어진다. A는 해령의 오른쪽, B는 해령의 왼쪽이므로 A와 B는 서로 반대 방향으로 이동한다.
- 해령인 ⓒ은 맨틀 대류의 상승부로 ⑩ [　　　] 마그마가 분출하면서 화산 활동과 천발 지진이 활발하다.
- 변환 단층인 ㉠과 ㉢은 마그마의 생성이나 판의 소멸이 일어나지 않는 곳으로 화산 활동은 없고, ⑪ [　　　] 지진이 발생한다.

④ 마그마의 생성 장소 — 2강_ 21쪽 7번

그림 (가)는 지하의 온도와 지구 내부 구성 암석의 용융 곡선을, (나)는 마그마의 생성 위치를 나타낸 것이다.

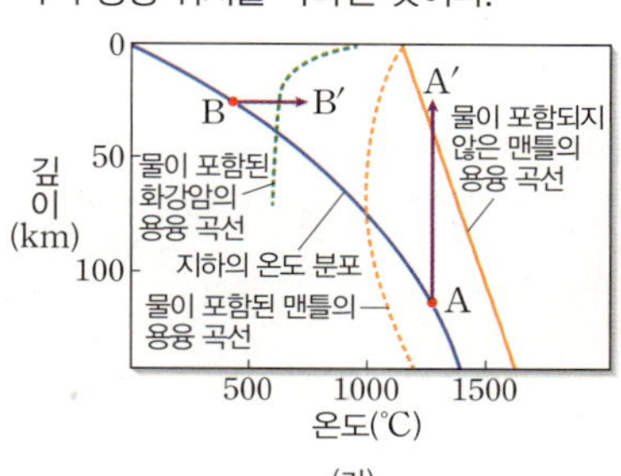

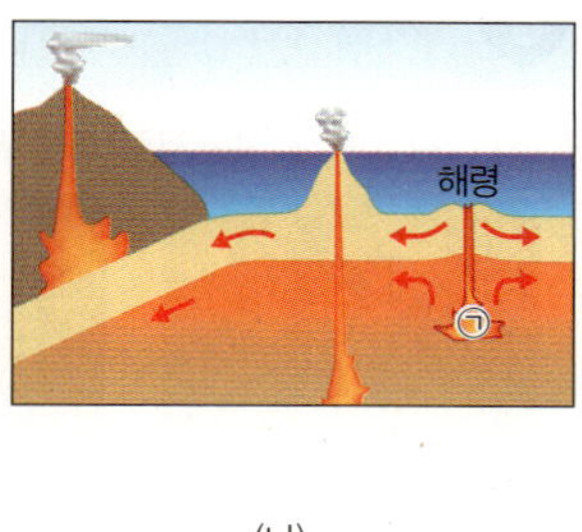

분석 포인트 ▶▶▶

온도가 높아지거나 압력이 낮아져 지하의 온도 분포가 암석의 용융 온도보다 높으면 마그마가 생성된다.

자료 집중 분석

- 물이 포함된 맨틀의 용융 온도가 물이 포함되지 않은 맨틀의 용융 온도보다 ⑫ [　　　].
- A → A′ 과정은 ⑬ [　　　] 감소, B → B′ 과정은 온도 상승에 의한 마그마의 생성 과정이다.
- 섭입대에서 생성되는 현무암질 마그마는 함수 광물에 포함된 물의 영향으로 연약권을 구성하는 광물의 용융 온도가 ⑭ [　　　] 생성된다.
- 해령의 하부(㉠)에서는 맨틀 물질이 상승하여 압력이 감소하면 맨틀 물질이 부분 용융되어 주로 ⑮ [　　　] 마그마가 생성된다.

5 퇴적 구조와 퇴적 환경   3강_ 26쪽 1번

그림은 여러 가지 퇴적 구조가 나타난 지층의 모습을 나타낸 것이다.

(가) 연흔   (나) 점이 층리   (다) 건열   (라) 사층리

분석 포인트 ▶▶▶

퇴적 구조를 통해 퇴적 당시 환경과 지층의 역전 여부를 판단할 수 있다.

자료 집중 분석

- ⑯□□□□은/는 층리면에 물결 모양이 나타난 퇴적 구조로, 주로 얕은 물 밑에서 만들어진다.
- 점이 층리는 위로 갈수록 입자의 크기가 점점 작아지는 퇴적 구조로, 주로 수심이 ⑰□□□□ 물 밑에서 형성된다.
- 건열은 퇴적층의 표면이 쐐기 모양으로 갈라진 퇴적 구조로, ⑱□□□□ 퇴적물이 건조한 환경에 노출되어 형성된다.
- 사층리는 물이나 바람의 흐름 환경에서 만들어진 퇴적 구조로, 흐른 방향은 층리면이 경사져 있는 ⑲□□□□이다.

6 지질 구조   3강_ 29쪽 8번

그림 (가), (나), (다)는 서로 다른 세 지질 구조의 모습을 나타낸 것이다.

(가)   (나)   (다)

분석 포인트 ▶▶▶

(가)는 횡압력에 의해 형성된 습곡, (나)는 마그마의 급격한 냉각으로 수축되어 형성된 주상 절리, (다)는 장력에 의해 형성된 정단층이다.

자료 집중 분석

- (가)는 지층이 횡압력에 의해 휘어진 습곡 중 ⑳□□□□ 습곡에 해당한다.
- 암석에 생긴 틈이나 균열을 절리라고 하는데, (나)는 분출한 용암이 식을 때 부피가 수축하여 기둥 모양으로 갈라진 ㉑□□□□ 절리이다. ➡ 절리는 틈이나 경계를 기준으로 암석의 이동이 없고, 단층은 틈이나 경계를 따라 암석의 이동이 있다.
- 단층에는 상반이 하반에 대해 아래로 이동한 정단층, 상반이 하반에 대해 위로 이동한 역단층, 지괴가 수평으로 이동한 주향 이동 단층이 있다. 이 중 (다)는 ㉒□□□□에 해당한다.

7 절대 연대와 상대 연대   4강_ 37쪽 5번

그림 (가)는 어느 지역의 지질 단면도이고, (나)는 (가)의 화성암 A, B에 들어 있는 방사성 동위 원소 X의 붕괴 곡선이다. 화성암 A에 남아 있는 방사성 동위 원소 X의 비율은 25 %이고, 화성암 B에 남아 있는 방사성 동위 원소 X의 비율은 50 %이다.

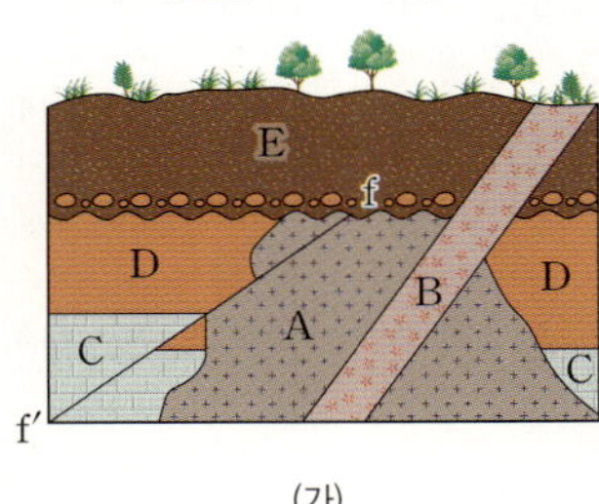
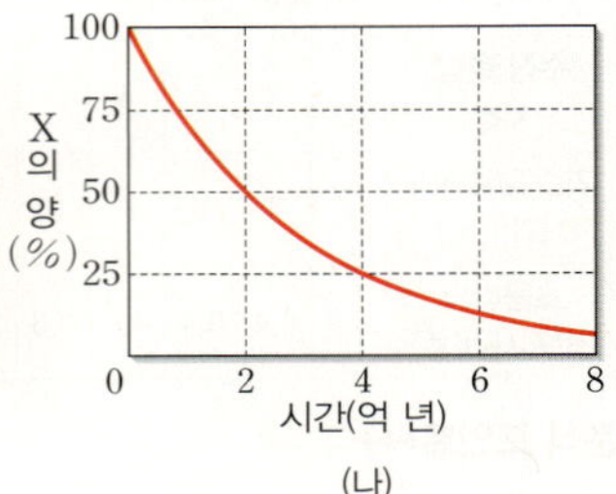

(가)   (나)

분석 포인트 ▶▶▶

(가)에서 f−f′는 역단층이고, 가장 오래된 지층은 C이다. (나)에서 방사성 동위 원소의 반감기는 2억 년이다.

자료 집중 분석

- 남아 있는 방사성 동위 원소의 양이 25 %인 화성암 A는 절대 연령이 ㉓□□□□년, 남아 있는 방사성 동위 원소의 양이 50 %인 화성암 B의 절대 연령은 2억 년 이다.
- 지층 D는 A 이전에 형성된 것으로 절대 연령이 ㉔□□□□ 이상이므로 화폐석 화석은 발견되지 않는다.
- (가)의 상대 연대를 해석하는 데 이용된 지사학의 법칙은 지층 누중의 법칙, 관입의 법칙, ㉕□□□□이다.

8 지질 시대의 생물과 환경   4강_ 38쪽 8번

그림은 현생 누대 동안 해양 무척추동물과 육상 식물의 과의 수 변화를 나타낸 것이다.

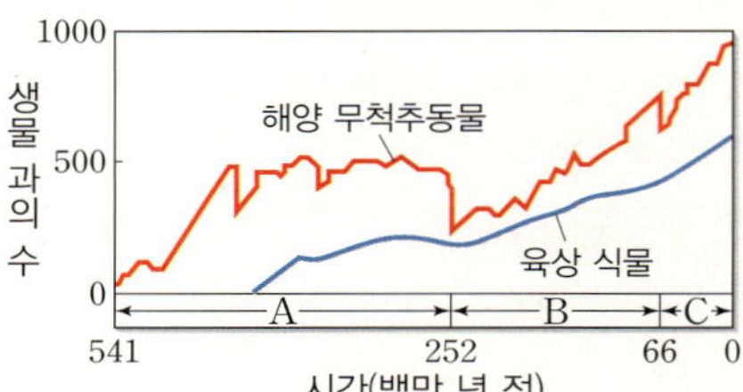

분석 포인트 ▶▶▶

현생 누대 동안 고생대 오르도비스기 말, 데본기 후기, 페름기 말, 중생대 트라이아스기 말, 백악기 말에 생물 대멸종이 있었다. 이 중 가장 큰 생물의 멸종 시기는 고생대 페름기 말이다.

자료 집중 분석

- 고생대 ㉖□□□□에 해안의 낮은 습지에서 최초의 육상 식물이 출현하였다.
- 가장 큰 생물의 대멸종 시기는 고생대 ㉗□□□□ 말이다.
- 지질 시대 중 ㉘□□□□는 전반적으로 온난한 기후가 지속되었으며, 빙하기가 없었다.
- 신생대 팔레오기와 네오기는 대체로 온난하였으나 제4기에 ㉙□□□□이/가 있었다.

Ⅱ 대기와 해양

05강 대기의 변화

A 기압과 날씨 변화		B 태풍과 날씨		C 우리나라의 주요 악기상	
정체성 고기압	★☆☆	태풍의 발생 조건	★☆☆	뇌우, 황사	★★☆
온대 저기압과 날씨	★★★	태풍의 진행과 피해	★★★	폭설, 우박	★☆☆

우리나라에 영향을 주는 기단

A 기압과 날씨 변화

1. 정체성 고기압과 이동성 고기압

(1) 정체성 고기압 : 고기압의 중심부가 거의 이동하지 않고 한곳에 머무르는 고기압 예 시베리아 고기압, 북태평양 고기압

(2) 이동성 고기압 : 시베리아 기단에서 떨어져 나오거나 양쯔강 기단에서 발달하는 비교적 작은 규모의 고기압 ➡ 우리나라 봄, 가을철의 날씨는 양쯔강 유역에서 다가오는 이동성 고기압의 영향을 주로 받는다.

2. 온대 저기압

온대 저기압의 일생 : 전선의 형성 → 파동 형성 → 온대 저기압 발달 → 폐색 시작 → 폐색 전선 발달 → 온대 저기압 소멸

(1) 전선의 종류 : 한랭 전선, 온난 전선, 정체 전선, 폐색 전선이 있다.

구분		한랭 전선	온난 전선
전선면의 기울기		급하다	완만하다
전선의 이동 속도		빠르다	느리다
구름의 종류		적운형	층운형
구름과 강수 구역		전선의 뒤쪽 좁은 지역	전선의 앞쪽 넓은 지역
강수 시간		짧다	길다
강수 형태		소나기	지속적인 비
통과 후 변화	기온	하강	상승
	기압	상승	하강
	풍향	남서풍 → 북서풍	남동풍 → 남서풍

정체 전선과 폐색 전선
- 정체 전선 : 찬 기단과 따뜻한 기단의 세력이 비슷하여 거의 이동하지 않고 한 곳에 오랫동안 머무르는 전선
- 폐색 전선 : 이동 속도가 상대적으로 빠른 한랭 전선이 이동 속도가 느린 온난 전선을 따라잡아 두 전선이 겹쳐질 때 형성되는 전선

(2) 온대 저기압과 날씨 : 온대 저기압은 찬 기단과 따뜻한 기단이 만나는 중위도의 정체 전선상의 파동으로부터 발생하며, 남서쪽으로 한랭 전선을, 남동쪽으로 온난 전선을 동반한다.

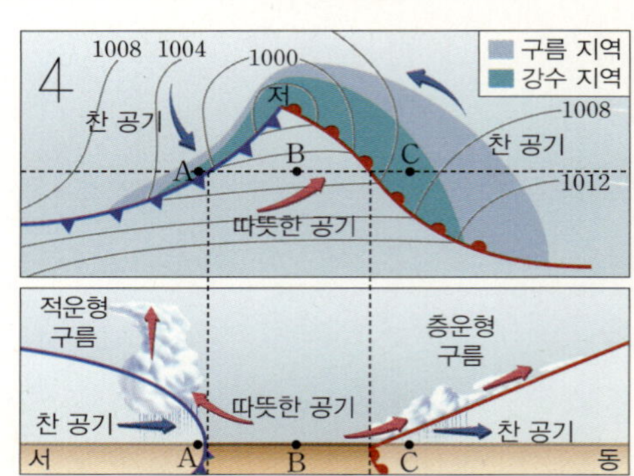

A 지역	적운형 구름이 발달해 좁은 지역에 소나기가 내리며, 기온이 낮고 북서풍이 분다.
B 지역	날씨가 맑으며, 기온이 높고 남서풍이 분다.
C 지역	층운형 구름이 발달해 넓은 지역에 걸쳐 흐리거나 지속적으로 비가 내리며, 기온이 낮고 남동풍이 분다.

온대 저기압과 열대 저기압(태풍)의 비교

구분	온대 저기압	열대 저기압
발생 지역	한대 전선대	위도 5°~25°의 열대 해상
전선	동반	동반하지 않음
등압선	전선의 경계에서 꺾임	동심원 형태
이동 경로	편서풍의 영향으로 서 → 동	무역풍과 편서풍의 영향으로 북서쪽 → 북동쪽
에너지원	전선에서의 기단의 위치 에너지와 수증기의 잠열	따뜻한 해양에서 공급되는 수증기의 잠열

B 태풍과 날씨

1. 태풍
해수면 온도가 27 ℃ 이상인 위도 5°~25°의 열대 해상에서 발생하며, 중심 부근 최대 풍속이 17 m/s 이상인 열대 저기압이다.

2. 태풍의 진행 방향
발생 초기에는 무역풍과 북태평양 고기압의 영향으로 대체로 북서쪽으로 진행하다가 북위 25°~30° 부근에서는 편서풍의 영향으로 진로를 바꾸어 북동쪽으로 진행하는 포물선 궤도를 그린다.

3. **태풍의 피해** ┌ 태풍의 중심부에는 약한 하강 기류가 발달하여 구름이 거의 없는 맑은 날씨가 나타나고
바람이 약한 부분이 있는데, 이를 태풍의 눈이라고 한다. 태풍의 풍속은 태풍의 눈 가장
자리에서 가장 강하고, 기압은 태풍의 중심에서 가장 낮다.

(1) **위험 반원** : 태풍 진행 방향의 오른쪽 지역은 태풍의 이동 방향과
태풍 내의 바람 방향이 같으므로 풍속이 상대적으로 강해 위험 반
원이라고 한다. ── 바람이 시계 방향으로 변한다.

(2) **안전 반원(가항 반원)** : 태풍 진행 방향의 왼쪽 지역은 태풍의 이동
방향과 태풍 내의 바람 방향이 반대이므로 풍속이 상대적으로 약
해 안전 반원이라고 한다. ── 바람이 시계 반대 방향으로 변한다.

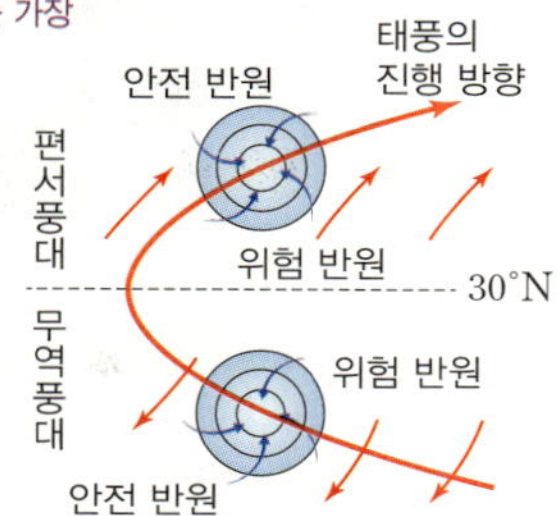

⒞ 우리나라의 주요 악기상

1. **뇌우** 천둥, 번개와 함께 강한 소나기가 내리
는 현상으로, 강한 상승 기류로 인한 적란운
이 형성되어 영향을 줄 때 일어난다.

2. **집중 호우** 강한 상승 기류에 의해 적란운이
발생할 때 짧은 시간 동안 좁은 지역에 많은
양의 비가 집중적으로 내리는 현상이다.

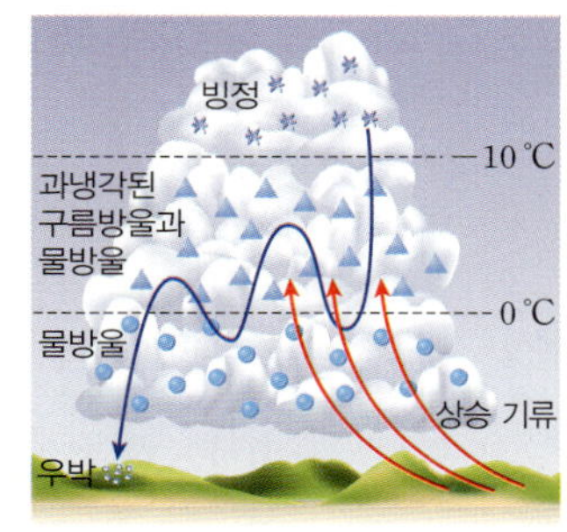

▲ 뇌우의 발달 과정

3. **우박** 얼음의 결정 주위에 0 ℃ 이하의 차가
운 물방울이 얼어붙어 땅 위로 떨어지는 얼음 덩어리로, 주로 적란운에서 강한 상승 기류를 타고
상승과 하강을 반복하여 성장한다.

4. **강풍** 10분 동안의 평균 풍속이 10 m/s 이상인 바람으로, 겨울철에 시베리아 기단의 영향을 받을
때, 여름철에 태풍의 영향을 받을 때 주로 발생한다.

5. **폭설** 겨울철에 발달한 저기압이 통과할 때, 시베리아 기단의 찬 공기가 남하하면서 황해상에서 열
과 수증기를 공급받아 기층이 불안정해져 상승 기류가 발달할 때 잘 발생한다.

6. **황사** 중국과 몽골의 사막 지대와 황하 중류의 황토 지대에서 강한 바람이 불어 상공으로 올라간 미
세한 토양 입자가 상층의 편서풍을 타고 이동하다가 낙하하는 현상으로, 건조한 겨울이 지나고 얼
었던 토양이 녹기 시작하는 봄철에 주로 발생한다.

○ 위성 영상의 해석

• **가시 영상** : 구름과 지표면에서 반
사된 태양광 중에서 가시광선 영역
의 에너지를 나타내며 두꺼운 구름
은 흰색으로, 얇은 구름은 회색으로
보인다. 야간에는 이용할 수 없다.

• **적외 영상** : 물체가 방출한 복사 에너
지 중에서 적외선 영역의 에너지를
나타내며 고도가 높은 구름은 흰색으
로, 낮은 구름은 회색으로 보인다.

• **레이더 영상** : 전파를 발사한 후 강
수 입자에 부딪혀 되돌아오는 반사
파를 분석하여 영상으로 나타낸 것
으로 구름 속에 강수 입자가 얼마나
있는지를 나타낸다.

○ 우박의 생성

우박은 강한 상승 기류를 타고 구름
을 몇 번이고 오르내리면서 크기가
커진다.

그림 (가)와 (나)는 우리나라를 지나는 온대 저기압의 위치를 12시간 간격으로 나타낸
것이다.

자료 체크 리스트
☐ 저기압의 세력 비교하기
☐ 온대 저기압의 이동 이해하기
☐ 전선 주변의 날씨 해석하기

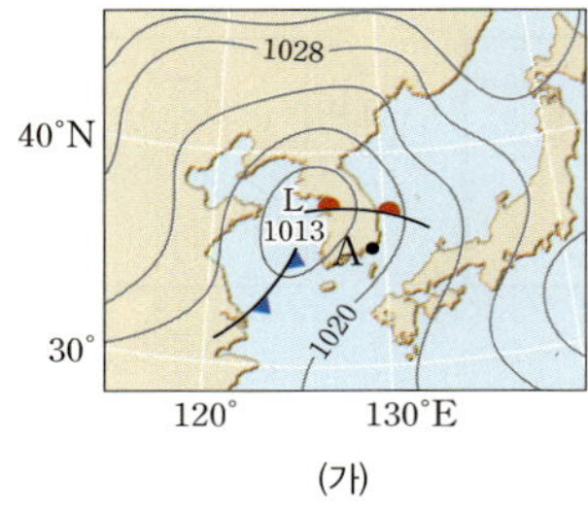

(가)

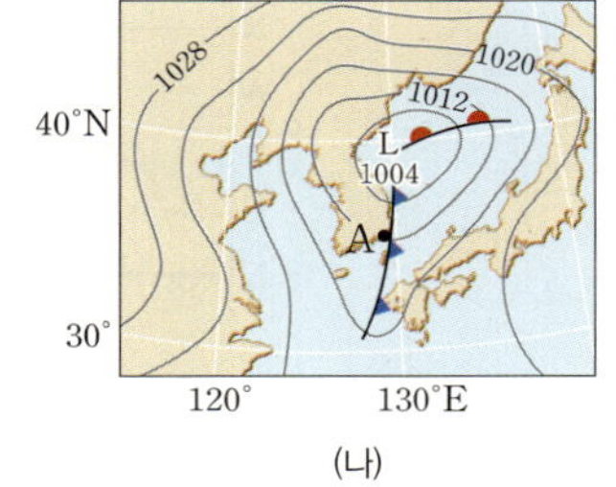

(나)

step 1 **(가)와 (나)에서 온대 저기압의 세력 비교하기**
저기압은 중심 기압이 낮고 주변과 중심의 기압 차가 클수록 세력이 강하
다. 따라서 (나)가 (가)보다 저기압의 세력이 강하다.

step 2 **온대 저기압의 이동 방향을 이용하여 (가)와 (나)의 시간적 선후 관계를 파악하기**
우리나라에 영향을 주는 온대 저기압은 편서풍의 영향으로 서에서 동으
로 이동한다. 따라서 (가)가 (나)보다 시간적으로 먼저이다.

step 3 **A 지역의 날씨를 설명하기**
(가)에서 A 지역은 한랭 전선과 온난 전선 사이에 있으므로 날씨가 맑고
남서풍이 분다. (나)에서 A 지역은 한랭 전선의 뒤쪽에 있으므로 소나기
가 내리고 북서풍이 분다.

01 그림은 어느 날 우리나라 주변의 일기도이고, 표의 ㉠, ㉡, ㉢은 각각 일기도에 나타난 전선 A, B, C의 특징 중 하나이다. 평가원 기출 변형

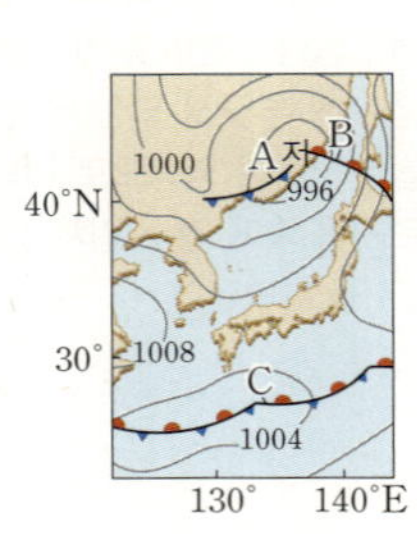

	특징
㉠	찬 공기와 따뜻한 공기의 세력이 비슷하여 거의 이동하지 않고 한 지역에 머무를 때 형성된다. 전선을 따라 상공에서 긴 구름 띠가 장시간 형성된다.
㉡	찬 공기가 따뜻한 공기 밑으로 밀고 들어가 따뜻한 공기를 들어 올리면서 형성된다. 전선은 빠르게 이동하며 전선면을 따라 적운형 구름이 형성된다.
㉢	따뜻한 공기가 찬 공기를 타고 올라가면서 형성된다. 전선은 천천히 이동하며 전선면을 따라 층운형 구름이 형성된다.

이에 대한 설명으로 옳은 것만을 〈보기〉에서 있는 대로 고른 것은?

보기
ㄱ. ㉠은 A의 특징이다.
ㄴ. 전선면의 기울기는 ㉡이 ㉢보다 급하다.
ㄷ. 이날 우리나라에 영향을 주는 기단은 시베리아 기단이다.

① ㄱ   ② ㄴ   ③ ㄱ, ㄷ
④ ㄴ, ㄷ   ⑤ ㄱ, ㄴ, ㄷ

02 그림 (가)는 어느 날 06시부터 21시간 동안 우리나라 어느 관측소에서 높이에 따른 기온을, (나)는 이날 06시의 우리나라 주변 지상 일기도를 나타낸 것이다. 관측 기간 동안 온난 전선과 한랭 전선 중 하나가 이 관측소를 통과하였다. 수능 기출 변형

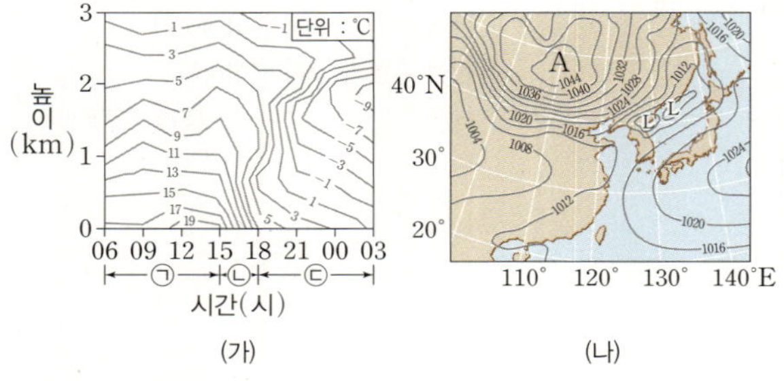

(가)   (나)

이에 대한 설명으로 옳은 것만을 〈보기〉에서 있는 대로 고른 것은?

보기
ㄱ. 관측소를 통과한 전선은 한랭 전선이다.
ㄴ. 관측소에서 ㉠ 시기에는 남풍 계열, ㉢ 시기에는 북풍 계열의 바람이 불었다.
ㄷ. ㉢ 시기에 관측소는 A 지역 기단의 영향을 받았다.

① ㄱ   ② ㄴ   ③ ㄱ, ㄷ
④ ㄴ, ㄷ   ⑤ ㄱ, ㄴ, ㄷ

03 그림 (가)는 북반구의 어느 온대 저기압을, (나)는 이 온대 저기압의 X−Y 연직 단면을 나타낸 것이다. 교육청 기출 변형

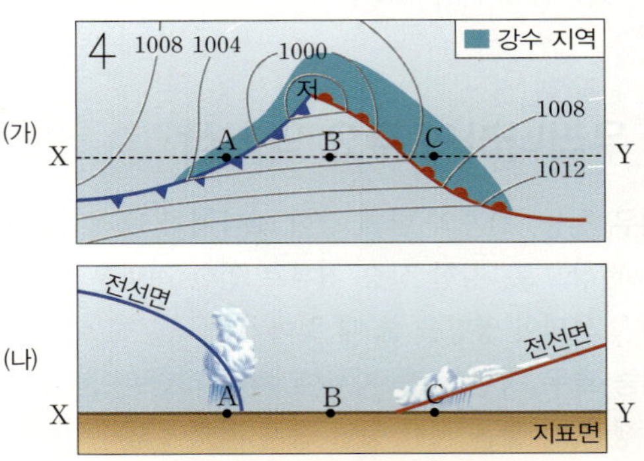

A~C 지역에 대한 설명으로 옳은 것만을 〈보기〉에서 있는 대로 고른 것은?

보기
ㄱ. 지표 부근의 기온은 A보다 B에서 높다.
ㄴ. B에서는 약한 이슬비가 내린다.
ㄷ. C에서는 시간이 지날수록 구름의 높이가 점점 높아진다.

① ㄱ   ② ㄴ   ③ ㄱ, ㄷ
④ ㄴ, ㄷ   ⑤ ㄱ, ㄴ, ㄷ

04 그림 (가)와 (나)는 북반구 어느 지점에서 온대 저기압이 통과하는 동안 관측한 풍향과 기온을 나타낸 것이다. 이 기간 동안 온난 전선과 한랭 전선이 이 지점을 통과하였다. 교육청 기출 변형

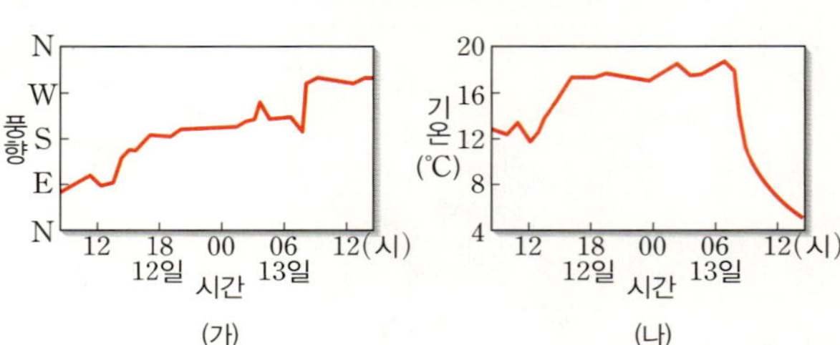

(가)   (나)

이 지점에서 나타난 현상에 대한 설명으로 옳은 것만을 〈보기〉에서 있는 대로 고른 것은?

보기
ㄱ. 풍향은 시계 반대 방향으로 변하였다.
ㄴ. 13일 06시경에 온난 전선이 통과하였다.
ㄷ. 저기압 중심은 이 지점의 북쪽으로 통과하였다.

① ㄱ   ② ㄷ   ③ ㄱ, ㄴ
④ ㄴ, ㄷ   ⑤ ㄱ, ㄴ, ㄷ

05 그림 (가)와 (나)는 12시간 간격으로 작성된 우리나라 주변의 일기도를 순서 없이 나타낸 것이다.

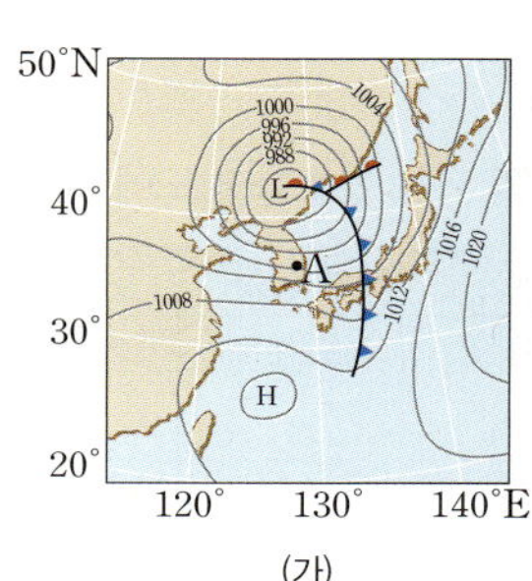
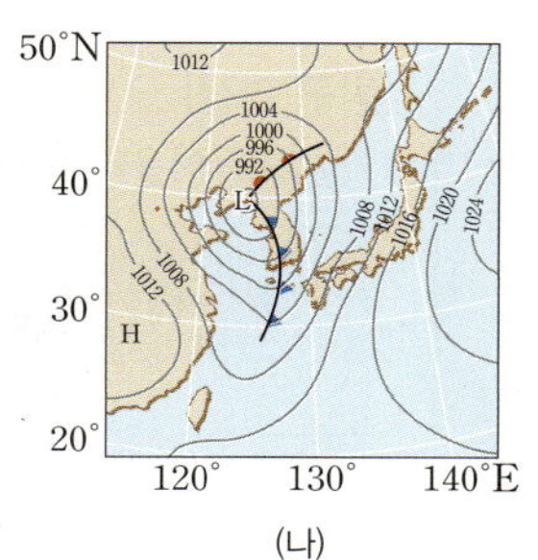

이에 대한 설명으로 옳은 것만을 〈보기〉에서 있는 대로 고른 것은?

┌─ 보기 ┐
ㄱ. (가)의 A 지역에는 남풍 계열의 바람이 분다.
ㄴ. (나)는 (가)보다 12시간 전의 일기도이다.
ㄷ. (나)에서 강수량은 서해안 지역이 동해안 지역보다 많을 것이다.
└────┘

① ㄱ ② ㄴ ③ ㄱ, ㄷ
④ ㄴ, ㄷ ⑤ ㄱ, ㄴ, ㄷ

---

06 그림 (가)와 (나)는 어느 온대 저기압이 우리나라를 통과하는 동안 A와 B 지역의 기압과 풍향을 관측 시작 시각으로부터의 경과 시간에 따라 각각 나타낸 것이다. A와 B는 동일 경도상이며 온대 저기압의 영향권에 있었다.

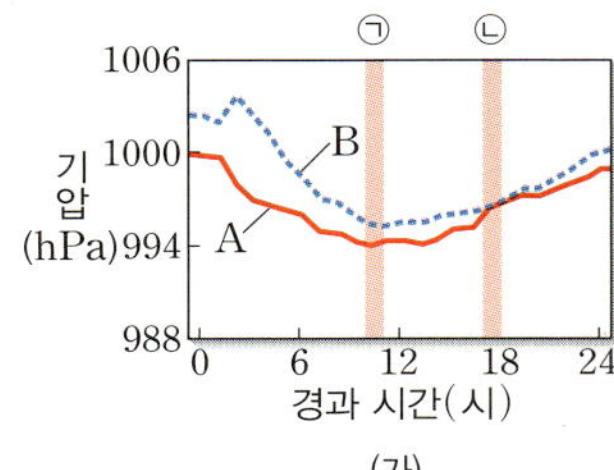
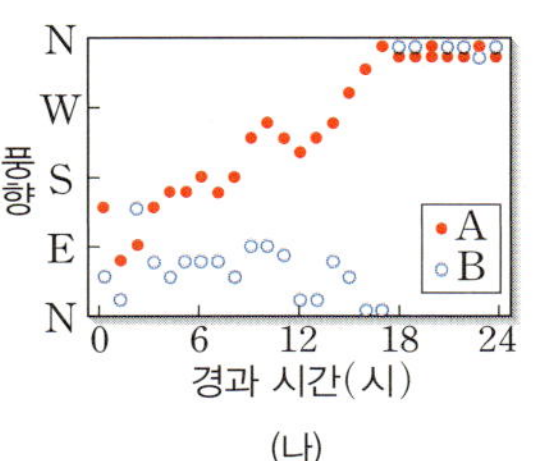

(가)   (나)

이에 대한 설명으로 옳은 것만을 〈보기〉에서 있는 대로 고른 것은?

┌─ 보기 ┐
ㄱ. A는 ㉡ 시기가 ㉠ 시기보다 찬 공기의 영향을 더 크게 받았다.
ㄴ. B에는 온난 전선과 한랭 전선이 모두 통과하였다.
ㄷ. A는 B보다 저위도에 위치한다.
└────┘

① ㄱ ② ㄴ ③ ㄱ, ㄷ
④ ㄴ, ㄷ ⑤ ㄱ, ㄴ, ㄷ

---

07 그림은 어느 태풍의 이동 경로를, 표는 이 태풍이 이동하는 동안 관측소 A에서 관측한 풍향과 태풍의 중심 기압을 나타낸 것이다. A의 위치는 ㉠과 ㉡ 중 하나이다.

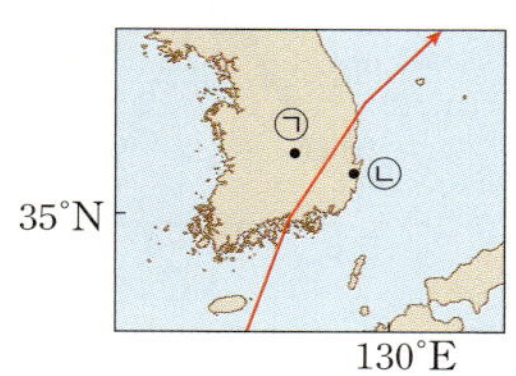

일시	풍향	태풍의 중심 기압 (hPa)
12일 21시	동	955
13일 00시	남동	960
13일 03시	남남서	970
13일 06시	남서	970

이에 대한 설명으로 옳은 것만을 〈보기〉에서 있는 대로 고른 것은?

┌─ 보기 ┐
ㄱ. 관측소 A의 위치는 ㉡이다.
ㄴ. 태풍의 세력은 12일 21시에 가장 강하다.
ㄷ. 태풍의 중심인 눈에서는 강한 상승 기류가 발생한다.
└────┘

① ㄱ ② ㄷ ③ ㄱ, ㄴ
④ ㄴ, ㄷ ⑤ ㄱ, ㄴ, ㄷ

---

08 그림 (가)는 어느 태풍이 우리나라 부근을 통과하는 동안 T_1, T_2, T_3일 때 태풍의 위치를, (나)는 이 태풍의 영향을 받은 어느 관측소에서 관측한 풍향과 풍속을 나타낸 것이다.

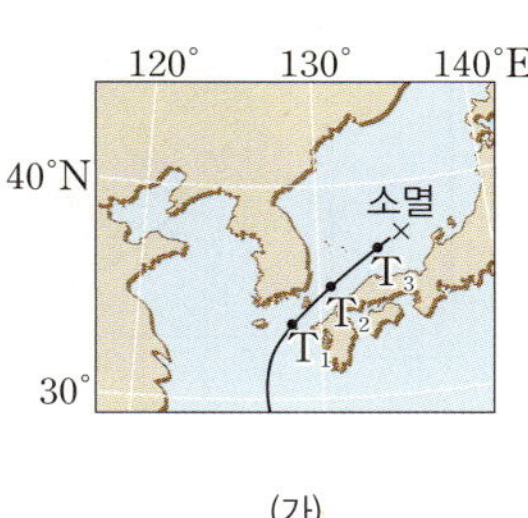
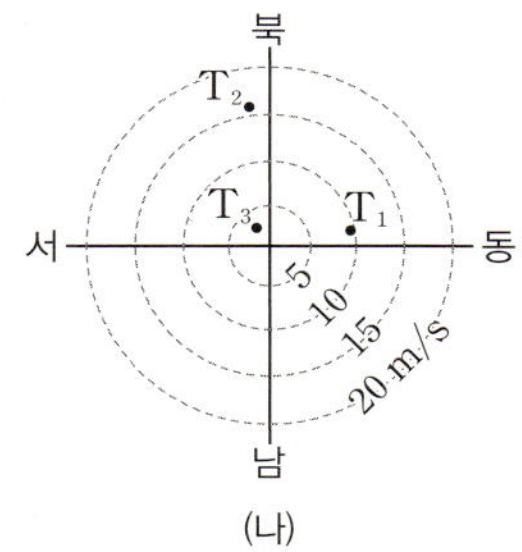

(가)   (나)

이에 대한 설명으로 옳은 것만을 〈보기〉에서 있는 대로 고른 것은?

┌─ 보기 ┐
ㄱ. 관측 지점은 안전 반원에 속한다.
ㄴ. T_3 이후의 태풍은 중심 기압이 낮아지며 소멸하였다.
ㄷ. 관측소에서 측정한 태풍의 풍속은 점점 빨라졌다.
└────┘

① ㄱ ② ㄴ ③ ㄱ, ㄷ
④ ㄴ, ㄷ ⑤ ㄱ, ㄴ, ㄷ

수능 기출 변형

09 그림 (가)와 (나)는 태풍이 우리나라를 지나는 동안 어느 지점에서 관측한 기압, 풍속, 풍향을 나타낸 것이다.

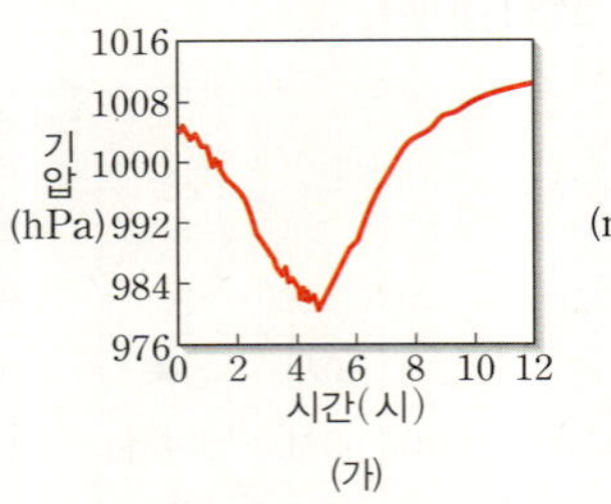
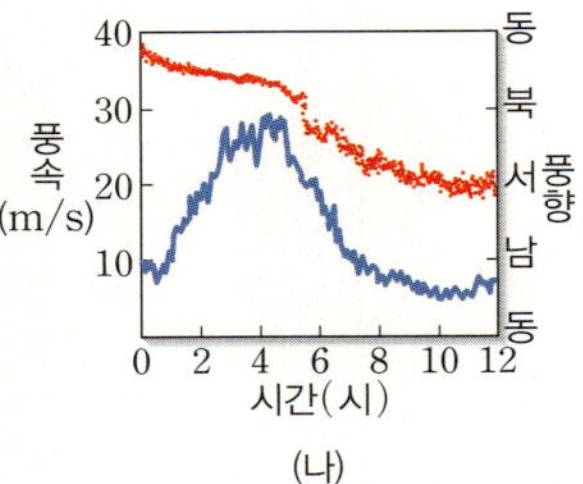

이 지점에 대한 설명으로 옳은 것만을 〈보기〉에서 있는 대로 고른 것은?

| 보기 |
ㄱ. 안전 반원에 속한다.
ㄴ. 4~6시에 상승 기류가 우세하였다.
ㄷ. 기압과 풍속은 비례하는 경향이 있다.

① ㄱ ② ㄷ ③ ㄱ, ㄴ
④ ㄴ, ㄷ ⑤ ㄱ, ㄴ, ㄷ

수능 기출 변형

10 그림 (가)는 어느 태풍의 중심 기압을 22일부터 24일까지 3시간 간격으로, (나)는 이 태풍의 위치를 6시간 간격으로 나타낸 것이다.

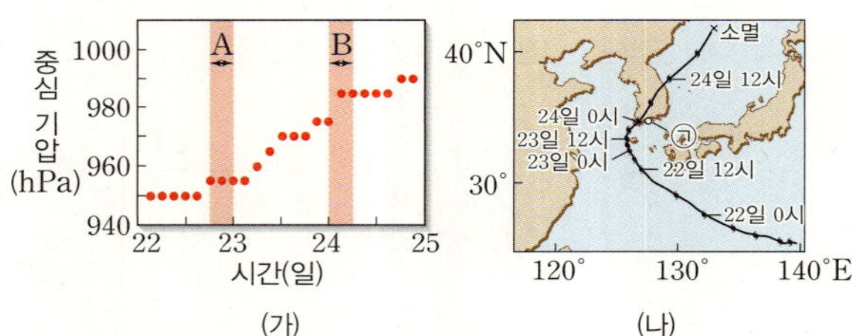

이에 대한 설명으로 옳은 것만을 〈보기〉에서 있는 대로 고른 것은?

| 보기 |
ㄱ. 태풍의 세력은 A 시기가 B 시기보다 약하다.
ㄴ. 우리나라를 통과하는 동안 태풍은 편서풍의 영향을 받았다.
ㄷ. 23일 18시부터 24일 06시까지 ㉠ 지점에서 풍향은 시계 반대 방향으로 변한다.

① ㄱ ② ㄴ ③ ㄱ, ㄷ
④ ㄴ, ㄷ ⑤ ㄱ, ㄴ, ㄷ

평가원 기출 변형

11 다음은 어느 태풍의 이동 경로와 그에 따른 풍향과 기압 변화를 알아보기 위한 탐구 활동이다.

[탐구 과정]

(가) 표를 이용하여 태풍의 이동 경로를 지도에 표시한다.

일시	태풍 중심		
	위도(°N)	경도(°E)	기압(hPa)
⋮	⋮	⋮	⋮
6일 06시	33.8	127.3	975
6일 09시	34.7	128.1	975
6일 12시	35.8	129.2	985
6일 15시	37.2	130.5	985
⋮	⋮	⋮	⋮
7일 09시(소멸)	42.0	141.1	990

(나) 지점 A에서의 풍향 변화를 추정하여 기록한다.
(다) 관측 풍향을 조사하여 추정 풍향과 비교한다.
(라) 태풍 중심의 기압 변화량(관측 당시 기압−생성 당시 기압)을 기록한다.

[탐구 결과]

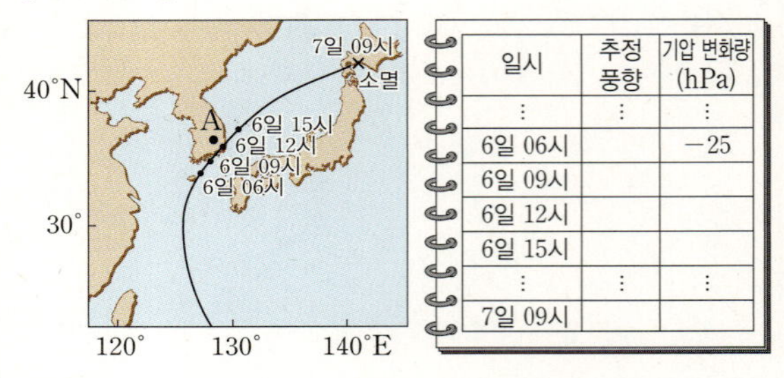

일시	추정 풍향	기압 변화량(hPa)
⋮	⋮	⋮
6일 06시		−25
6일 09시		
6일 12시		
6일 15시		
⋮	⋮	⋮
7일 09시		

이 자료에 대한 설명으로 옳은 것만을 〈보기〉에서 있는 대로 고른 것은?

| 보기 |
ㄱ. 태풍의 세력은 6일 06시가 6일 12시보다 강하다.
ㄴ. 6일 06시~6일 15시까지 A에서 관측된 풍향은 시계 반대 방향으로 변한다.
ㄷ. 이 태풍의 생성 당시 기압은 1000 hPa이다.

① ㄱ ② ㄷ ③ ㄱ, ㄴ
④ ㄴ, ㄷ ⑤ ㄱ, ㄴ, ㄷ

12
그림 (가)는 우리나라를 통과한 어느 태풍의 이동 경로를, (나)는 이 태풍의 영향을 받은 23일 15시와 24일 15시의 적외선 영상을 나타낸 것이다.

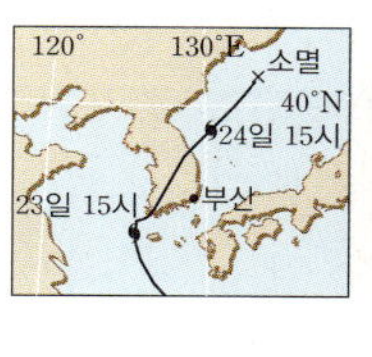
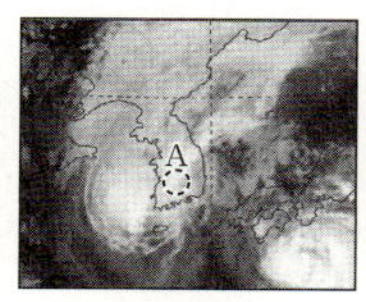
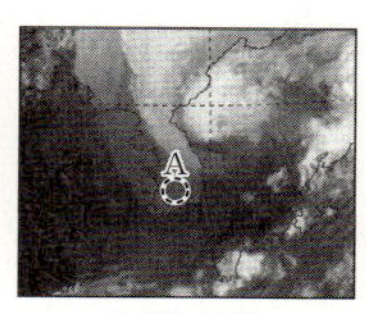

이에 대한 설명으로 옳은 것만을 〈보기〉에서 있는 대로 고른 것은?

> ┌ 보기 ┐
> ㄱ. 부산은 위험 반원에 속했다.
> ㄴ. 태풍이 한반도를 통과하면서 중심 기압은 낮아졌다.
> ㄷ. A 지역에 형성된 구름의 정상부 고도는 24일 15시보다 23일 15시가 높다.

① ㄱ   ② ㄴ   ③ ㄱ, ㄷ
④ ㄴ, ㄷ   ⑤ ㄱ, ㄴ, ㄷ

13
그림은 기상 현상의 특징에 대해 학생들이 대화를 나누는 장면을 나타낸 것이다.

제시한 내용이 옳은 학생만을 있는 대로 고른 것은?

① A   ② B   ③ C
④ A, B   ⑤ B, C

14
그림 (가)는 우리나라 주변의 기단 A~D를, (나)는 긴급 재난 문자의 예를 나타낸 것이다.

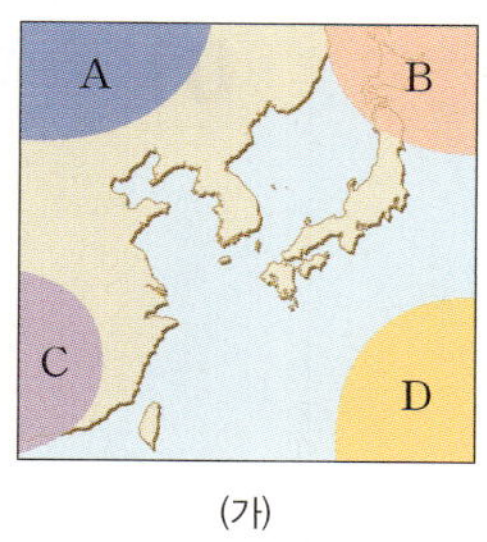

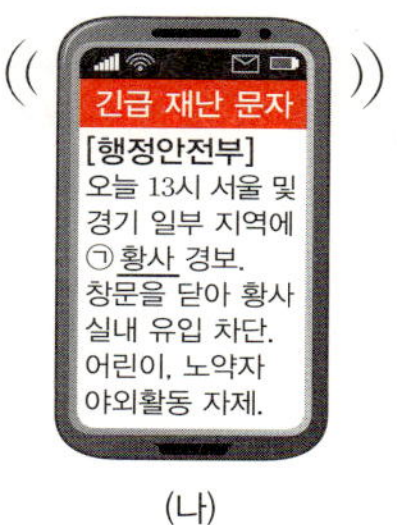

이에 대한 설명으로 옳은 것만을 〈보기〉에서 있는 대로 고른 것은?

> ┌ 보기 ┐
> ㄱ. (가)에서 한랭 건조한 성질의 기단은 A이다.
> ㄴ. ㉠은 편서풍의 영향을 받아 발생한다.
> ㄷ. D의 영향을 받는 계절에 발송된 재난 문자이다.

① ㄱ   ② ㄷ   ③ ㄱ, ㄴ
④ ㄴ, ㄷ   ⑤ ㄱ, ㄴ, ㄷ

15
다음은 뇌우와 우박에 대하여 학생 A, B, C가 나눈 대화를 나타낸 것이다.

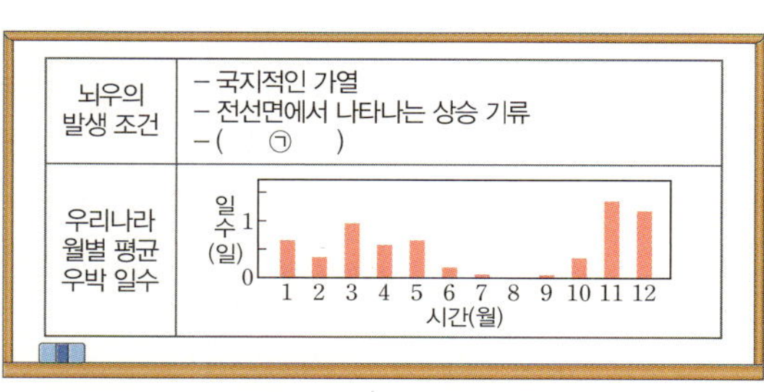

제시한 내용이 옳은 학생만을 있는 대로 고른 것은?

① A   ② B   ③ A, C
④ B, C   ⑤ A, B, C

기본 개념 확인

01 우리나라의 장마 전선은 세력이 비슷한 북쪽의 오호츠크해 기단과 남쪽의 □□□□□ 기단이 만나 형성된다.

01 그림 (가)와 (나)는 1월과 6월 어느 날 우리나라 부근의 일기도를 순서 없이 나타낸 것이다.

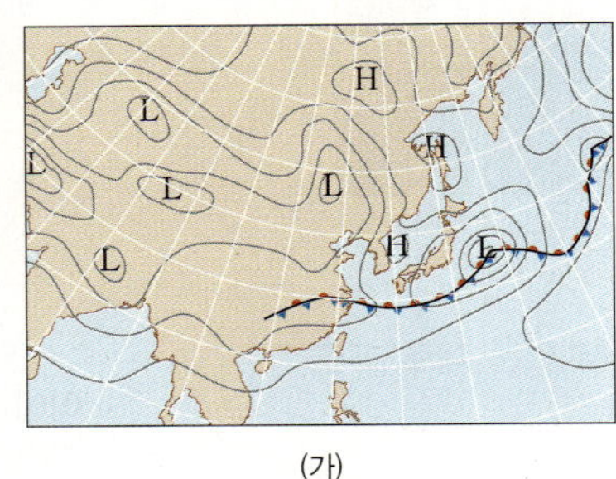

(가)

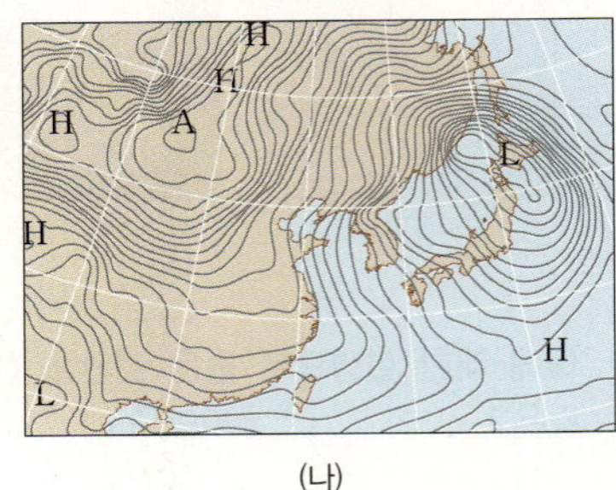

(나)

이에 대한 설명으로 옳은 것만을 〈보기〉에서 있는 대로 고른 것은?

┤보기├
ㄱ. (가) 시기에 우리나라는 북태평양 기단의 영향을 받고 있다.
ㄴ. (나)의 A는 정체성 고기압이다.
ㄷ. (가)는 6월, (나)는 1월의 일기도이다.

① ㄱ ② ㄴ ③ ㄱ, ㄷ
④ ㄴ, ㄷ ⑤ ㄱ, ㄴ, ㄷ

02 한랭 전선은 □□□□□ 기단이 □□□□□ 기단을 밀어 올리면서 형성된다.

02 그림은 어느 지점에서 측정한 전선 통과 전후의 기상 요소 변화를 나타낸 것이다. A, B는 각각 기압, 기온 중 하나이다.

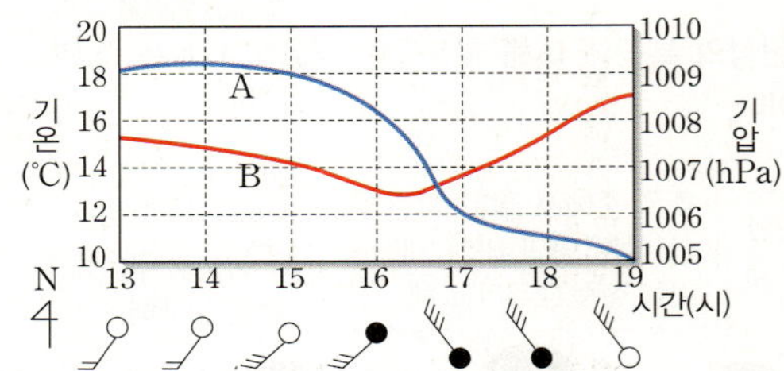

이에 대한 설명으로 옳은 것만을 〈보기〉에서 있는 대로 고른 것은?

┤보기├
ㄱ. A는 기온이다.
ㄴ. 이 지점을 통과한 전선은 한랭 전선이다.
ㄷ. 일기 기호로 판단할 때 17~18시에는 적운형 구름이 발달했다.

① ㄱ ② ㄴ ③ ㄱ, ㄷ
④ ㄴ, ㄷ ⑤ ㄱ, ㄴ, ㄷ

03 다음은 어느 과학 잡지에 실린 '삼국지 적벽대전'에 관한 기사 내용의 일부를 나타낸 것이다.

> ### 삼국지 적벽대전 '제갈량 남동풍'의 비밀은
> 적벽대전이 있었던 동짓날은 중국 대륙에 시베리아 고기압이 최고로 발달하며 이 영향으로 (㉠)이 거세게 부는 때다. 하지만 고기압의 세력이 약해지면 고기압이 둘로 나뉘며 그 사이에 저기압이 형성된다. △△대 대기환경과학과 △△△ 교수는 "당시 양쯔강 중류에 고기압이 지나면서 저기압이 뒤따랐을 것"이라며 "제갈량은 저기압이 온난 전선을 동반하고 온난 전선 앞면에 항상 (㉡)이 분다는 사실을 알았을 가능성이 높다"고 풀이했다. 이 해석이 맞는다면 제갈량의 능력은 (㉠)을 (㉡)으로 바꾸는 '신통력'이 아니라 온난 전선이 지나갈 때를 미리 알고 그때 부는 바람을 이용한 지혜였던 셈이다.

㉠과 ㉡에 알맞은 바람으로 옳게 짝지어진 것은?

	㉠	㉡		㉠	㉡
①	남동풍	북동풍	②	남동풍	북서풍
③	북서풍	북동풍	④	북서풍	남동풍
⑤	북서풍	남서풍			

03 온난 전선이 다가올 때의 바람은 남동풍, 온난 전선이 통과한 후의 바람은 [   ]이다.

04 그림 (가)는 어느 날 온대 저기압이 우리나라 어느 관측소를 통과하는 동안 관측한 기온과 기압을, (나)는 이날 6시, 12시, 18시에 관측한 풍향과 풍속을 순서 없이 나타낸 것이다.

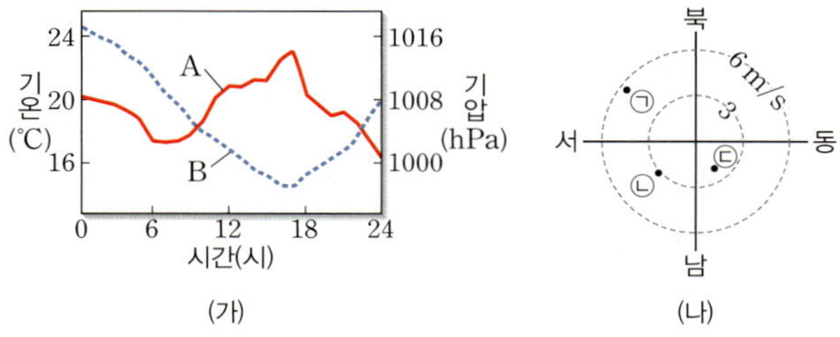

(가)   (나)

이에 대한 설명으로 옳은 것만을 〈보기〉에서 있는 대로 고른 것은?

> **보기**
> ㄱ. 기온은 A이다.
> ㄴ. 12시에 관측한 바람은 ㉠이다.
> ㄷ. 18시경에는 넓은 구역에 걸쳐 이슬비가 내릴 것이다.

① ㄱ   ② ㄴ   ③ ㄱ, ㄷ

④ ㄴ, ㄷ   ⑤ ㄱ, ㄴ, ㄷ

04 온대 저기압이 통과하는 동안 전선의 영향을 받은 지역은 풍향이 [   ] 방향으로 변한다.

기본 개념 확인

05 태풍 진행 경로의 왼쪽은 [   ] 반원, 오른쪽은 [   ] 반원이다.

05 그림 (가)는 어느 해 9월 9일부터 18일까지 태풍 중심의 위치와 기압을 1일 간격으로 나타낸 것이고, (나)는 12일, 14일, 16일에 관측한 이 태풍 중심의 이동 방향과 이동 속도를 순서 없이 나타낸 것이다. 화살표의 길이는 속도를 나타낸다.

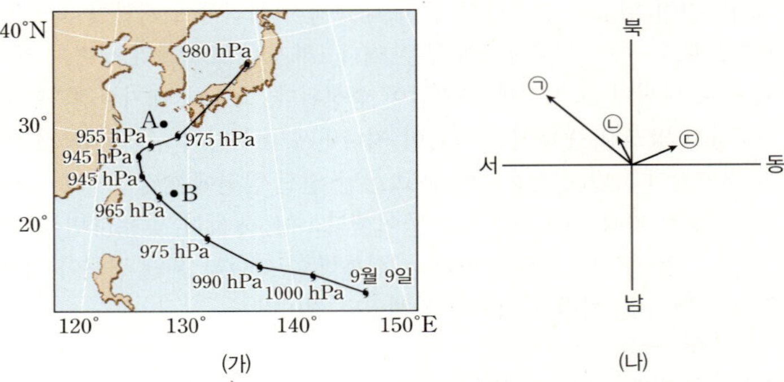

이에 대한 설명으로 옳은 것만을 〈보기〉에서 있는 대로 고른 것은?

| 보기 |

ㄱ. A 지점은 위험 반원에 속한다.
ㄴ. 14일 태풍 중심의 이동 방향과 이동 속도는 ㉡에 해당한다.
ㄷ. 12일부터 14일 사이에 B 지점의 풍향은 시계 반대 방향으로 변한다.

① ㄱ
② ㄴ
③ ㄱ, ㄷ
④ ㄴ, ㄷ
⑤ ㄱ, ㄴ, ㄷ

---

06 태풍이 우리나라 부근을 지날 때 태풍 진행 경로의 왼쪽에서는 [   ] 방향으로 풍향이 변하고, 오른쪽에서는 [   ] 방향으로 풍향이 변한다.

06 표는 우리나라 부근을 통과하는 어느 태풍의 풍향과 중심 기압의 변화를 관측소에서 3시간 간격으로 나타낸 것이다.

일시	풍향	태풍의 중심 기압 (hPa)
10일 18시	북동	955
10일 21시	북	960
11일 00시	북북서	966
11일 03시	북서	970

이에 대한 설명으로 옳은 것만을 〈보기〉에서 있는 대로 고른 것은?

| 보기 |

ㄱ. 이 관측소는 안전 반원에 속한다.
ㄴ. 10일 18시보다 11일 03시에 태풍의 세력이 약하다.
ㄷ. 태풍의 중심과 관측소 사이의 거리는 10일 21시가 11일 03시보다 멀다.

① ㄱ
② ㄴ
③ ㄱ, ㄷ
④ ㄴ, ㄷ
⑤ ㄱ, ㄴ, ㄷ

07 그림 (가)와 (나)는 같은 시각에 촬영한 우리나라 주변의 적외 영상과 가시 영상을 나타낸 것이다.

(가) 적외 영상

(나) 가시 영상

이에 대한 설명으로 옳은 것만을 〈보기〉에서 있는 대로 고른 것은?

보기
ㄱ. (가)는 (나)보다 야간 촬영에 유리하다.
ㄴ. 이 영상은 해가 질 무렵에 촬영한 것이다.
ㄷ. 구름의 높이를 비교하기에는 (가)보다 (나)가 유리하다.

① ㄱ ② ㄷ ③ ㄱ, ㄴ
④ ㄴ, ㄷ ⑤ ㄱ, ㄴ, ㄷ

07 적외 영상에서는 높이가 ☐☐☐ 구름일수록 밝게 보이고, 가시 영상에서는 두께가 ☐☐☐ 구름일수록 밝게 보인다.

08 다음은 중부 지방 폭설에 관한 어느 신문 기사의 일부를 나타낸 것이다.

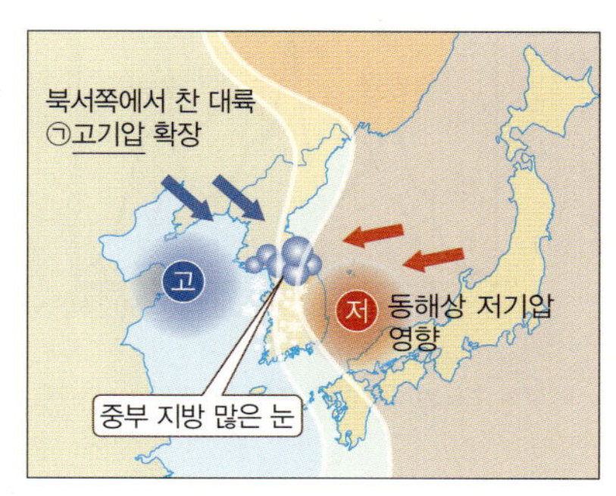

서울 폭설에 도로 빙판…
퇴근길 '북새통'
5일 서울을 비롯한 중부 지방을 중심으로 쏟아진 많은 눈은 밤에 대부분 그치겠으며, 6일 아침에는 올겨울 들어 가장 강력한 추위가 몰려올 전망이다.

20△△년 12월 5일 △△뉴스

이에 대한 설명으로 옳은 것만을 〈보기〉에서 있는 대로 고른 것은?

보기
ㄱ. ㉠은 시베리아 고기압이다.
ㄴ. 중부 지방의 많은 눈은 적운형 구름에 의해 형성된 것이다.
ㄷ. 중부 지방 폭설의 원인은 기단의 변질로 설명할 수 있다.

① ㄱ ② ㄴ ③ ㄱ, ㄷ
④ ㄴ, ㄷ ⑤ ㄱ, ㄴ, ㄷ

08 겨울철 우리나라의 중부 지방과 서해안 지역의 폭설 피해는 ☐☐☐ 기단의 변질과 관련이 깊다.

S 06강 해양의 변화

A 해수의 성질		B 해수의 표층 순환		C 해수의 심층 순환	
수온과 염분	★★☆	대기 대순환	★☆☆	심층 순환	★☆☆
밀도	★★☆	표층 순환	★★☆	대서양에서의 심층 순환	★★☆
용존 기체	★☆☆	우리나라 주변의 해류	★☆☆	심층 순환의 역할	★☆☆

A 해수의 성질

해수의 층상 구조

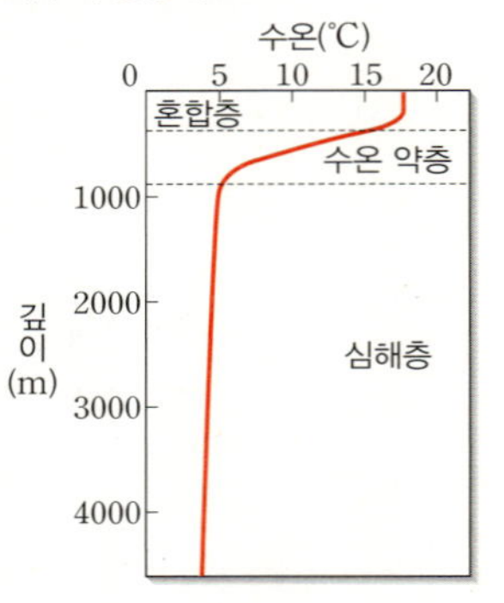

1. 수온

(1) **표층 수온 분포** : 해수의 등수온선은 대체로 위도와 나란한 분포를 보인다. — 해수의 표층 수온은 태양 복사 에너지양의 영향을 받기 때문이다.

(2) **연직 수온 분포** : 깊이에 따른 수온 변화를 기준으로 구분한다.

혼합층	• 태양 복사 에너지에 의한 가열로 수온이 높고, 바람의 혼합 작용으로 수온이 거의 일정한 층이다. • 혼합층의 두께는 대체로 바람이 강한 중위도 지방에서 두껍다.
수온 약층	• 깊이에 따라 수온이 급격히 낮아지는 층이다. • 매우 안정한 층으로, 대류가 일어나지 않으므로 혼합층과 심해층의 물질 및 에너지 교환을 차단한다. • 표층 수온이 높을수록 뚜렷하게 발달한다.
심해층	• 계절이나 깊이에 따른 수온 변화가 거의 없는 층이다. ➡ 태양 복사 에너지가 거의 도달하지 않아 수온이 낮기 때문이다. • 극 해역의 해수가 침강하여 생성된다.

2. 염분 해수 1 kg 속에 녹아 있는 염류의 총량을 g 수로 나타낸 값(단위 : psu)

(1) **표층 염분의 변화** : 표층 염분에 가장 큰 영향을 주는 요인은 증발량과 강수량으로, 대체로 (증발량−강수량)이 클수록 표층 염분이 높다.

(2) **위도별 표층 염분의 분포**

구분	표층 염분	원인
적도 지방	낮다	저압대가 위치하여 강수량이 증발량보다 많기 때문이다.
중위도 지방	높다	고압대가 위치하여 증발량이 강수량보다 많기 때문이다.
극지방	낮다	증발량이 적고, 빙하가 융해된 물이 유입되기 때문이다. ➡ 반면 결빙이 일어나는 해역에서는 표층 염분이 높다.

수온과 밀도의 관계

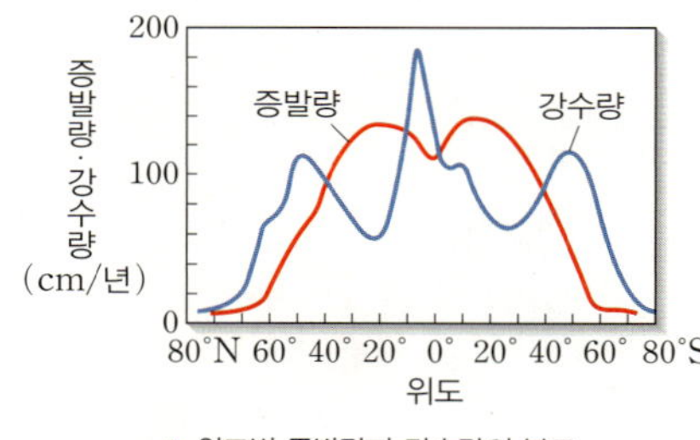

수온과 밀도는 대체로 반비례 경향을 보인다. 그러나 북극 부근에서는 육지에서 강물이 대량 유입되기 때문에 밀도와 수온은 반비례하지 않는다.

▲ 위도별 증발량과 강수량의 분포

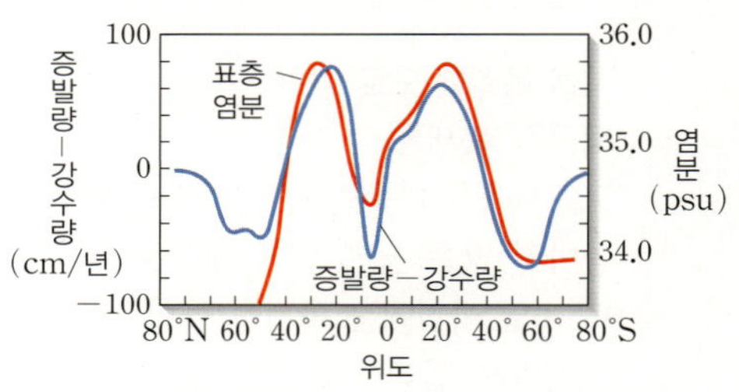
▲ 위도별 표층 염분과 (증발량−강수량)의 분포

3. 밀도

(1) **밀도의 변화** : 해수의 밀도는 수온이 낮을수록, 염분과 수압이 높을수록 커진다.

(2) **밀도의 분포**

표층 밀도 분포	• 수온이 높고 염분이 낮은 적도 해역에서 가장 작고, 남반구의 경우 80°S 부근에서, 북반구의 경우 약 50°∼60°N에서 가장 크다. • 북반구에서 60°N 이상의 해역에서는 빙하가 녹은 물이 유입되어 염분이 감소하므로 밀도가 작다.
연직 밀도 분포	• 수심이 깊어질수록 밀도가 증가하다가 심해에서는 거의 일정하다. • 깊이에 따라 밀도가 급격히 증가하는 밀도 약층은 수온 약층과 거의 일치한다.

수온 염분도
수온 염분도를 이용하면 해수의 특성과 이동을 추정할 수 있다.

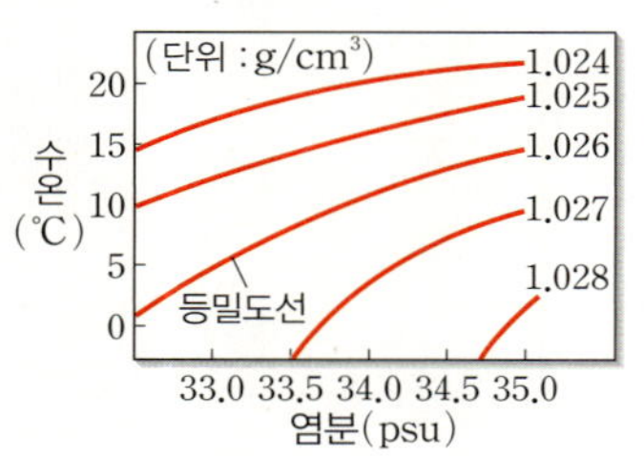

(3) **수온 염분도(T−S도)** : 오른쪽 아래로 갈수록 밀도가 크고, 같은 등밀도선 위에 놓인 두 점에서 수온과 염분은 다르지만 밀도는 같다.

4. **용존 기체** 수온과 염분이 낮을수록, 수압이 높을수록 기체의 용해도는 크다.

용존 산소	• 표층 : 식물성 플랑크톤의 광합성과 대기로부터의 공급에 의해 용존 산소량이 가장 많다. • 수심 1000 m 부근 : 해양 생물의 호흡과 사체 분해에 소모되어 용존 산소량이 가장 적다. • 심해 : 극지방의 표층에서 침강한 찬 해수의 유입에 의해 용존 산소량이 약간 증가한다.
용존 이산화 탄소	• 표층 : 광합성 때문에 용존 이산화 탄소량이 가장 적다. • 수심이 깊어질수록 수온은 낮아지며 수압은 높아지기 때문에 용존 이산화 탄소량은 증가한다.

B 해수의 표층 순환

1. 대기 대순환

(1) **발생 원인** : 위도별 에너지 불균형

(2) **대기 대순환 모형** : 지구 자전에 의한 전향력의 영향으로 3개의 순환 세포가 형성된다.

지구가 자전하지 않는다면 북반구와 남반구에는 각각 1개의 순환 세포가 형성된다.

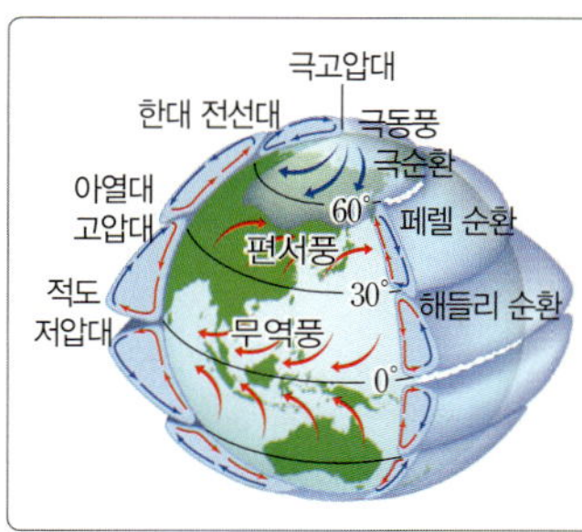

• **해들리 순환** : 적도 지방에서 가열된 공기가 상승하여 고위도로 이동한 후 위도 30° 부근에서 하강하여 다시 적도 지방으로 되돌아온다.
• **페렐 순환** : 해들리 순환과 극순환에 의해 형성된 간접 순환으로, 위도 30° 부근에서 하강하여 고위도로 이동하고, 위도 60° 부근에서 상승한 공기는 저위도로 이동한다.
• **극순환** : 극지방에서 냉각되어 하강한 공기는 저위도로 이동한 다음 위도 60° 부근에서 상승한다.

2. 표층 순환

(1) **표층 해류** : 대기 대순환에 의한 바람의 영향으로 해수 상층부를 흐르는 해류

① **무역풍의 영향** : 북적도 해류, 남적도 해류

② **편서풍의 영향** : 북태평양 해류, 북대서양 해류, 남극 순환 해류

(2) **표층 순환** : 표층 해류는 육지로 가로막힌 대양 안에서 몇 개의 거대한 순환을 이루는데 아열대 순환의 경우 북반구에서는 시계 방향, 남반구에서는 시계 반대 방향으로 형성되며, 표층 순환은 적도 부근을 경계로 북반구와 남반구가 대체로 대칭적인 분포를 보인다.

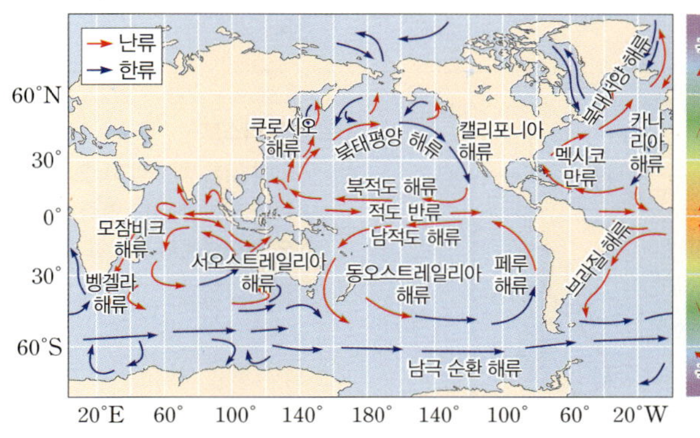

▲ 대기 대순환과 표층 해류

3. 우리나라 주변의 해류

(1) **난류** : 쿠로시오 해류의 지류인 황해 난류, 쓰시마 난류, 동한 난류가 흐른다.

➡ 수온과 염분이 높고 용존 산소량과 영양 염류가 적다.

(2) **한류** : 연해주 한류의 지류인 북한 한류가 흐른다.

➡ 수온과 염분이 낮고 용존 산소량과 영양 염류가 많다.

(3) **조경 수역** : 우리나라의 동해에서는 동한 난류와 북한 한류가 만나 조경 수역이 형성되어 좋은 어장을 형성한다.

➡ 조경 수역의 위치는 동한 난류의 세력이 강한 여름철에는 북상하고, 북한 한류의 세력이 강한 겨울철에는 남하한다.

▲ 우리나라 주변의 해류

용존 기체의 연직 분포

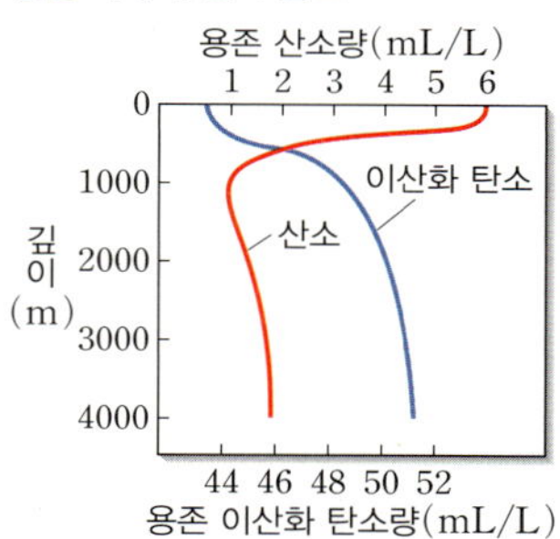

용존 이산화 탄소량 > 용존 산소량 ➡ 물에 대한 이산화 탄소의 용해도가 더 크기 때문이다.

위도별 에너지 불균형

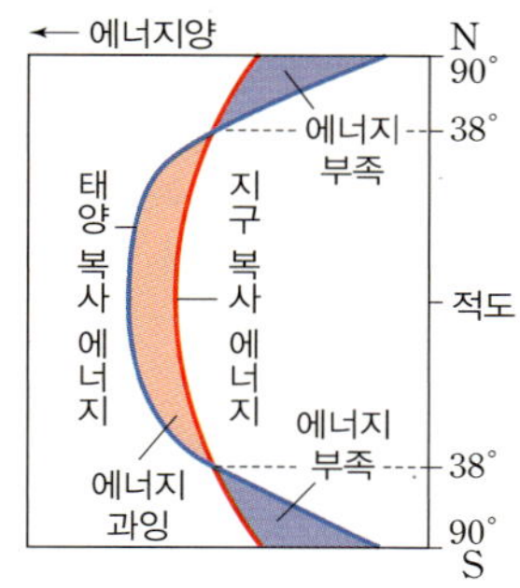

• 저위도 지방(위도 38° 이하) : 태양 복사 에너지 흡수량 > 지구 복사 에너지 방출량 ➡ 에너지 과잉
• 고위도 지방(위도 38° 이상) : 태양 복사 에너지 흡수량 < 지구 복사 에너지 방출량 ➡ 에너지 부족

직접 순환과 간접 순환

해들리 순환과 극순환은 가열된 공기가 상승하거나 냉각된 공기가 하강하면서 만들어진 열적 순환으로 직접 순환에 해당한다. 이에 비해 위도 30°~60° 사이의 페렐 순환은 해들리 순환과 극순환 사이에서 형성된 간접 순환이다.

ⓒ 해수의 심층 순환

1. 심층 순환

(1) 발생 : 표층에서 수온이 낮아지거나 염분이 높아져 밀도가 커진 해수가 침강하면서 해수의 순환이 발생한다.

(2) 특징 : 표층 순환에 비해 유속이 매우 느려 직접 관측이 어렵기 때문에 수온 염분도(T－S도)를 이용하여 간접적으로 흐름을 알아낼 수 있다.

2. 대서양에서의 심층 순환

(1) 남극 저층수 : 남극 부근의 웨델해에서 침강하여 형성된 후 해저를 따라 북쪽으로 30°N까지 흐른다.

(2) 북대서양 심층수 : 그린란드 해역에서 침강하여 형성된 후 수심 약 1500~4000 m 사이에서 남쪽으로 60°S까지 흐른다.

(3) 남극 중층수 : 60°S 부근에서 침강하여 형성된 후 수심 1000 m 부근에서 북쪽으로 20°N까지 흐른다.

심층 순환과 열염 순환
심층 순환은 수온과 염분 변화에 따른 밀도 차로 형성되기 때문에 열염 순환이라고도 한다.

남극 저층수의 형성
겨울철 남극 대륙 주변 웨델해에서 많은 양의 해수가 결빙할 때 수온이 낮고 염분이 높은 해수가 침강하여 형성되는데, 남극 저층수는 전 세계 해수 중 가장 밀도가 높다.

북대서양 심층수의 형성
북대서양 그린란드 주변 해역에서 높은 염분의 멕시코 만류와 아한대 해수가 혼합되고 겨울에 냉각되면서 침강하여 형성된다.

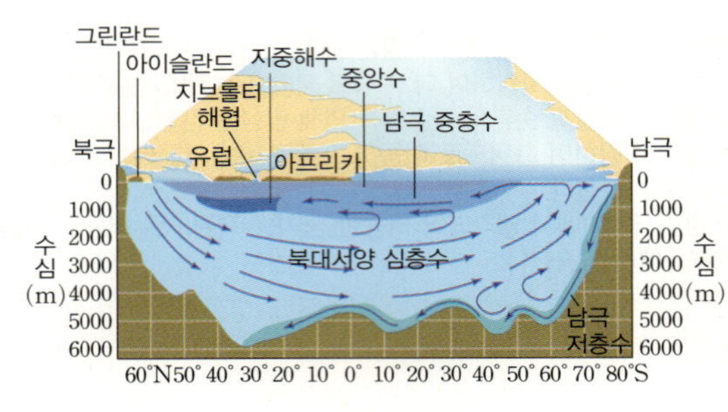

▲ 대서양의 심층 순환

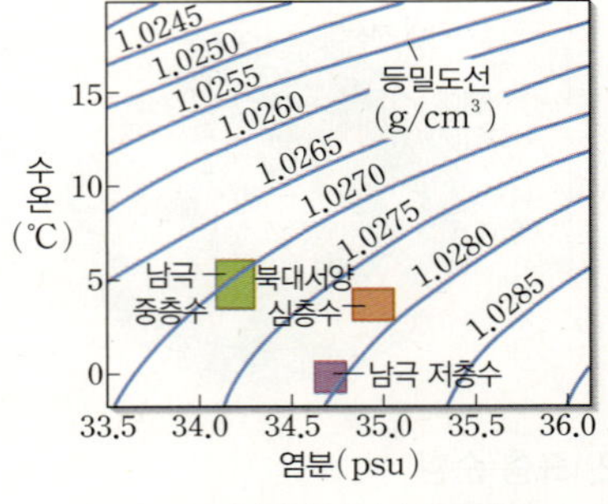

▲ 대서양 수괴의 수온과 염분

3. 심층 순환의 역할

(1) 해수의 순환 : 거의 전체 수심에 걸쳐 일어나면서 해수를 순환시키는 역할을 한다.

(2) 열에너지 운반 : 표층 순환과 연결되어 열에너지를 고위도로 수송하여 위도별 열수지 불균형을 해소시킨다.

(3) 물질 공급 : 용존 산소가 풍부한 표층 해수를 심해로 운반하고, 심해의 풍부한 영양 염류를 표층으로 운반한다.

기출 자료 | 분석

그림은 같은 시기에 관측한 두 해역의 표층에서 심층까지의 수온과 염분을 수온 염분도에 나타낸 것이다. A와 B는 각각 저위도와 고위도 해역 중 하나이고, ㉠과 ㉡은 밀도가 같은 수괴이다.

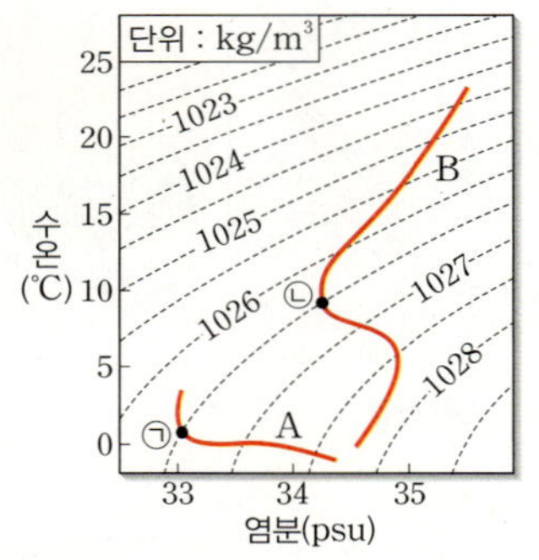

자료 체크 리스트
☐ 위도에 따른 해수의 표층 수온 분포
☐ 수괴의 혼합과 밀도 변화
☐ 수온 염분도에서 수온과 밀도의 관계

step 1 — 표층 수온과 위도의 관계 파악하기
표층 수온은 태양 복사 에너지의 영향을 크게 받고, 대체로 위도와 나란한 분포를 보이므로, 표층 수온이 높은 해역은 저위도이고, 표층 수온이 낮은 해역은 고위도이다. 따라서 A가 고위도, B가 저위도 해역이다.

step 2 — 수괴의 혼합에 따른 밀도값 찾기
같은 부피의 밀도가 같은 ㉠과 ㉡이 혼합되어 형성된 해수의 밀도는 ㉠과 ㉡을 직선으로 연결할 때 직선의 중간 지점에 위치한다.

step 3 — 수온 변화와 밀도 변화의 관계 해석하기
염분이 일정할 때 등밀도선 사이의 간격은 수온이 높을 때가 낮을 때보다 좁다. 따라서 수온 변화에 따른 밀도 변화는 수온이 높을 때가 낮을 때보다 크다.

01

그림은 겨울철 동해의 혼합층 두께를 나타낸 것이다.

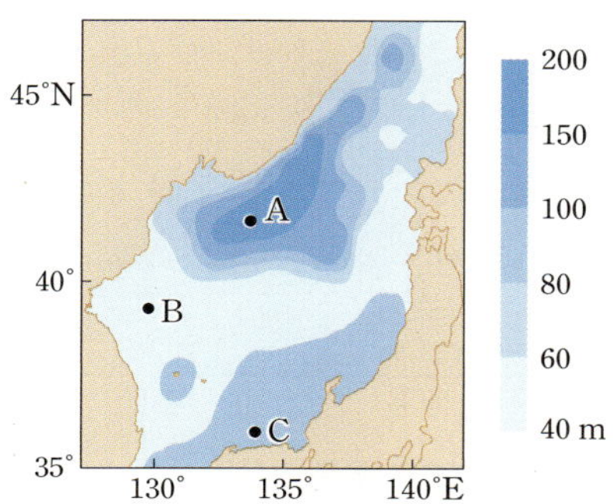

이 자료에서 해역 A, B, C에 대한 설명으로 옳은 것만을 〈보기〉에서 있는 대로 고른 것은?

보기
ㄱ. 바람의 세기는 A 해역이 B 해역보다 강하다.
ㄴ. A 해역 혼합층의 두께는 겨울이 여름보다 얇다.
ㄷ. A 해역은 북한 한류, C 해역은 동한 난류의 영향을 받는다.

① ㄱ   ② ㄴ   ③ ㄱ, ㄷ
④ ㄴ, ㄷ   ⑤ ㄱ, ㄴ, ㄷ

02

그림은 어느 해역에서 깊이에 따른 수온과 염분을 수온 염분도에 나타낸 것이다.

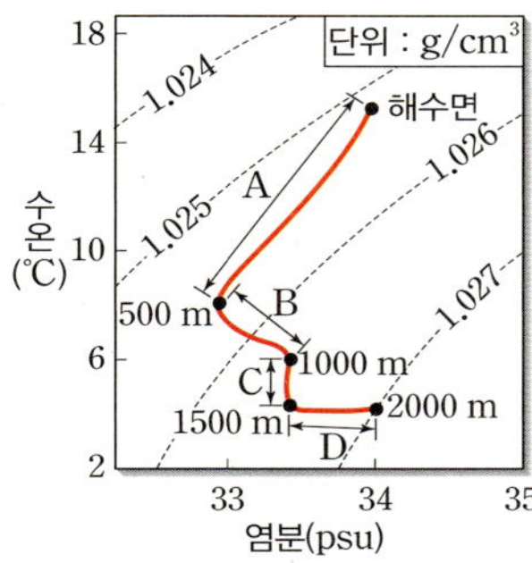

이 자료에 대한 설명으로 옳은 것만을 〈보기〉에서 있는 대로 고른 것은?

보기
ㄱ. A 구간은 혼합층이다.
ㄴ. 해수의 밀도 변화는 C 구간보다 B 구간이 크다.
ㄷ. D 구간은 태양 복사 에너지의 영향을 거의 받지 않는다.

① ㄱ   ② ㄷ   ③ ㄱ, ㄴ
④ ㄴ, ㄷ   ⑤ ㄱ, ㄴ, ㄷ

03

다음은 수온과 염분이 해수의 밀도에 미치는 영향을 알아보기 위한 실험이다.

[실험 과정]

(가) 수온과 염분이 다른 소금물 A, B, C에 서로 다른 색의 잉크를 한두 방울 떨어뜨려 각각 착색한다.

소금물	수온 (℃)	염분 (psu)
A	25	38
B	7	38
C	7	27

(나) 그림과 같이 칸막이로 분리된 수조 양쪽에 동일한 양의 소금물 A와 B를 각각 넣고, 칸막이를 제거한 후 소금물의 이동을 관찰한다.

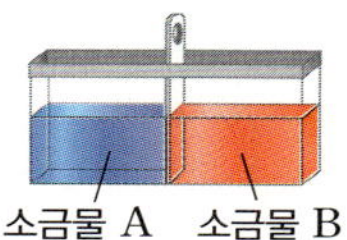

(다) 수조에 담긴 소금물을 제거한 후, 소금물을 B와 C로 바꾸어 (나) 과정을 반복한다.

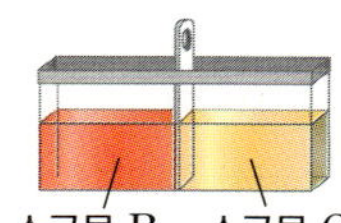

[실험 결과]

과정	결과
(나)	소금물 (㉠)가 소금물 (㉡) 아래로 이동한다.
(다)	소금물 (㉢)가 소금물 (㉣) 아래로 이동한다.

이에 대한 설명으로 옳은 것만을 〈보기〉에서 있는 대로 고른 것은?

보기
ㄱ. ㉠은 A, ㉡은 B, ㉢은 C이다.
ㄴ. A, B, C 중 밀도가 가장 큰 것은 C이다.
ㄷ. (나) 과정은 염분이 같을 때 수온이 밀도에 미치는 영향을 알아보기 위한 것이다.

① ㄱ   ② ㄷ   ③ ㄱ, ㄴ
④ ㄴ, ㄷ   ⑤ ㄱ, ㄴ, ㄷ

04 그림은 동해에서 측정한 수괴 A, B, C의 성질을 나타낸 것이다. (가)는 수온과 염분 분포이고, (나)는 수온과 용존 산소량 분포이다.

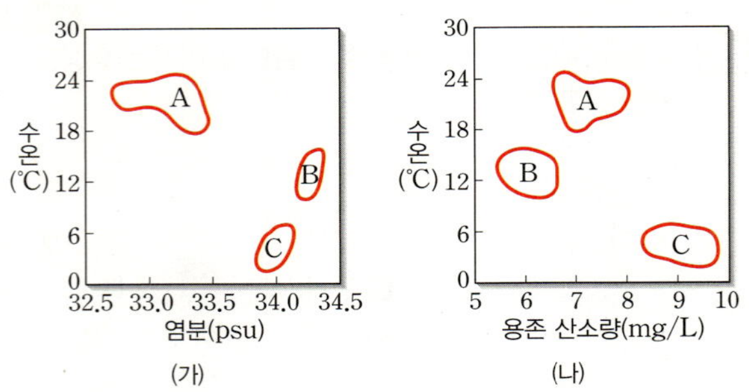

이에 대한 설명으로 옳은 것만을 〈보기〉에서 있는 대로 고른 것은?

┌─ 보기 ─
ㄱ. 밀도는 A보다 C가 크다.
ㄴ. B는 같은 부피의 A와 C가 혼합되어 형성되었다.
ㄷ. 용존 산소량이 많을수록 밀도가 크다.
└─

① ㄱ ② ㄴ ③ ㄱ, ㄷ
④ ㄴ, ㄷ ⑤ ㄱ, ㄴ, ㄷ

05 그림은 복사 평형을 이루고 있는 지구가 흡수한 연평균 태양 복사 에너지와 방출한 연평균 지구 복사 에너지를 위도에 따라 나타낸 것이다.

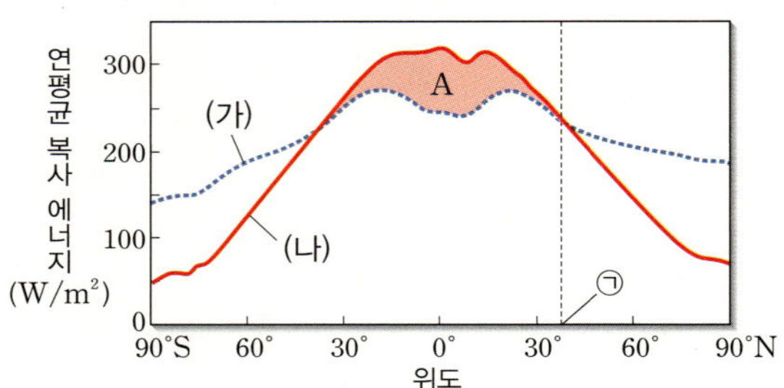

이에 대한 설명으로 옳은 것만을 〈보기〉에서 있는 대로 고른 것은?

┌─ 보기 ─
ㄱ. A는 에너지 과잉이다.
ㄴ. (가)는 지구 복사 에너지이다.
ㄷ. ㉠에서 남북 방향의 에너지 수송은 일어나지 않는다.
└─

① ㄱ ② ㄷ ③ ㄱ, ㄴ
④ ㄴ, ㄷ ⑤ ㄱ, ㄴ, ㄷ

06 그림은 태평양 주변에서의 1월과 7월의 평년 기압 분포 중 하나를 나타낸 것이다.

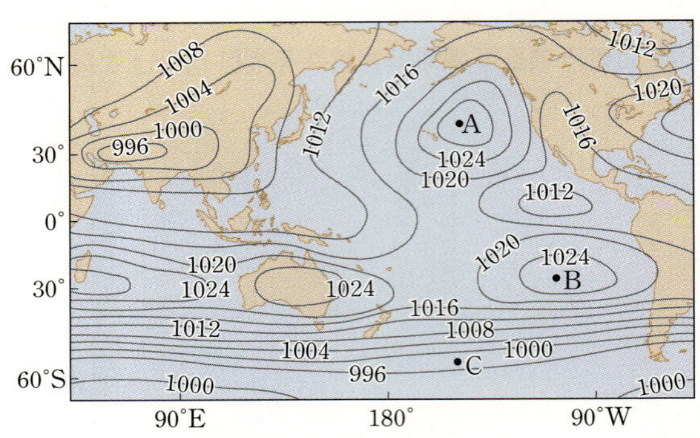

이에 대한 설명으로 옳은 것은?

① 1월에 해당하는 기압 분포이다.
② A는 해들리 순환에 의해 형성된다.
③ B는 페렐 순환에 의해 형성된다.
④ C 지점의 표층 해류는 동쪽에서 서쪽으로 흐른다.
⑤ A와 B의 지상에서는 상승 기류가 생성된다.

07 그림은 1월과 7월의 지표 부근 평년 풍향 분포 중 하나를 나타낸 것이다.

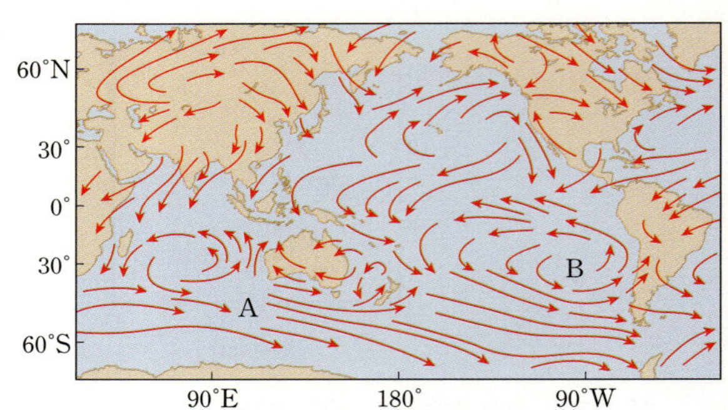

이에 대한 설명으로 옳은 것만을 〈보기〉에서 있는 대로 고른 것은?

┌─ 보기 ─
ㄱ. 1월의 평년 풍향 분포에 해당한다.
ㄴ. A 지역의 풍향 분포와 표층 해류의 방향은 반대이다.
ㄷ. B는 아열대 고압대로 해들리 순환에 의해 생성된다.
└─

① ㄱ ② ㄴ ③ ㄱ, ㄷ
④ ㄴ, ㄷ ⑤ ㄱ, ㄴ, ㄷ

교육청 기출 변형

08 그림은 대서양의 표층 순환을 나타낸 것이다. A~D는 표층 해류이다.

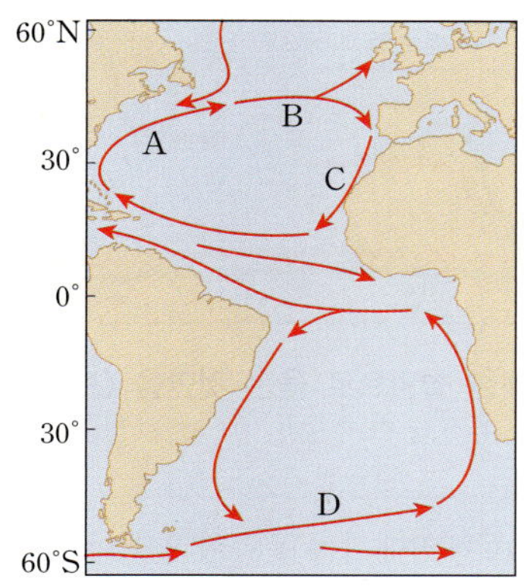

이에 대한 설명으로 옳은 것만을 〈보기〉에서 있는 대로 고른 것은?

┤보기├
ㄱ. A는 한류, C는 난류이다.
ㄴ. B와 D는 해들리 순환에 의해 지상에 부는 바람의 영향을 받는다.
ㄷ. 아열대 표층 순환의 방향은 북반구와 남반구가 반대이다.

① ㄱ　　　　② ㄷ　　　　③ ㄱ, ㄴ
④ ㄴ, ㄷ　　　⑤ ㄱ, ㄴ, ㄷ

수능 기출 변형

09 그림은 1492~1493년에 콜럼버스가 바람과 해류를 이용하여 북대서양을 왕복 항해한 경로 A, B, C를 나타낸 것이다.

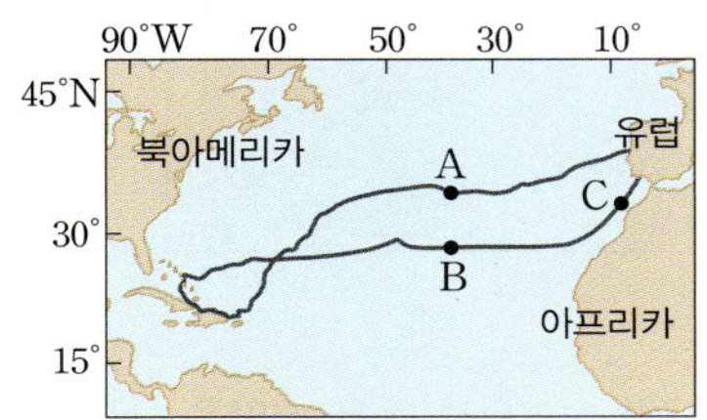

이에 대한 설명으로 옳은 것만을 〈보기〉에서 있는 대로 고른 것은?

┤보기├
ㄱ. A는 유럽에서 아메리카로 향하는 항로이다.
ㄴ. B는 무역풍을 이용한 항로이다.
ㄷ. C에 흐르는 해류는 한류이다.

① ㄱ　　　　② ㄷ　　　　③ ㄱ, ㄴ
④ ㄴ, ㄷ　　　⑤ ㄱ, ㄴ, ㄷ

수능 기출 변형

10 그림은 태평양의 주요 표층 해류가 흐르는 해역 A, B, C를 나타낸 것이다.

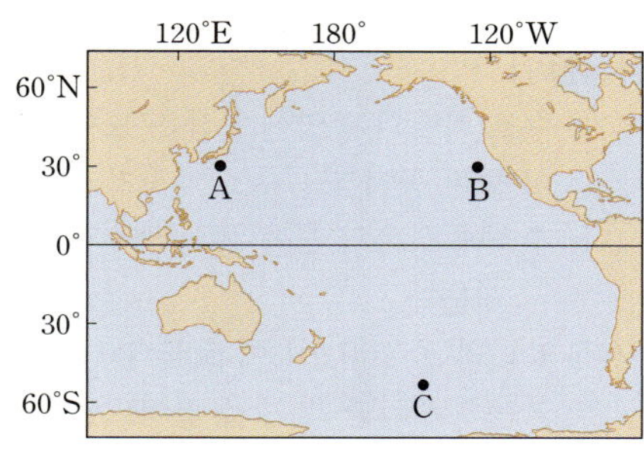

이에 대한 설명으로 옳은 것만을 〈보기〉에서 있는 대로 고른 것은?

┤보기├
ㄱ. C 해역에서 표층 해류는 동에서 서로 흐른다.
ㄴ. 표층 해류의 용존 산소량은 A 해역이 B 해역보다 많다.
ㄷ. A 해역과 B 해역의 표층 해류가 속한 아열대 순환의 방향은 시계 방향이다.

① ㄱ　　　　② ㄷ　　　　③ ㄱ, ㄴ
④ ㄴ, ㄷ　　　⑤ ㄱ, ㄴ, ㄷ

수능 기출 변형

11 그림은 우리나라 동해와 그 주변의 표층 해류 분포를 나타낸 것이다.

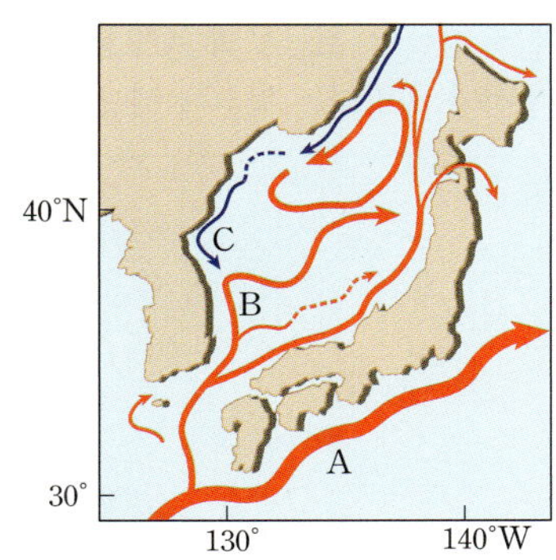

해류 A, B, C에 대한 설명으로 옳은 것만을 〈보기〉에서 있는 대로 고른 것은?

┤보기├
ㄱ. A는 북태평양 아열대 표층 순환의 일부이다.
ㄴ. 용존 산소량은 B보다 C가 많다.
ㄷ. 동해에는 조경 수역이 형성된다.

① ㄱ　　　　② ㄷ　　　　③ ㄱ, ㄴ
④ ㄴ, ㄷ　　　⑤ ㄱ, ㄴ, ㄷ

12 다음은 수온과 염분이 해수의 밀도에 미치는 영향을 알아보기 위한 실험이다.

[실험 I]
(가) 수조 바닥의 중앙에 P점을 표시하고, 밑면에 구멍이 뚫린 종이컵을 수조 가장자리에 부착한다.
(나) 수조에 상온의 물을 종이컵의 아랫면이 잠길 때까지 채운다.
(다) 4 ℃의 물 100 mL에 소금 3.0 g을 완전히 녹인 후 붉은색 잉크를 몇 방울 떨어뜨린다.
(라) (다) 과정의 소금물을 수조의 종이컵에 천천히 부으면서 소금물이 P점에 도달하는 시간을 측정한다.

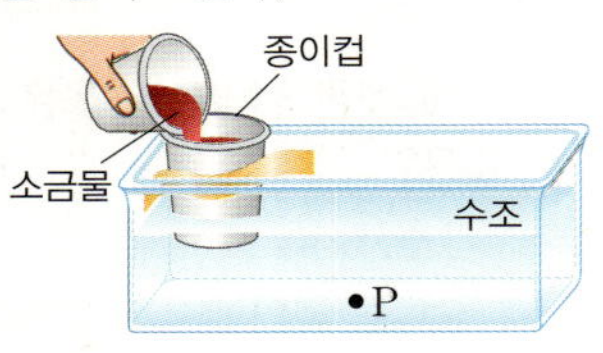

[실험 II]
실험 I의 (다) 과정에서 소금의 양을 1.0 g으로 바꾸어 (가)~(라) 과정을 반복한다.

[실험 결과]

실험	P점에 소금물이 도달하는 시간(초)
I	8
II	(㉠)

이에 대한 설명으로 옳은 것만을 〈보기〉에서 있는 대로 고른 것은?

┌ 보기 ┐
ㄱ. ㉠은 8보다 작다.
ㄴ. 소금물은 극지방에서 침강하는 표층 해수에 해당한다.
ㄷ. 실험 II에서 소금물의 농도를 낮춘 것은 극지방의 빙하가 해빙되는 경우에 해당한다.

① ㄱ   ② ㄴ   ③ ㄱ, ㄷ
④ ㄴ, ㄷ   ⑤ ㄱ, ㄴ, ㄷ

13 그림은 전 지구적인 해수의 순환을 나타낸 것이다.

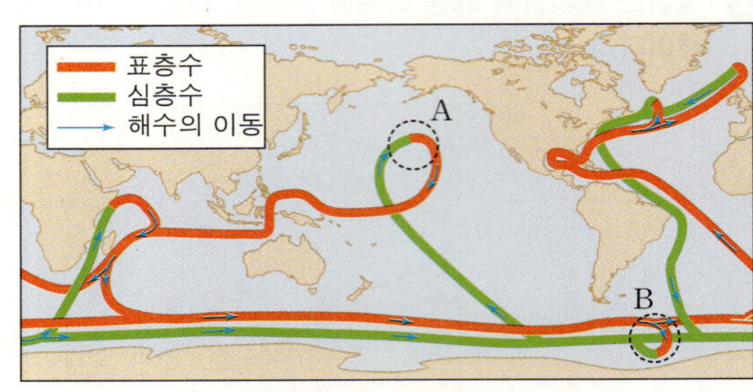

이에 대한 설명으로 옳은 것만을 〈보기〉에서 있는 대로 고른 것은?

┌ 보기 ┐
ㄱ. A 해역에서는 용승이 일어난다.
ㄴ. B 해역에서는 남극 저층수가 형성된다.
ㄷ. 해수의 순환은 위도에 따른 에너지 불균형을 줄여 준다.

① ㄱ   ② ㄷ   ③ ㄱ, ㄴ
④ ㄴ, ㄷ   ⑤ ㄱ, ㄴ, ㄷ

14 그림 (가)는 대서양의 염분 분포와 수괴를, (나)는 (가)의 위도 9°S에서 깊이에 따른 수온과 염분의 분포를 수온 염분도에 나타낸 것이다. (나)의 A와 B는 각각 남극 저층수와 북대서양 심층수 중 하나이다.

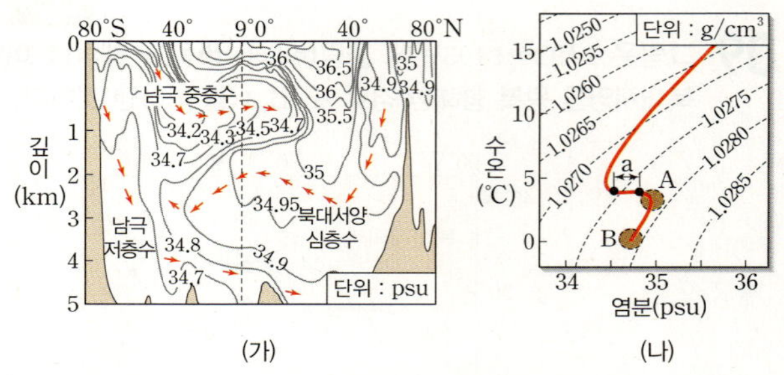

이에 대한 설명으로 옳은 것만을 〈보기〉에서 있는 대로 고른 것은?

┌ 보기 ┐
ㄱ. A는 남극 저층수이다.
ㄴ. 남극 중층수의 밀도는 1.0280 g/cm³보다 크다.
ㄷ. (나)의 a 구간에서 밀도 변화는 수온보다 염분의 영향을 더 받는다.

① ㄱ   ② ㄷ   ③ ㄱ, ㄴ
④ ㄴ, ㄷ   ⑤ ㄱ, ㄴ, ㄷ

531 PROJECT
S 예상 적중 문제

01

표는 북태평양에 위치한 세 해역 A, B, C에서의 풍속과 표층 염분을 나타낸 것이다.

구분	A 해역	B 해역	C 해역
위도(°N)	5	30	80
풍속(m/s)	2~3	5~6	8~9
표층 염분(psu)	33.0	35.5	33.5

이에 대한 설명으로 옳은 것은?

① 혼합층의 두께는 C 해역이 가장 두껍다.
② 표층 해수의 밀도는 A 해역이 가장 크다.
③ 수온 약층은 A 해역이 B 해역보다 발달하였다.
④ (증발량−강수량) 값은 A 해역이 B 해역보다 크다.
⑤ C 해역의 해수 1 kg 속에 녹아 있는 NaCl의 양은 33.5 g이다.

02

그림 (가)는 우리나라 동해 어느 해역의 2006~2013년까지 월별 평균 풍속과 풍향을, (나)는 여름과 겨울에 이 해역에서 수심에 따라 측정한 수온과 염분을 수온 염분도에 나타낸 것이다.

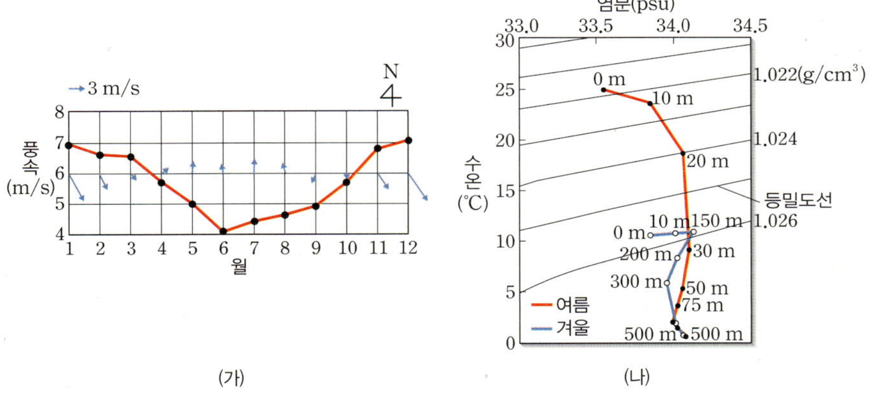

이에 대한 설명으로 옳은 것만을 〈보기〉에서 있는 대로 고른 것은?

| 보기 |

ㄱ. 이 해역에서는 남동 계절풍보다 북서 계절풍의 바람이 더 세다.
ㄴ. 표층과 수심 500 m 사이의 밀도 차이는 여름보다 겨울이 크다.
ㄷ. 수심이 깊어질수록 수온과 염분의 계절별 차이가 증가한다.

① ㄱ   ② ㄴ   ③ ㄱ, ㄷ
④ ㄴ, ㄷ   ⑤ ㄱ, ㄴ, ㄷ

기본 개념 확인

01 표층 염분에 가장 큰 영향을 주는 요인은 증발량과 강수량이다. 표층 염분은 대체로 (증발량−강수량) 값이 [   ]수록 높다.

02 수심이 깊어질수록 태양 복사 에너지의 양이 줄어들기 때문에 계절별 수온 차이가 [   ]한다.

03 위도에 따라 태양 복사 에너지의 흡수량과 지구 복사 에너지의 방출량이 차이가 나기 때문에 적도 지방에서는 에너지 [   ], 극지방에서는 에너지 [   ]이 나타난다.

03 그림 (가)와 (나)는 대기와 해양에 의한 에너지 수송이 일어나는 경우와 일어나지 않는 경우의 위도에 따른 태양 복사 에너지와 지구 복사 에너지를 순서 없이 나타낸 것이다.

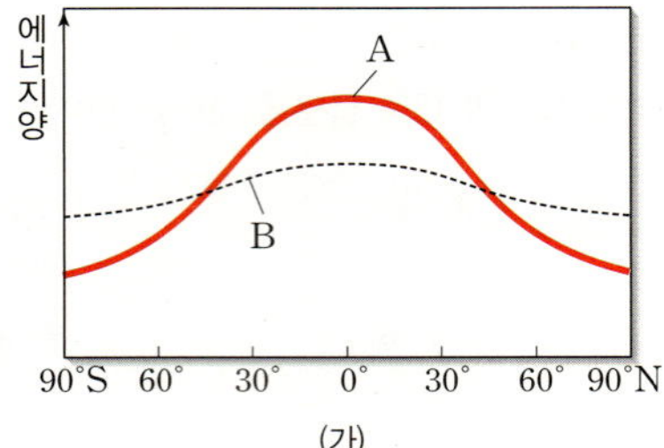

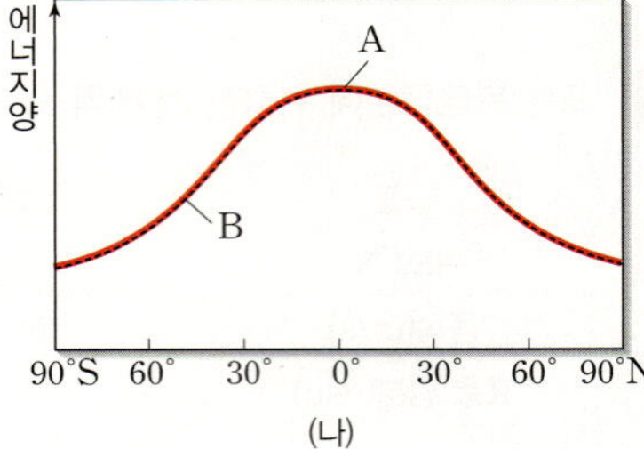

이에 대한 설명으로 옳은 것만을 〈보기〉에서 있는 대로 고른 것은?

| 보기 |
ㄱ. 에너지 수송이 일어나는 경우는 (가)이다.
ㄴ. 지구가 흡수하는 에너지는 A, 방출하는 에너지는 B이다.
ㄷ. 위도별 열수지가 평형을 이루고 있는 것은 (나)이다.

① ㄱ　　　　　② ㄷ　　　　　③ ㄱ, ㄴ
④ ㄴ, ㄷ　　　　⑤ ㄱ, ㄴ, ㄷ

04 대기 대순환은 지구 자전에 의한 전향력의 영향으로 [   ] 순환, 페렐 순환, [   ] 순환의 3개의 순환 세포가 형성된다.

04 그림은 대기 대순환에 의해 지표 부근에서 부는 동서 방향 바람의 연평균 풍속을 위도에 따라 나타낸 것이다.

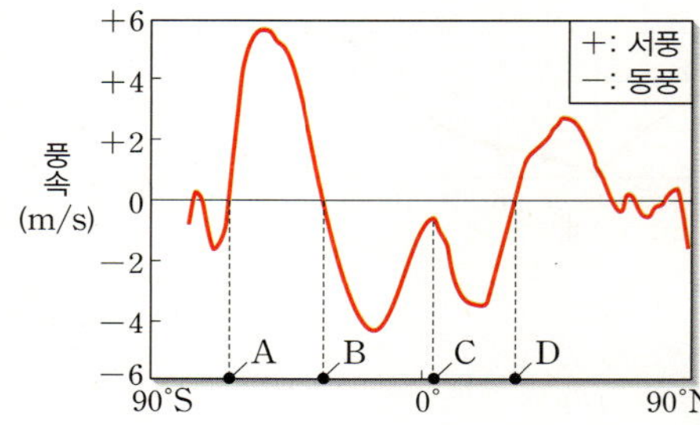

이에 대한 설명으로 옳은 것만을 〈보기〉에서 있는 대로 고른 것은?

| 보기 |
ㄱ. A와 B 사이의 지표 부근에서 부는 바람은 편서풍이다.
ㄴ. B에서는 상승 기류, C에서는 하강 기류가 나타난다.
ㄷ. C와 D 사이에서는 해들리 순환이 나타난다.

① ㄱ　　　　　② ㄴ　　　　　③ ㄱ, ㄷ
④ ㄴ, ㄷ　　　　⑤ ㄱ, ㄴ, ㄷ

05 그림은 남극 대륙과 그 주변의 전형적인 기압 배치를 나타낸 것이다.

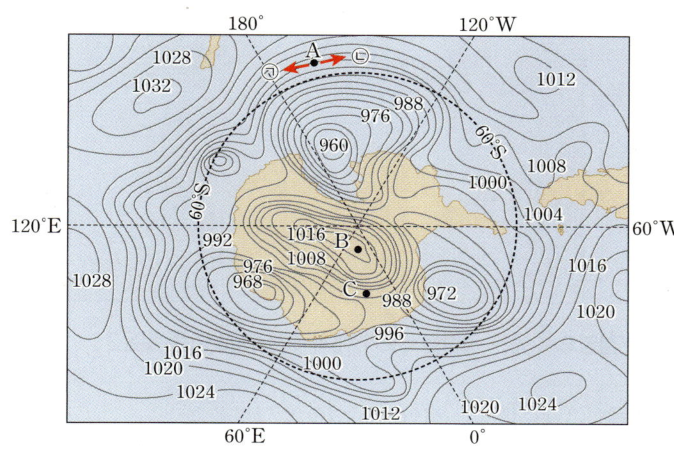

이에 대한 설명으로 옳은 것만을 〈보기〉에서 있는 대로 고른 것은?

| 보기 |

ㄱ. A 해역에서 해류는 ㉡ 방향으로 흐른다.

ㄴ. B 지역의 지표면 부근에는 극순환에 의한 상승 기류가 형성된다.

ㄷ. A 해역에는 동풍, C 지역에는 서풍 계열의 바람이 분다.

① ㄱ ② ㄴ ③ ㄱ, ㄷ
④ ㄴ, ㄷ ⑤ ㄱ, ㄴ, ㄷ

05 위도 약 30° 부근에는 [　　　], 60° 부근에는 한대 전선대, 90° 부근에는 [　　　]가 형성된다.

06 그림 (가)는 북태평양 해수의 표층 순환을, (나)는 B와 C 해역의 표층 수온과 염분 관측값을 수온 염분도에 나타낸 것이다. ㉠과 ㉡은 각각 B와 C 해역의 관측값 중 하나이다.

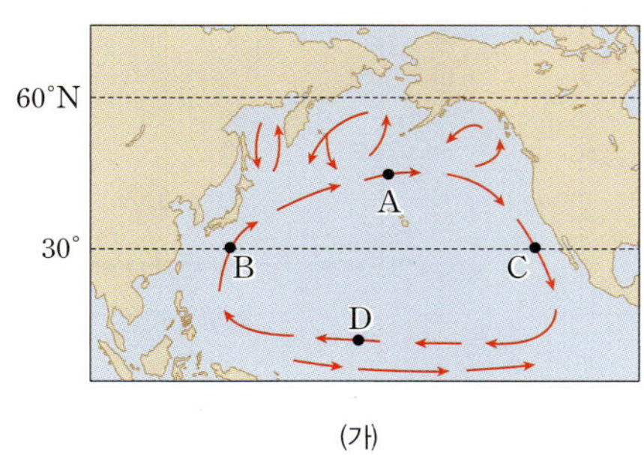

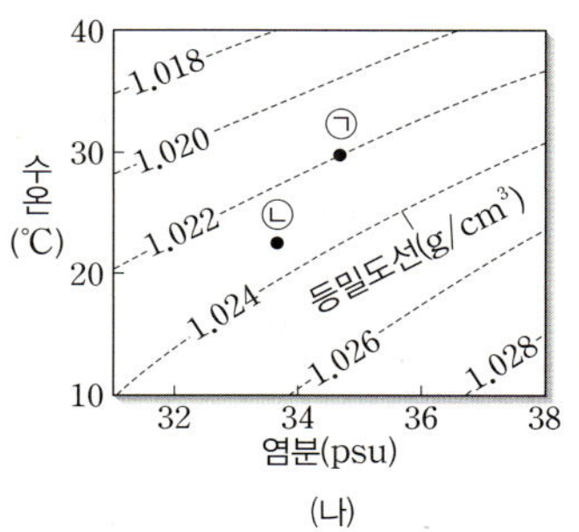

(가)　　　(나)

이에 대한 설명으로 옳은 것만을 〈보기〉에서 있는 대로 고른 것은?

| 보기 |

ㄱ. A 해역에서 흐르는 해류는 북태평양 해류이다.

ㄴ. B 해역의 관측값은 ㉠이다.

ㄷ. 용존 산소량은 A 해역이 D 해역보다 적다.

① ㄱ ② ㄷ ③ ㄱ, ㄴ
④ ㄴ, ㄷ ⑤ ㄱ, ㄴ, ㄷ

06 같은 위도의 해역에서 표층 수온은 난류가 흐르는 해역이 한류가 흐르는 해역보다 [　　　].

기본 개념 확인

07 쿠로시오 해류, 북태평양 해류, 캘리포니아 해류, [   ] 해류로 이루어진 북태평양 아열대 순환은 [   ] 방향으로 순환한다.

07 그림은 북반구 아열대 순환의 해류가 흐르는 해역 A~D를 나타낸 것이다.

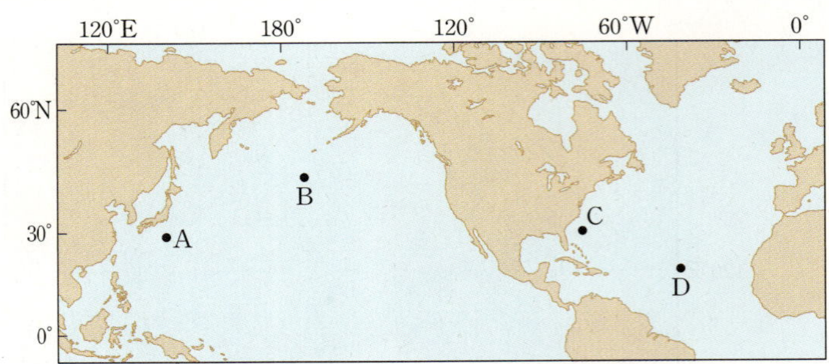

이에 대한 설명으로 옳은 것만을 〈보기〉에서 있는 대로 고른 것은?

┤보기├
ㄱ. B 해역은 편서풍, D 해역은 무역풍의 영향을 받는다.
ㄴ. A 해역에는 난류, C 해역에는 한류가 흐른다.
ㄷ. A와 B 해역에 흐르는 해류의 순환 방향과 C와 D 해역에 흐르는 해류의 순환 방향은 같다.

① ㄱ   ② ㄴ   ③ ㄱ, ㄷ
④ ㄴ, ㄷ   ⑤ ㄱ, ㄴ, ㄷ

08 난류와 한류가 만나는 해역에서는 영양 염류와 용존 산소량이 풍부하여 좋은 어장이 형성되는데 이 곳을 [   ] 이라고 한다.

08 그림 (가)는 우리나라 주변의 해류를, (나)는 (가)의 ㉢, ㉯, ㉂의 해류에서 측정한 해수의 관측값을 수온 염분도에 A, B, C로 순서 없이 나타낸 것이다.

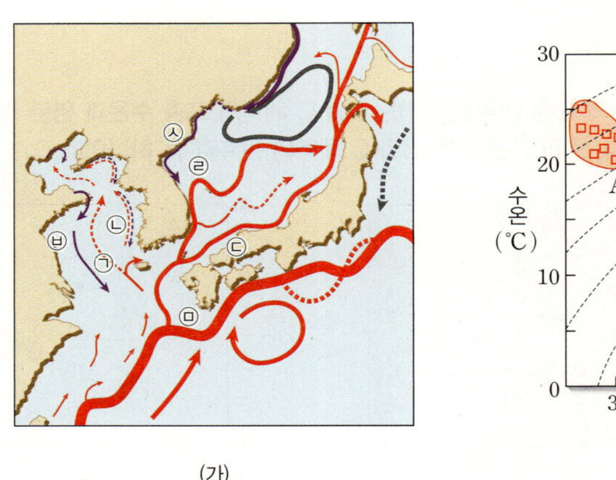

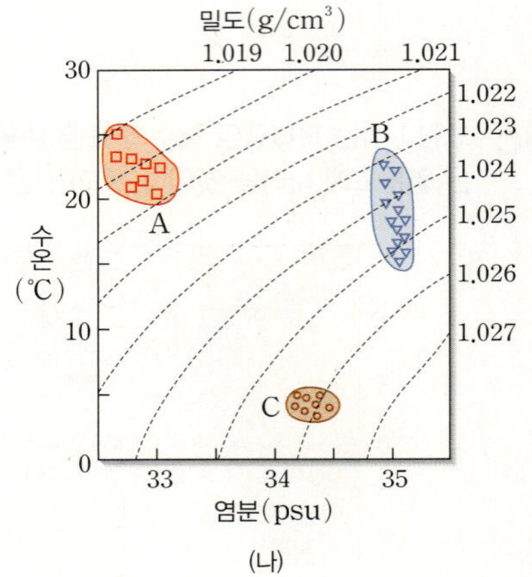

(가)   (나)

이에 대한 설명으로 옳은 것만을 〈보기〉에서 있는 대로 고른 것은?

┤보기├
ㄱ. 조경 수역을 형성하는 해류는 ㉣과 ㉂이다.
ㄴ. 같은 부피로 섞었을 때 해수의 밀도는 A와 B를 섞은 해수보다 B와 C를 섞은 해수가 더 크다.
ㄷ. A는 ㉢, B는 ㉯에 해당하는 해수의 물리량이다.

① ㄱ   ② ㄷ   ③ ㄱ, ㄴ
④ ㄴ, ㄷ   ⑤ ㄱ, ㄴ, ㄷ

09 다음은 해류의 발생 원리를 알아보기 위한 실험이다.

[실험 과정]

(가) 수조 바닥에 온도계 A, B, C를 설치하고 25 ℃ 정도의 물을 채운 후 몇 개의 스타이로폼 조각을 띄운다.

(나) 종이컵 바닥에 작은 구멍을 뚫어 수조의 안쪽 측면에 고정시키고 얼음을 채운다.

(다) 파란색 잉크로 착색한 물을 종이컵에 천천히 부으면서 온도계 A, B, C의 온도 변화와 스타이로폼 조각의 움직임을 관찰한다.

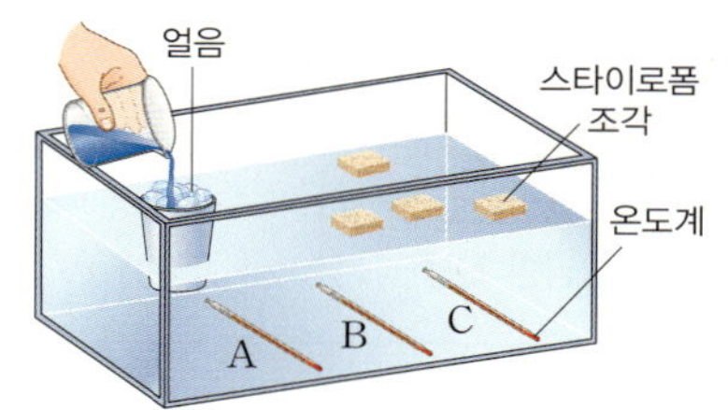

이에 대한 설명으로 옳은 것만을 〈보기〉에서 있는 대로 고른 것은?

| 보기 |

ㄱ. 가장 먼저 온도가 낮아지는 온도계는 A이다.

ㄴ. 스타이로폼 조각은 종이컵에서 멀어지는 쪽으로 이동한다.

ㄷ. 이 실험을 통해 표층 순환과 심층 순환은 컨베이어 벨트처럼 연결되어진 순환임을 알 수 있다.

① ㄱ　　　　② ㄴ　　　　③ ㄱ, ㄷ
④ ㄴ, ㄷ　　　　⑤ ㄱ, ㄴ, ㄷ

09 표층 순환과 심층 순환은 컨베이어 벨트처럼 연결되어 전 지구를 순환하며 열에너지를 수송하여 위도 간 [　　　　]을 해소시킨다.

---

10 그림 (가)는 대서양의 깊이에 따른 수온과 염분 분포 및 심층 순환을, (나)는 (가)의 심층 순환을 이루는 북대서양 심층수, 남극 중층수, 남극 저층수를 수온 염분도에 A, B, C로 순서 없이 나타낸 것이다.

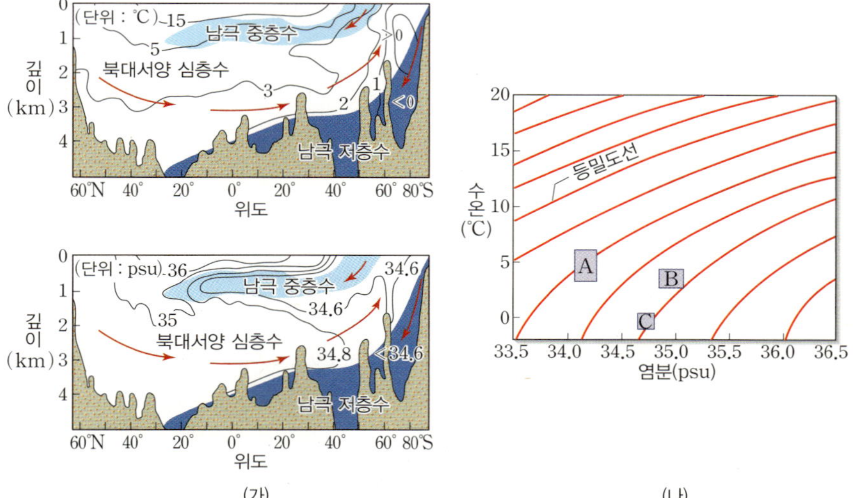

이에 대한 설명으로 옳은 것만을 〈보기〉에서 있는 대로 고른 것은?

| 보기 |

ㄱ. 대서양 심층 순환은 염분보다 수온의 영향을 더 크게 받는다.

ㄴ. 수괴의 밀도는 A가 B보다 크다.

ㄷ. 북대서양 심층수에 해당하는 것은 B이다.

① ㄱ　　　　② ㄴ　　　　③ ㄱ, ㄷ
④ ㄴ, ㄷ　　　　⑤ ㄱ, ㄴ, ㄷ

10 수온 염분도에서 해수의 밀도는 오른쪽 아래로 갈수록 [　　　　]한다.

07강 대기와 해양의 상호 작용

Ⅱ. 대기와 해양

A 용승과 침강		B 엘니뇨와 라니냐		C 지구 기후 변화	
에크만 수송	★☆☆	엘니뇨와 라니냐	★★★	기후 변화 요인	★★☆
용승과 침강	★★☆	남방 진동	★★☆	기후 변화의 영향	★☆☆

A 용승과 침강

1. **에크만 수송** 마찰층 내에서 일어나는 표층 해수의 평균적인 이동 방향 ➡ 북반구에서는 바람의 방향에 대해 오른쪽 직각 방향, 남반구에서는 왼쪽 직각 방향으로 에크만 수송이 일어난다.

2. **용승과 침강** 용승은 심층의 찬 해수가 표층으로 올라오는 현상이고, 침강은 표층의 해수가 심층으로 가라앉는 현상이다.

(1) **연안 용승과 연안 침강(북반구)**

우리나라 동해안에는 남풍이 지속적으로 불 때 연안 용승이 일어난다.

연안 용승	연안 침강
대륙의 서해안에 북풍이 지속적으로 불면 표층 해수가 먼 바다 쪽으로 이동하므로 연안에서 용승이 일어난다.	대륙의 서해안에 남풍이 지속적으로 불면 표층 해수가 연안 쪽으로 이동하므로 연안에서 침강이 일어난다.

(2) **적도 용승** : 적도 해역에서는 무역풍에 의해 표층 해수가 발산하며 용승이 일어난다.

(3) **기압에 따른 용승과 침강(북반구)**

저기압과 용승	고기압과 침강
저기압에서는 바람이 시계 반대 방향으로 불어 들어오므로, 표층 해수가 바깥쪽으로 이동하여 중심 해역에서 표층 해수가 발산하면서 용승이 일어난다.	고기압에서는 바람이 시계 방향으로 불어 나가므로 표층 해수가 고기압의 중심 쪽으로 이동하여 중심 해역에서 표층 해수가 수렴하면서 침강이 일어난다.

(4) **태풍에 의한 용승** : 태풍의 강한 바람이 해수를 주변으로 발산시켜 그 중심에서 용승이 일어난다.

B 엘니뇨와 라니냐

1. **엘니뇨와 라니냐**

구분		엘니뇨	라니냐
	정의	적도 부근 동태평양의 표층 수온이 평년보다 0.5 °C 이상 높은 상태로 6개월 이상 지속되는 현상	적도 부근 동태평양의 표층 수온이 평년보다 0.5 °C 이상 낮은 상태로 6개월 이상 지속되는 현상
	열대 태평양 수온 구조	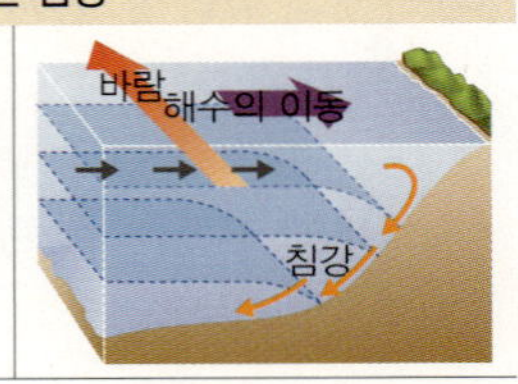	
	무역풍 세기	약화	강화
	해수의 이동	상대적으로 따뜻한 서태평양의 해수가 동태평양 쪽으로 이동한다.	평상시보다 더 많은 양의 따뜻한 해수가 서태평양 쪽으로 이동한다.
동태평양	용승	약화	강화
	해수면 높이	높다	낮다
	수온 약층 시작 깊이	깊어진다	얕아진다

에크만 수송

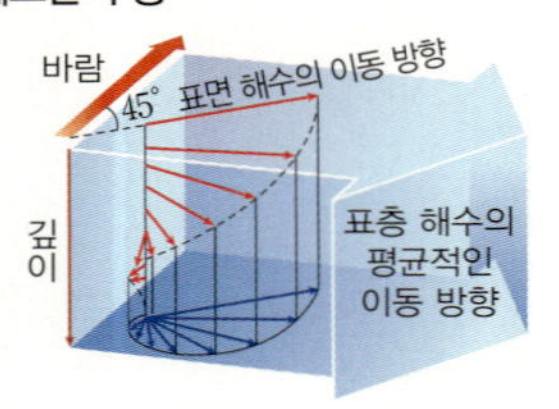

용승과 침강의 영향
- 용승의 영향 : 찬 해수에 의해 서늘하고 안개가 자주 발생하며, 영양염류가 풍부한 심층수가 공급되어 좋은 어장이 형성된다.
- 침강의 영향 : 산소가 풍부한 표층 해수가 침강하여 해양 생물에 산소를 공급하고, 수온 약층이 나타나는 깊이가 깊어진다.

기압에 따른 용승과 침강(북반구)

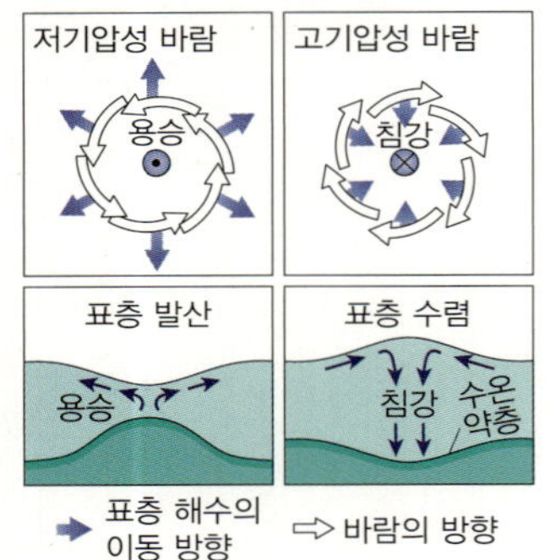

엘니뇨 시기 적도 부근 태평양의 연직 수온 분포

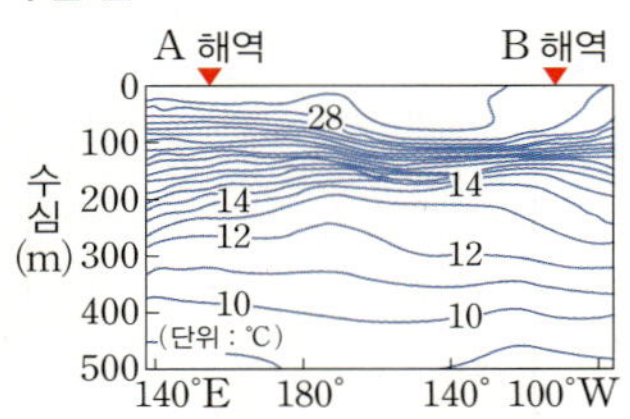

엘니뇨 시기에는 A 해역과 B 해역의 표층 수온 차이가 평상시보다 작다.

2. **남방 진동** 적도 부근 태평양의 동·서 기압 분포가 시소처럼 진동하며 반대로 나타나는 현상

(1) 워커 순환 : 열대 태평양에 형성된 동서 방향의 거대한 대기 순환 ➡ 서태평양에서는 따뜻한 해수에 의해 저기압이 형성되어 공기가 상승하고, 동태평양에서는 찬 해수의 용승에 의해 고기압이 형성되어 공기가 하강한다.

(2) 남방 진동 지수 : 남방 진동 지수는 엘니뇨 시기에는 큰 음(−)의 값이고, 라니냐 시기에는 평상시보다 더 큰 양(+)의 값으로 나타난다.

(3) 남방 진동과 기후 변화

구분	엘니뇨 시기	라니냐 시기
대기 순환 모형 (워커 순환)	평상시보다 차가워진 바다 / 무역풍 (평상시보다 약함) / 평상시보다 따뜻해진 바다 140°E 180° 140° 100°W	평상시보다 따뜻해진 바다 / 무역풍 (평상시보다 강함) / 평상시보다 차가워진 바다 140°E 180° 140° 100°W
동태평양의 기후 변화	평상시보다 수온 상승 → 기압 하강 → 강수량 증가(홍수)	평상시보다 수온 하강 → 기압 상승 → 강수량 감소(가뭄)
서태평양의 기후 변화	평상시보다 수온 하강 → 기압 상승 → 강수량 감소(가뭄)	평상시보다 수온 상승 → 기압 하강 → 강수량 증가(홍수)

C 지구 기후 변화

1. 기후 변화 요인

(1) 기후 변화의 자연적 요인 – 지구 외적 요인

① 지구 자전축의 방향 변화(세차 운동) : 약 26000년을 주기로 변한다.

구분	위치	현재의 계절	13000년 후의 계절	기온의 연교차
북반구	근일점	겨울	여름	증가
	원일점	여름	겨울	
남반구	근일점	여름	겨울	감소
	원일점	겨울	여름	

② 지구 자전축 기울기의 변화 : 약 41000년을 주기로 21.5°~24.5° 사이에서 변한다.

자전축 기울기	태양의 남중 고도		기온 변화		기온의 연교차
	여름	겨울	여름	겨울	
감소	감소	증가	하강	상승	감소
증가	증가	감소	상승	하강	증가

③ 지구 공전 궤도 이심률의 변화 : 약 10만 년을 주기로 변한다.

공전 궤도 이심률 (북반구)	태양 − 지구 거리		기온 변화		기온의 연교차
	여름	겨울	여름	겨울	
감소(원)	감소	증가	상승	하강	증가
증가(타원)	증가	감소	하강	상승	감소

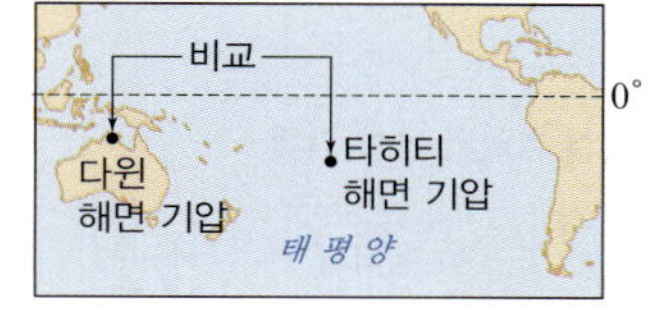

남방 진동 지수
남태평양 타히티의 해면 기압 편차에서 호주 북부 다윈의 해면 기압 편차를 뺀 값을 표준 편차로 나누어 구한다.

엘니뇨 남방 진동(엔소, ENSO)
엘니뇨와 라니냐는 표층 수온 변화와 관련된 현상이고, 남방 진동은 대기 순환의 변화이므로 두 현상은 대기와 해양의 변화가 서로 영향을 주고 받으면서 나타나는 현상으로 밝혀져 이를 엘니뇨 남방 진동 또는 엔소(ENSO)라고 한다.

태양 활동의 변화에 따른 지구 기후 변화
태양 활동 변화는 기후 변화의 자연적 요인 중 지구 외적 요인으로, 태양의 흑점 수가 많을 때는 태양 활동이 활발하여 지구에 도달하는 태양 에너지양이 증가하므로 지구의 기온이 높아진다.

온실 효과와 온실 기체

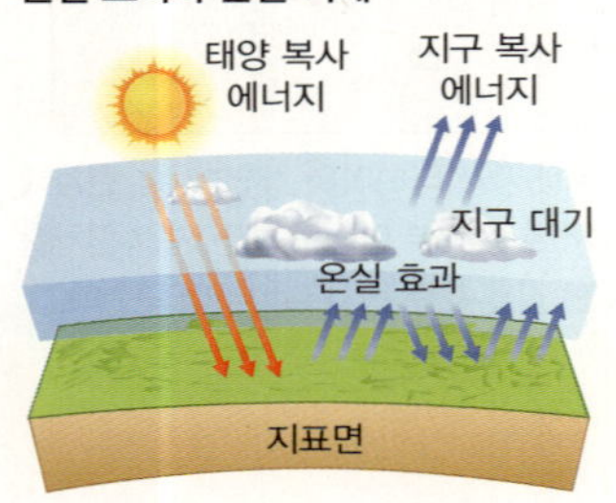

지구 대기는 파장이 짧은 태양 복사 에너지(가시광선)는 잘 통과시키지만, 대기 중 수증기, 이산화 탄소, 메테인 등의 온실 기체는 파장이 긴 지구 복사 에너지(적외선)는 대부분 흡수한 후 지표로 재복사하여 온실 효과를 일으킨다.

주요 온실 기체와 온실 효과 기여도

온실 기체	기여도(%)
수증기	30∼70
이산화 탄소	9∼26
메테인	4∼9
오존	3∼7

(2) 기후 변화의 자연적 요인 – 지구 내적 요인

수륙 분포의 변화	판의 운동에 의한 수륙 분포의 변화로 대기와 해류의 순환이 바뀌면서 기후가 변한다.
대규모 화산 폭발	대기로 분출된 화산재에 의한 태양빛의 반사율 증가 ➡ 지구의 평균 기온 하강
지표면 상태의 변화	• 빙하 면적 감소 ➡ 지표면의 반사율 감소 ➡ 지구의 평균 기온 상승 • 사막의 면적 증가 ➡ 지표면의 반사율 증가 ➡ 지구의 평균 기온 하강

(3) 기후 변화의 인위적 요인

온실 기체 배출	화석 연료 연소로 대기 중에 온실 기체 배출 ➡ 지구의 평균 기온 상승
에어로졸 배출	산업 활동으로 대기 중에 에어로졸 배출 ➡ 지구의 반사율 증가 ➡ 지구의 평균 기온 하강
지표면 상태의 변화	과잉 방목, 산림 파괴, 도시화 등에 의해 일어나는 지표면 상태의 변화는 지표면의 반사율을 변화시켜 지구의 기후 변화에 영향을 준다.

2. 기후 변화의 영향

(1) **지구의 복사 평형** : 지구 전체적으로 흡수하는 태양 복사 에너지양과 방출하는 지구 복사 에너지의 양이 같다. ➡ 지구의 연평균 기온이 대체로 일정하게 유지된다.

(2) **온실 효과** : 대기 중 온실 기체가 지구 복사 에너지의 일부를 흡수하였다가 지표로 재복사하기 때문에 지구의 평균 기온이 높게 유지되는 현상

(3) **지구의 열수지 평형**

방출량	구분	흡수량
태양 복사 100	우주 (100)	지구 반사 30 +지구 복사 70
우주로 방출 66 +지표로 방출 88	대기 (154)	태양 복사 25 +지표 복사 129
대기로 방출 129 +우주로 직접 방출 4	지표 (133)	태양 복사 45 +대기 복사 88

(4) **지구 온난화** : 대기 중 온실 기체가 증가함에 따라 온실 효과가 증대되어 지구의 평균 기온이 상승하는 현상

① 주요 원인 : 화석 연료 소비량 증가로 인한 대기 중 온실 기체 농도 증가

② 지구 온난화의 영향 : 해수의 열팽창과 대륙 빙하의 융해로 해수면 상승, 기상 이변의 횟수와 강도 증가, 기후대 변화, 생태계 변화 등

기출 자료 | 분석

그림 (가)는 적도 부근 해역에서 동태평양과 서태평양의 해수면 기압 차(동태평양 기압－서태평양 기압)를, (나)는 태평양 적도 부근 해역에서 ㉠과 ㉡ 중 한 시기에 관측된 따뜻한 해수층의 두께 편차(관측값－평년값)를 나타낸 것이다. ㉠과 ㉡은 각각 엘니뇨와 라니냐 시기 중 하나이다.

자료 체크 리스트
- [ ] 엘니뇨와 라니냐 시기의 동·서 해수면의 기압 차
- [ ] 엘니뇨와 라니냐 시기의 동·서 해수면의 높이 차
- [ ] 엘니뇨와 라니냐 시기의 동태평양에서 구름의 양

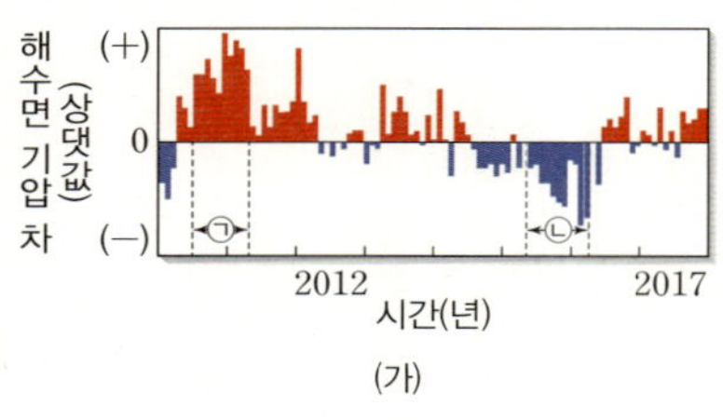
(가)

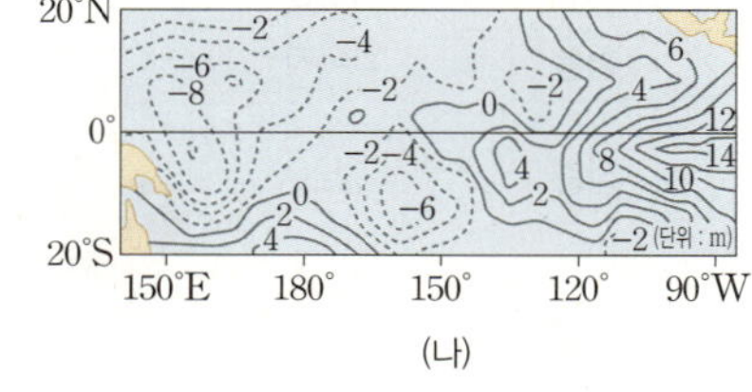
(나)

---

step 1 엘니뇨와 라니냐 시기의 해수면 기압 차 비교하기
엘니뇨 시기에는 동태평양의 표층 수온이 상승하고 기압이 하강하므로 해수면의 기압 차는 (－)가 되고 (가)에서 ㉡이 된다. (나)에서 동태평양에서 따뜻한 해수층의 두께 편차가 (＋)이므로 엘니뇨 시기에 해당한다.

step 2 엘니뇨와 라니냐 시기의 해수면 높이 차 비교하기
(가)에서 ㉠이 라니냐 시기, ㉡이 엘니뇨 시기이므로 동태평양과 서태평양의 해수면 높이 차는 ㉠이 ㉡보다 크다.

step 3 엘니뇨와 라니냐 시기의 동태평양에서 구름의 양 비교하기
㉡이 엘니뇨 시기인데, 엘니뇨 시기에는 동태평양의 표층 수온이 상승하면서 상승 기류가 발달하므로 구름의 양은 ㉡이 ㉠보다 많다.

01

그림은 동태평양의 7월 평균 표층 수온 분포를 나타낸 것이다.

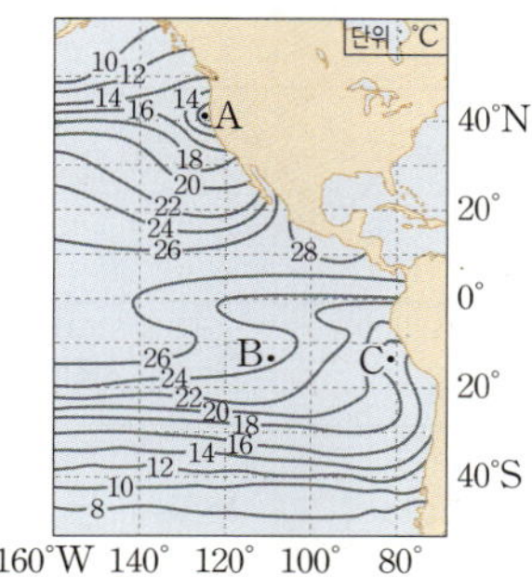

이 자료에 대한 설명으로 옳은 것만을 〈보기〉에서 있는 대로 고른 것은?

| 보기 |
ㄱ. A 해역에서는 침강이 나타난다.
ㄴ. B 해역에서 C 해역으로 갈수록 수온 약층이 나타나는 깊이는 얕아진다.
ㄷ. C 해역에서는 남풍 계열의 바람이 지속적으로 불고 있다.

① ㄱ   ② ㄷ   ③ ㄱ, ㄴ
④ ㄴ, ㄷ   ⑤ ㄱ, ㄴ, ㄷ

02

그림 (가)는 적도 부근 해역에서 바람과 해수의 이동을, (나)는 A−A′ 단면에 대한 연직 방향의 해수 운동을 모식적으로 나타낸 것이다.

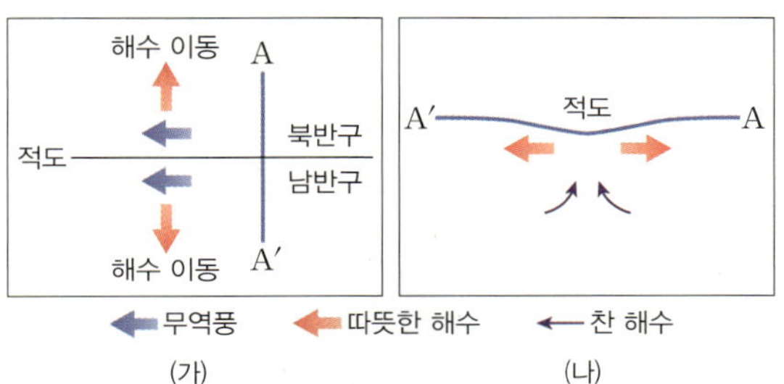

이에 대한 설명으로 옳은 것만을 〈보기〉에서 있는 대로 고른 것은?

| 보기 |
ㄱ. 적도 해역에서 무역풍에 의해 표층 해수가 수렴한다.
ㄴ. 무역풍이 강하게 불면 용승은 더욱 활발하게 일어난다.
ㄷ. 용승이 활발하면 수온 약층이 시작되는 깊이가 깊어진다.

① ㄱ   ② ㄴ   ③ ㄱ, ㄷ
④ ㄴ, ㄷ   ⑤ ㄱ, ㄴ, ㄷ

03

그림은 엘니뇨 또는 라니냐 시기에 태평양 적도 부근 해역에서 관측된 수온 약층이 나타나기 시작하는 깊이의 편차(관측 깊이−평년 깊이)를 나타낸 것이다.

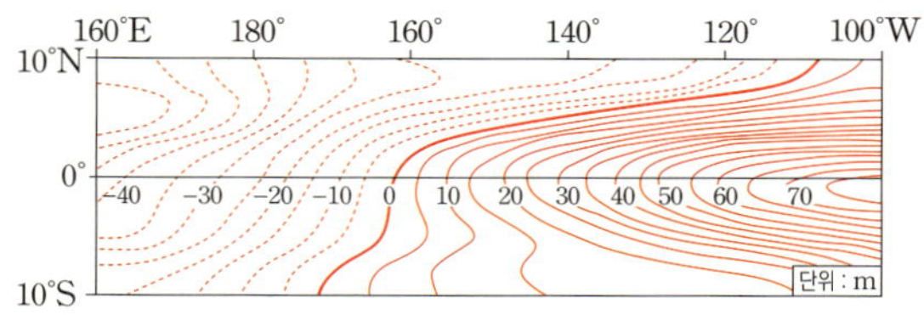

이 시기에 대한 설명으로 옳은 것만을 〈보기〉에서 있는 대로 고른 것은?

| 보기 |
ㄱ. 엘니뇨 시기이다.
ㄴ. 동태평양 적도 해역에서 혼합층의 두께는 평년보다 증가한다.
ㄷ. 동태평양 적도 해역에서 표층 수온은 평년보다 낮아진다.

① ㄱ   ② ㄷ   ③ ㄱ, ㄴ
④ ㄴ, ㄷ   ⑤ ㄱ, ㄴ, ㄷ

04

그림 (가)와 (나)는 서로 다른 시기에 관측된 태평양 적도 부근 해역의 수온 편차(관측값−평년값)를 나타낸 것이다.

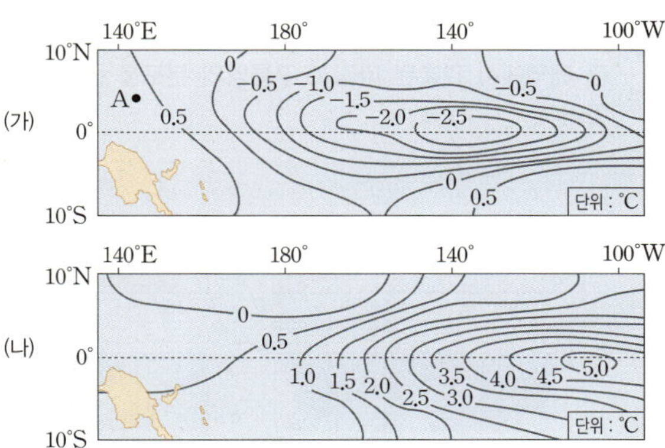

이에 대한 설명으로 옳은 것만을 〈보기〉에서 있는 대로 고른 것은?

| 보기 |
ㄱ. (가) 시기에 A 해역의 해수면 높이 편차는 (+)이다.
ㄴ. (나) 시기에 동태평양 적도 부근의 강수량 편차는 (−)이다.
ㄷ. 동태평양 적도 부근 해역의 용승은 (나) 시기가 (가) 시기보다 강하다.

① ㄱ   ② ㄴ   ③ ㄱ, ㄷ
④ ㄴ, ㄷ   ⑤ ㄱ, ㄴ, ㄷ

평가원 기출 변형

05 그림 (가)는 동태평양 적도 부근 해역 표층 해류의 평년 속도를, (나)는 엘니뇨 또는 라니냐가 일어난 어느 시기에 표층 해류의 속도 편차(관측 속도−평년 속도)를 나타낸 것이다.

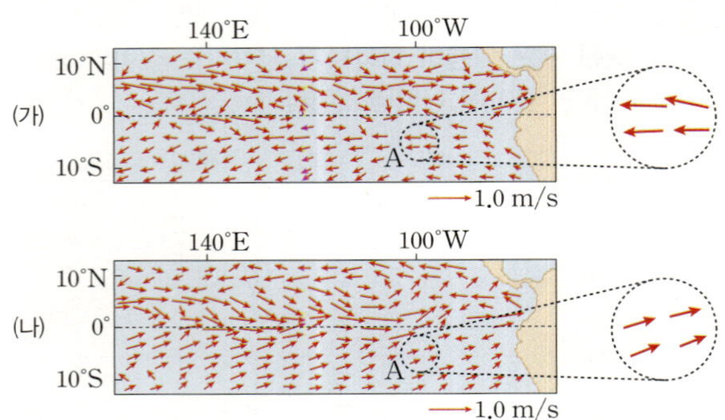

(나)의 A 해역에서 관측된 물리량 중 평년보다 크기가 증가하는 것만을 〈보기〉에서 있는 대로 고른 것은?

| 보기 |
ㄱ. 북적도 해류의 세기
ㄴ. 해수면 높이
ㄷ. 따뜻한 해수층 두께

① ㄱ ② ㄴ ③ ㄱ, ㄷ
④ ㄴ, ㄷ ⑤ ㄱ, ㄴ, ㄷ

수능 기출 변형

06 표의 (가)와 (나)는 엘니뇨 시기와 라니냐 시기에 태평양 적도 부근 해역에서 관측된 바람과 구름양의 분포를 순서 없이 나타낸 것이다.

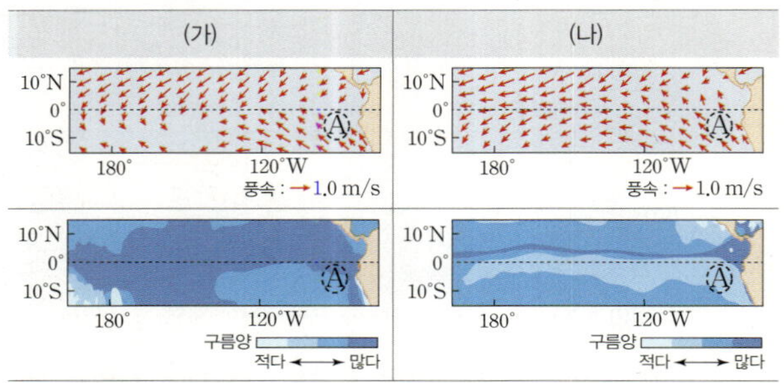

이에 대한 설명으로 옳은 것만을 〈보기〉에서 있는 대로 고른 것은?

| 보기 |
ㄱ. A 해역의 수온은 (가)가 (나)보다 높다.
ㄴ. 남적도 해류의 세기는 (가)가 (나)보다 강하다.
ㄷ. 태평양 적도 부근 해역에서 구름양은 라니냐 시기가 엘니뇨 시기보다 적다.

① ㄱ ② ㄴ ③ ㄱ, ㄷ
④ ㄴ, ㄷ ⑤ ㄱ, ㄴ, ㄷ

수능 기출 변형

07 그림 (가)는 태평양 적도 부근 해역에서 무역풍의 동서 성분 풍속 편차를, (나)는 해역 A와 B에서의 기압 편차를 나타낸 것이다. a 시기와 b 시기는 각각 엘니뇨 시기와 라니냐 시기 중 하나이고, A와 B는 각각 동태평양 적도 부근 해역과 서태평양 적도 부근 해역 중 하나이다. 편차는 (관측값−평년값)이다.

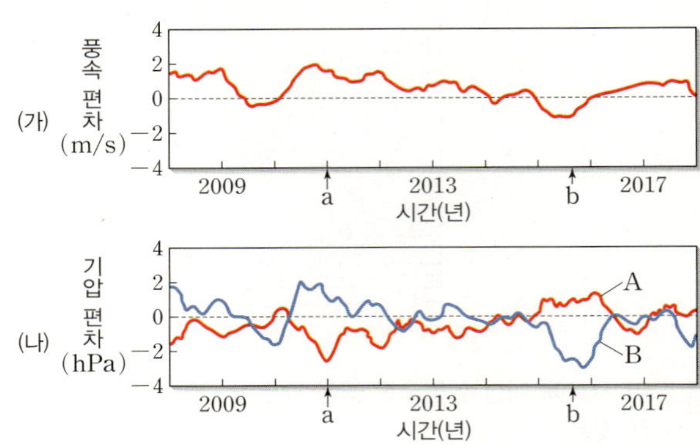

이 자료에 대한 설명으로 옳은 것만을 〈보기〉에서 있는 대로 고른 것은? (단, 무역풍에서 서쪽으로 향하는 방향을 양(＋)으로 한다.)

| 보기 |
ㄱ. a는 엘니뇨 시기이다.
ㄴ. a 시기에 표층 수온 편차가 음(−)의 값을 갖는 해역은 A이다.
ㄷ. B에서 수온 약층이 나타나는 깊이는 b 시기가 a 시기보다 깊다.

① ㄱ ② ㄷ ③ ㄱ, ㄴ
④ ㄴ, ㄷ ⑤ ㄱ, ㄴ, ㄷ

평가원 기출 변형

08 그림 (가)는 북반구 여름철에 관측한 태평양 적도 부근 해역의 표층 수온 편차(관측값−평년값)를, (나)는 이 시기에 관측한 북서 태평양 중위도 해역의 표층 수온 편차를 나타낸 것이다. 이 시기는 엘니뇨 시기와 라니냐 시기 중 하나이다.

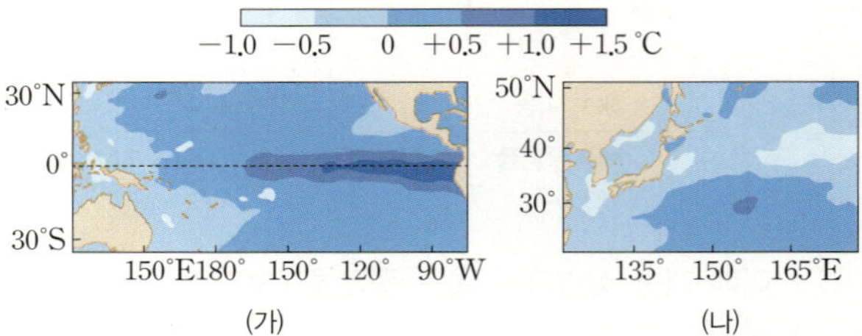

이 자료에 근거해서 평년과 비교할 때, 이 시기에 대한 설명으로 옳은 것만을 〈보기〉에서 있는 대로 고른 것은?

| 보기 |
ㄱ. 동태평양 적도 부근 연안에서는 홍수가 심하다.
ㄴ. 서태평양 적도 해역에서는 하강 기류가 강하다.
ㄷ. 우리나라 주변 해역의 표층 수온이 낮다.

① ㄱ ② ㄷ ③ ㄱ, ㄴ
④ ㄴ, ㄷ ⑤ ㄱ, ㄴ, ㄷ

09 그림 (가)는 엘니뇨가 발생한 시기에 태평양의 대기 순환을, (나)는 남방 진동 지수(타히티의 해면 기압−다윈의 해면 기압)를 나타낸 것이다.

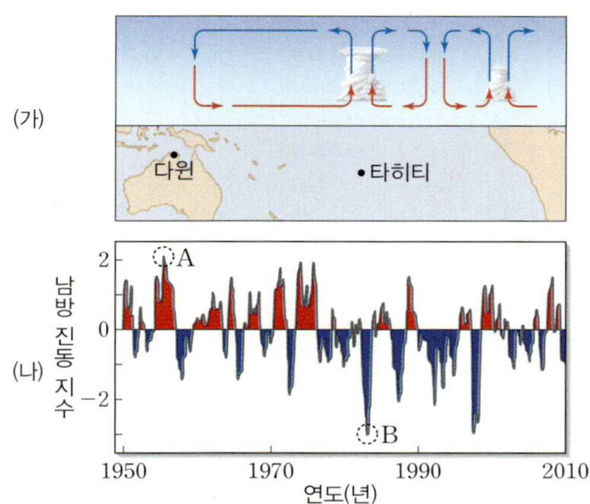

이에 대한 설명으로 옳은 것만을 〈보기〉에서 있는 대로 고른 것은?

| 보기 |
ㄱ. (가)는 A 시기에 해당한다.
ㄴ. 동태평양과 서태평양의 해수면 높이 차이는 A 시기가 B 시기보다 크다.
ㄷ. 동태평양 적도 해역에서 수온 약층이 나타나는 깊이는 A 시기가 B 시기보다 깊다.

① ㄱ   ② ㄴ   ③ ㄱ, ㄷ
④ ㄴ, ㄷ   ⑤ ㄱ, ㄴ, ㄷ

10 그림 (가)는 지구 공전 궤도 이심률의 변화를, (나)는 ㉠ 시기의 지구 자전축 방향과 공전 궤도를 나타낸 것이다. 지구 자전축 세차 운동의 주기는 약 26000년이며 세차 운동의 방향은 지구의 공전 방향과 반대이다.

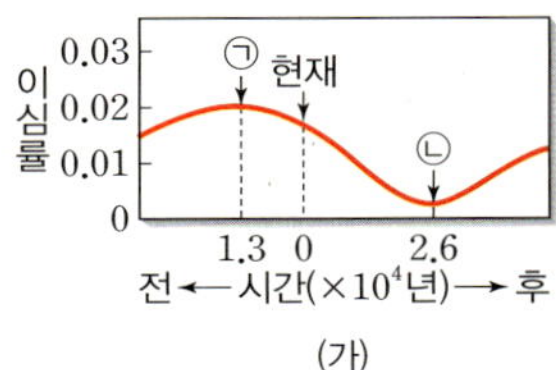

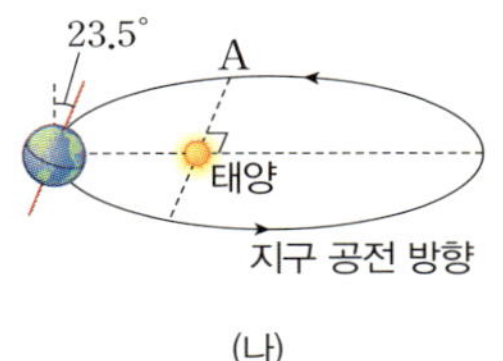

이에 대한 설명으로 옳은 것만을 〈보기〉에서 있는 대로 고른 것은? (단, 지구 공전 궤도 이심률과 자전축 경사 방향 이외의 요인은 고려하지 않는다.)

| 보기 |
ㄱ. 현재 북반구는 근일점에서 여름철이다.
ㄴ. 현재로부터 약 6500년 후 지구가 A 부근에 있을 때 우리나라는 겨울철이 된다.
ㄷ. 북반구 기온의 연교차는 ㉠ 시기가 ㉡ 시기보다 크다.

① ㄱ   ② ㄴ   ③ ㄱ, ㄷ
④ ㄴ, ㄷ   ⑤ ㄱ, ㄴ, ㄷ

11 그림 (가)는 지구 자전축 경사각 변화를, (나)는 지구 공전 궤도의 이심률 변화를 나타낸 것이다.

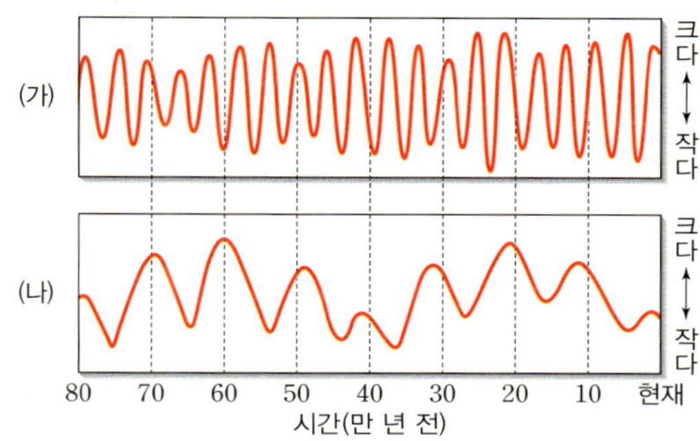

이에 대한 설명으로 옳은 것만을 〈보기〉에서 있는 대로 고른 것은? (단, 지구 자전축 경사각과 지구 공전 궤도의 이심률 이외의 요인은 고려하지 않는다.)

| 보기 |
ㄱ. 변화 주기는 (가)가 (나)보다 2배 길다.
ㄴ. 60만 년 전 북반구는 현재보다 기온의 연교차가 컸을 것이다.
ㄷ. 20만 년 전 남반구에서 근일점과 원일점에서 받는 일사량의 차이는 현재보다 컸을 것이다.

① ㄱ   ② ㄴ   ③ ㄷ
④ ㄱ, ㄴ   ⑤ ㄴ, ㄷ

12 그림 (가)와 (나)는 지구 공전 궤도의 이심률 변화를 나타낸 것이다.

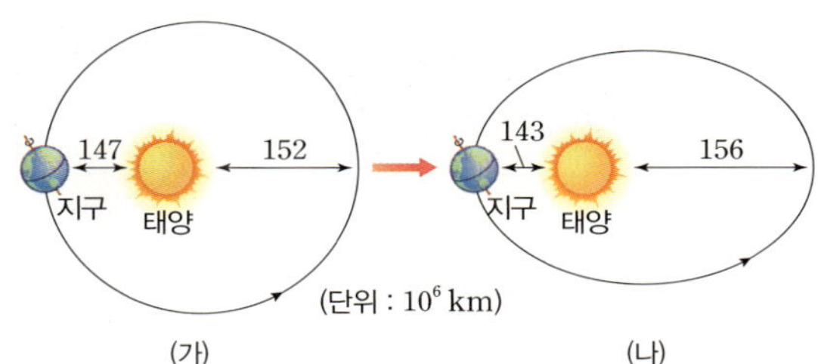

지구 공전 궤도의 이심률이 (가)에서 (나)로 변하는 경우에 나타나는 현상에 대한 설명으로 옳은 것만을 〈보기〉에서 있는 대로 고른 것은? (단, 지구 공전 궤도 이심률 이외의 요인은 고려하지 않는다.)

| 보기 |
ㄱ. 북반구는 6월에 겨울이 된다.
ㄴ. 남반구의 겨울철 기온은 낮아진다.
ㄷ. 북반구에서는 기온의 연교차가 작아진다.

① ㄱ   ② ㄴ   ③ ㄷ
④ ㄱ, ㄷ   ⑤ ㄴ, ㄷ

13

그림은 1900년부터 2010년까지 북극해 얼음 면적과 전 지구 평균 해수면 높이를 A와 B로 순서 없이 나타낸 것이다.

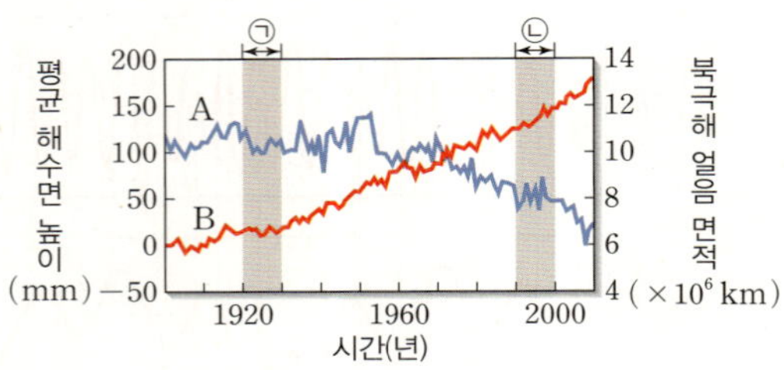

이에 대한 설명으로 옳은 것만을 〈보기〉에서 있는 대로 고른 것은?

보기

ㄱ. A는 전 지구 평균 해수면의 높이를 나타낸 것이다.
ㄴ. 북극 해역의 평균 기온은 ㉠ 기간이 ㉡ 기간보다 높다.
ㄷ. 북극 해역에서 태양 복사 에너지 반사율은 ㉠ 기간이 ㉡ 기간보다 높다.

① ㄱ ② ㄷ ③ ㄱ, ㄴ
④ ㄴ, ㄷ ⑤ ㄱ, ㄴ, ㄷ

14

그림은 복사 평형 상태에 있는 지구의 열수지를 나타낸 것이다.

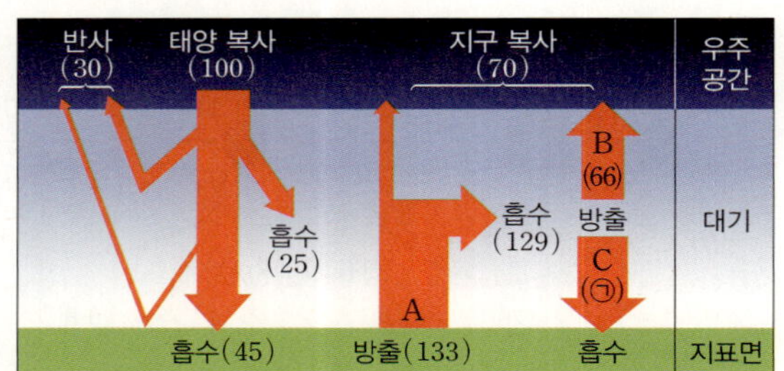

이에 대한 설명으로 옳은 것만을 〈보기〉에서 있는 대로 고른 것은?

보기

ㄱ. 대규모 화산 분출은 A를 증가시키는 역할을 한다.
ㄴ. B와 C는 대부분 적외선 복사로 방출된다.
ㄷ. 대기 중의 이산화 탄소 농도가 증가하면 ㉠은 88보다 감소할 것이다.

① ㄱ ② ㄴ ③ ㄱ, ㄷ
④ ㄴ, ㄷ ⑤ ㄱ, ㄴ, ㄷ

15

그림 (가)는 지구에 입사하는 파장별 태양 복사 에너지의 세기를, (나)는 복사 평형 상태에 있는 지구의 열수지를 나타낸 것이다.

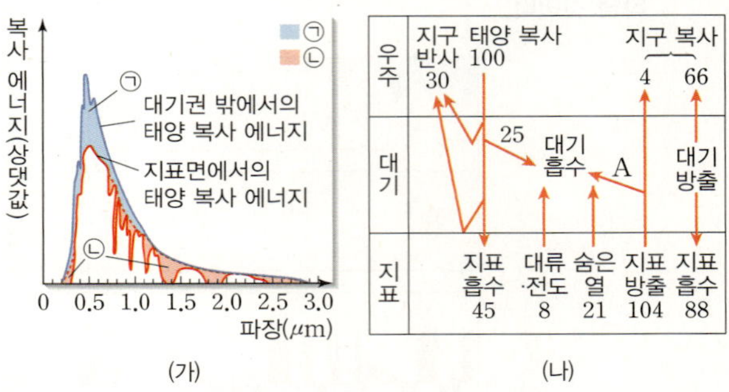

이에 대한 설명으로 옳은 것만을 〈보기〉에서 있는 대로 고른 것은?

보기

ㄱ. 성층권에 도달한 다량의 화산재는 ㉠을 증가시킨다.
ㄴ. ㉡은 A에 해당한다.
ㄷ. 지표에 흡수되는 태양 복사 에너지는 자외선 영역이 적외선 영역보다 많다.

① ㄱ ② ㄴ ③ ㄱ, ㄷ
④ ㄴ, ㄷ ⑤ ㄱ, ㄴ, ㄷ

16

그림은 지구 온난화의 원인과 결과의 일부를 나타낸 것이다.

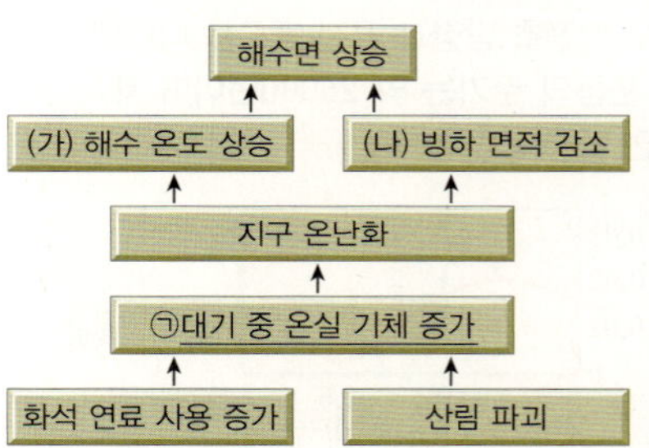

이에 대한 설명으로 옳은 것만을 〈보기〉에서 있는 대로 고른 것은?

보기

ㄱ. (가)로 인해 표층 해수의 용존 이산화 탄소량은 감소한다.
ㄴ. (나)로 인해 극지방에서 지표면의 반사율은 감소한다.
ㄷ. ㉠에 의한 복사 에너지의 흡수율은 적외선 영역이 가시광선 영역보다 높다.

① ㄱ ② ㄷ ③ ㄱ, ㄴ
④ ㄴ, ㄷ ⑤ ㄱ, ㄴ, ㄷ

01 그림 (가)는 에크만 수송을, (나)는 연안 용승이 일어나는 캘리포니아 해역의 표층 수온 분포를 나타낸 것이다.

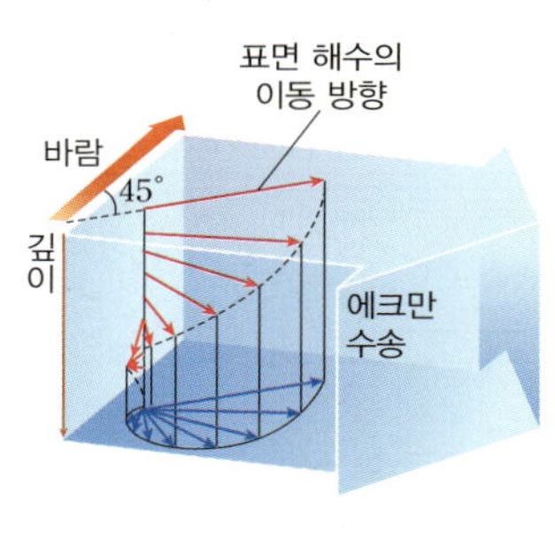

(가)

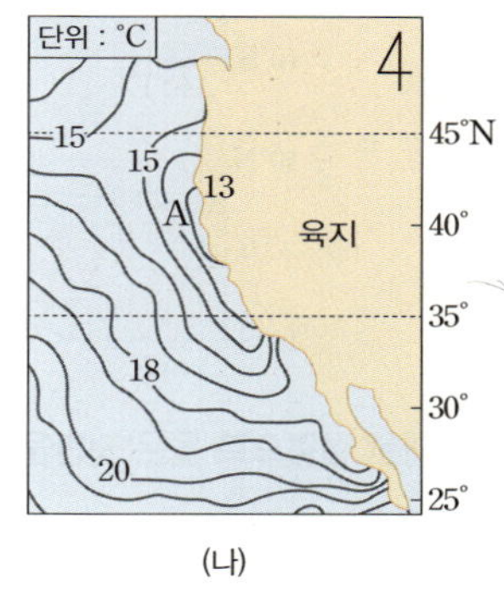

(나)

이에 대한 설명으로 옳은 것만을 〈보기〉에서 있는 대로 고른 것은?

┌ 보기 ├
ㄱ. 북반구에서는 바람 방향의 오른쪽 45° 방향으로 에크만 수송이 일어난다.
ㄴ. A 해역에서는 북풍 계열의 바람이 지속적으로 불고 있다.
ㄷ. A 해역은 주변 해역에 비해 수온 약층이 나타나는 깊이가 깊어진다.

① ㄱ 　　② ㄴ 　　③ ㄷ
④ ㄴ, ㄷ 　　⑤ ㄱ, ㄴ, ㄷ

01 북반구 대륙의 서해안에서 [　　] 계열의 바람이 지속적으로 불면 에크만 수송은 동쪽으로 일어난다.

02 그림은 태평양 적도 해역의 표층 해류의 평균 유속 분포이다.

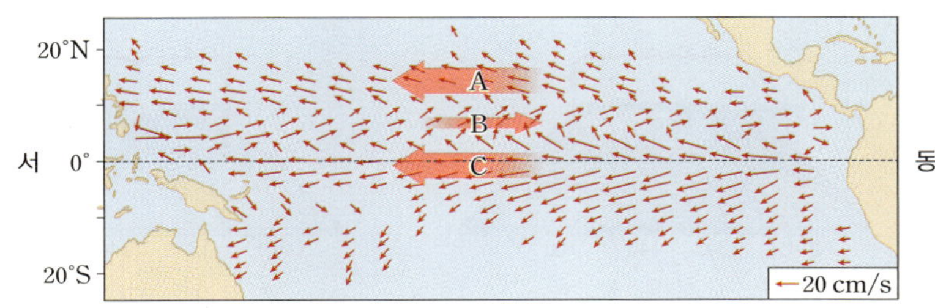

이에 대한 설명으로 옳은 것만을 〈보기〉에서 있는 대로 고른 것은?

┌ 보기 ├
ㄱ. A와 B는 아열대 순환을 이룬다.
ㄴ. 적도 부근의 동쪽 해역에서는 침강이 일어난다.
ㄷ. A와 C는 해들리 순환의 지상풍에 의해 형성된 해류이다.

① ㄱ 　　② ㄷ 　　③ ㄱ, ㄴ
④ ㄴ, ㄷ 　　⑤ ㄱ, ㄴ, ㄷ

02 아열대 순환은 무역풍과 편서풍에 의해 형성된 해류로 이루어진 순환으로, 북반구에서는 [　　　] 방향으로 순환하고, 남반구에서는 [　　　] 방향으로 순환한다.

기본 개념 확인

03 라니냐 시기에는 열대 동태평양의 강수량이 평상시보다 [   ]한다.

04 남방 진동 지수는 라니냐 시기에는 큰 [   ]의 값이고, 엘니뇨 시기에는 큰 [   ]의 값이다.

---

03 그림 (가)와 (나)는 서로 다른 시기에 태평양 적도 부근 해역에서 깊이에 따른 수온을 측정하여 수온이 20 °C인 곳의 깊이를 나타낸 것이다. (가)와 (나)는 각각 엘니뇨와 라니냐 시기 중 하나이다.

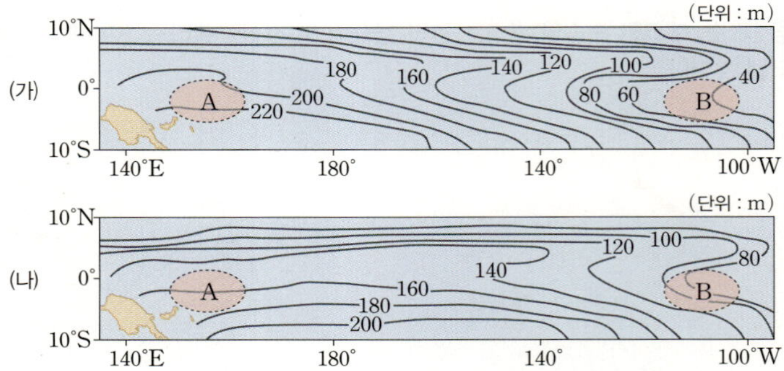

이에 대한 설명으로 옳은 것만을 〈보기〉에서 있는 대로 고른 것은?

| 보기 |

ㄱ. 남적도 해류는 (가) 시기가 (나) 시기보다 약하다.
ㄴ. A 해역에서 상승 기류는 (가) 시기가 (나) 시기보다 활발하다.
ㄷ. A와 B 해역의 해수면 높이 차는 (가) 시기가 (나) 시기보다 크다.

① ㄱ   ② ㄴ   ③ ㄱ, ㄷ
④ ㄴ, ㄷ   ⑤ ㄱ, ㄴ, ㄷ

---

04 그림 (가)와 (나)는 엘니뇨와 라니냐 시기의 열대 태평양의 대기 순환을 순서 없이 나타낸 것이다.

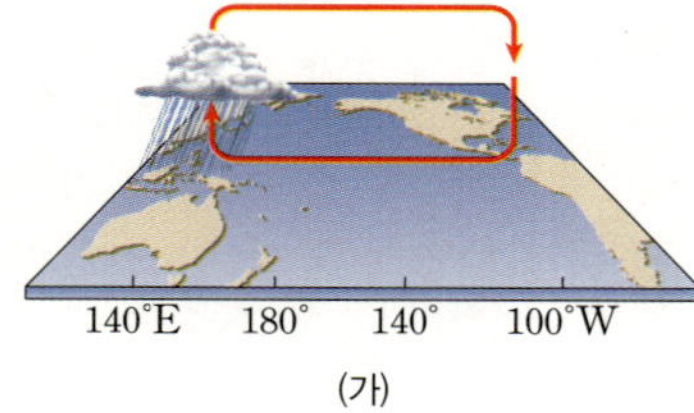
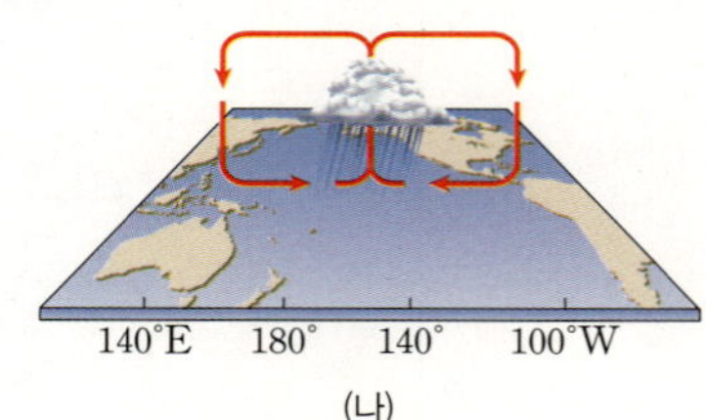

이에 대한 설명으로 옳은 것만을 〈보기〉에서 있는 대로 고른 것은?

| 보기 |

ㄱ. (가)는 엘니뇨 시기이다.
ㄴ. 남방 진동 지수는 (가)가 (나)보다 크다.
ㄷ. 동태평양의 강수량은 (가)가 (나)보다 많다.

① ㄱ   ② ㄴ   ③ ㄱ, ㄷ
④ ㄴ, ㄷ   ⑤ ㄱ, ㄴ, ㄷ

05 그림 (가)는 현재 지구의 공전 궤도에서 근일점과 원일점의 위치를, (나)는 현재를 기준으로 1만 년 전부터 1만 년 후까지 지구 공전 궤도 이심률의 변화를 나타낸 것이다.

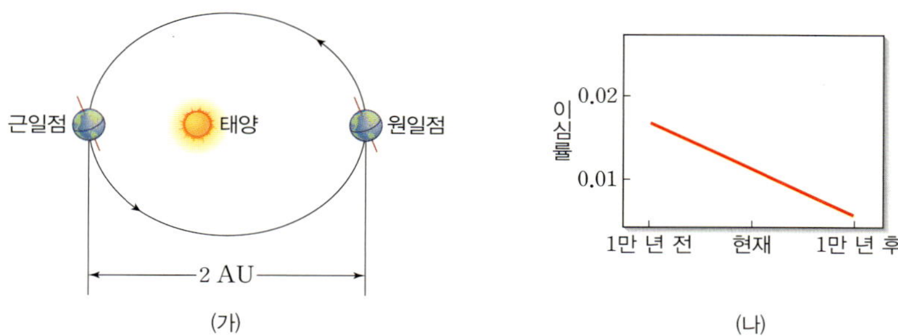

이에 대한 설명으로 옳은 것만을 〈보기〉에서 있는 대로 고른 것은? (단, 지구 공전 궤도 이심률 이외의 요인은 변하지 않는다고 가정한다.)

| 보기 |
ㄱ. 1만 년 후에는 근일점과 원일점 사이의 거리가 2 AU보다 작을 것이다.
ㄴ. 남반구 중위도 지역에서 기온의 연교차는 1만 년 전이 현재보다 컸다.
ㄷ. 1만 년 전보다 1만 년 후에 우리나라에서 겨울철 태양의 남중 고도는 높아진다.

① ㄱ　　　　　② ㄴ　　　　　③ ㄱ, ㄷ
④ ㄴ, ㄷ　　　　⑤ ㄱ, ㄴ, ㄷ

05 현재 남반구는 근일점에서 ☐☐☐☐ 철이고, 원일점에서 ☐☐☐☐ 철이다.

---

06 그림 (가)와 (나)는 현재와 11500년 후의 지구 자전축 경사각과 자전축의 경사 방향을 나타낸 것이다.

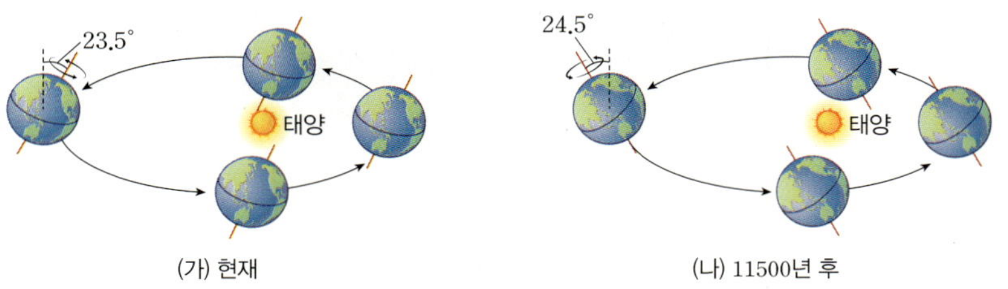

(가)에서 (나)로 변할 때 나타나는 현상으로 옳은 것만을 〈보기〉에서 있는 대로 고른 것은? (단, 지구 자전축 경사각과 경사 방향 이외의 요인은 고려하지 않는다.)

| 보기 |
ㄱ. 북반구에서 기온의 연교차는 현재보다 작아진다.
ㄴ. 우리나라의 여름철 낮의 길이가 길어진다.
ㄷ. 지구가 근일점과 원일점에서 받는 일사량의 차이가 증가한다.

① ㄱ　　　　　② ㄴ　　　　　③ ㄱ, ㄷ
④ ㄴ, ㄷ　　　　⑤ ㄱ, ㄴ, ㄷ

06 지구 자전축의 경사각이 커지면 여름철 기온은 ☐☐☐☐ 아지고, 겨울철 기온은 ☐☐☐☐ 아진다.

기본 개념 확인

07 화산이 폭발할 때 분출하는 화산재는 지구의 반사율을 [   ]시키는 역할을 한다.

07 그림은 지구에 입사되는 태양 복사 에너지를 파장에 따라 나타낸 것이고, 음영 부분은 대기 성분에 의해 흡수되는 영역을 나타낸 것이다.

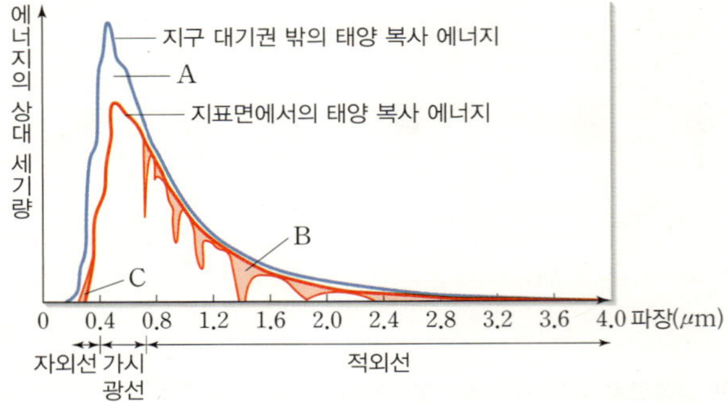

이에 대한 설명으로 옳은 것만을 〈보기〉에서 있는 대로 고른 것은?

┤보기├
ㄱ. 대규모 화산 분출에 의해 A가 증가한다.
ㄴ. 대기 중 온실 기체의 농도가 증가하면 B가 증가한다.
ㄷ. C의 흡수로 인해 대류권의 온도가 높아진다.

① ㄱ   ② ㄴ   ③ ㄷ
④ ㄱ, ㄴ   ⑤ ㄴ, ㄷ

08 지구는 전체적으로 흡수하는 태양 복사 에너지의 양과 방출하는 지구 복사 에너지의 양이 같은 [   ] 상태이므로, 지구의 연평균 기온은 대체로 [   ]하게 유지된다.

08 그림은 복사 평형 상태에 있는 지구의 열수지를 나타낸 것이다.

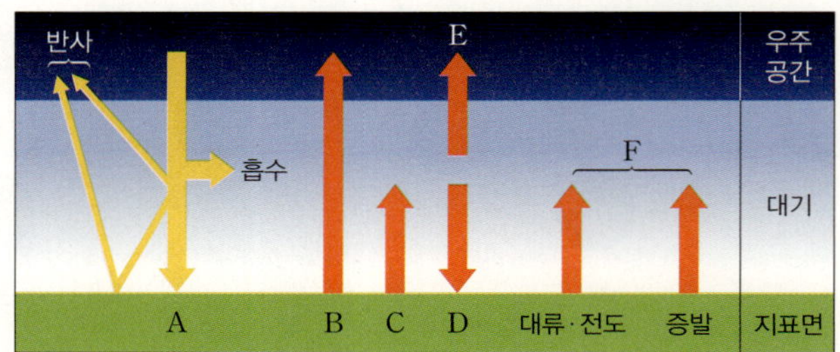

이에 대한 설명으로 옳은 것만을 〈보기〉에서 있는 대로 고른 것은?

┤보기├
ㄱ. (A+D)와 (B+C)의 차는 F보다 크다.
ㄴ. D는 지구 온난화가 진행될수록 증가한다.
ㄷ. F가 일정할 때, 사막의 면적이 넓어지면 대류·전도에 의한 열 전달이 증가한다.

① ㄱ   ② ㄴ   ③ ㄱ, ㄷ
④ ㄴ, ㄷ   ⑤ ㄱ, ㄴ, ㄷ

S 대단원 예상 적중 자료 정리

① 전선 통과 후 날씨의 변화
5강_ 48쪽 2번

그림은 어느 지점에서 측정한 전선 통과 전후의 기상 요소 변화를 나타낸 것이다. A, B는 각각 기압, 기온 중 하나이다.

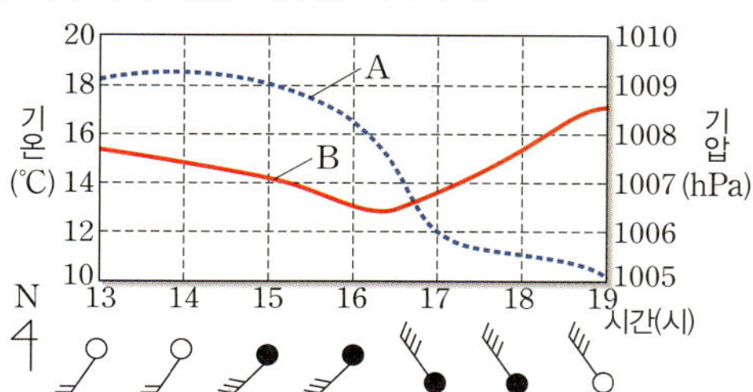

분석 포인트 ▶▶▶
온난 전선이 통과하면 기온이 상승하고 기압은 하강하며, 한랭 전선이 통과하면 기온이 하강하고 기압은 상승한다.

자료 집중 분석
- 온대 저기압에 동반된 온난 전선 전면에서는 남동풍, 온난 전선과 한랭 전선 사이에서는 ①　　　, 한랭 전선의 후면에서는 북서풍이 분다.
- 16시 이전에는 남서풍이, 17시 이후에는 북서풍이 불었으므로 16시와 17시 사이에는 ②　　　 전선이 통과하였다.
- 16시와 17시 사이에 하강한 A는 ③　　　 이고, 상승한 B는 ④　　　 이다.
- 한랭 전선 후면에서는 적운형 구름이 발달하고, 강수는 ⑤　　　 형태로 내린다.

② 태풍
5강_ 50쪽 5번

그림 (가)는 어느 해 9월 9일부터 18일까지 태풍 중심의 위치와 기압을 1일 간격으로 나타낸 것이고, (나)는 12일, 14일, 16일에 관측한 이 태풍 중심의 이동 방향과 이동 속도를 순서 없이 나타낸 것이다. 화살표의 길이는 속도를 나타낸다.

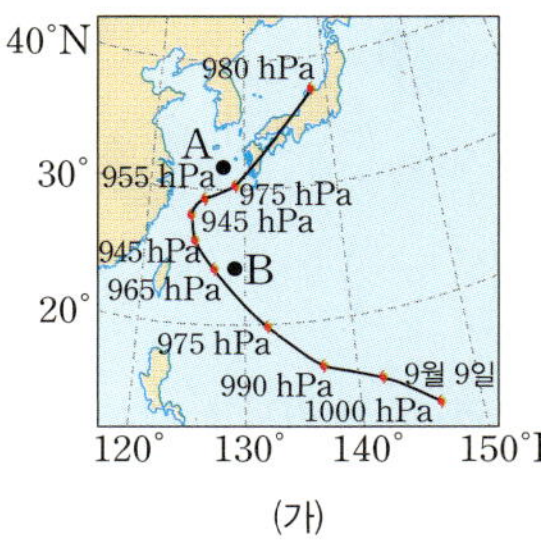
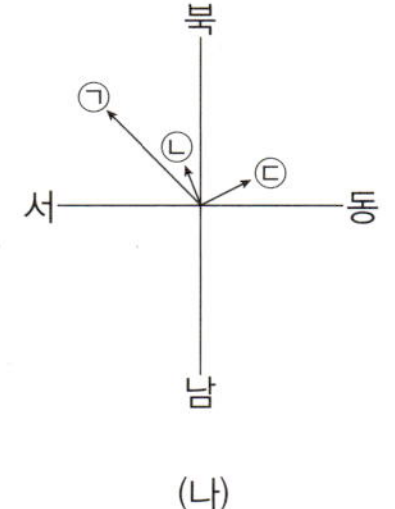

분석 포인트 ▶▶▶
태풍 진행 방향의 오른쪽 지역은 위험 반원, 왼쪽 지역은 안전 반원(가항 반원)이라고 한다.

자료 집중 분석
- A 지점은 ⑥　　　 반원, B 지점은 ⑦　　　 반원이다.
- (가)에서 12일과 14일은 태풍의 이동 방향이 ⑧　　　 쪽이고, 16일은 북동쪽이다. (나)에서 ㉠은 12일, ㉡은 14일, ㉢은 16일에 관측한 태풍 중심의 이동 방향과 속도이다.
- 태풍 진행 방향의 오른쪽 지역에서는 풍향이 ⑨　　　 방향으로 변하고, 왼쪽 지역에서는 ⑩　　　 방향으로 변한다.

③ 악기상 – 폭설
5강_ 51쪽 8번

다음은 중부 지방 폭설에 대한 어느 신문 기사의 일부를 나타낸 것이다.

서울 폭설에 도로 빙판…
퇴근길 '북새통'
5일 서울을 비롯한 중부 지방을 중심으로 쏟아진 많은 눈은 밤에 대부분 그치겠으며, 6일 아침에는 올 겨울 들어 가장 강력한 추위가 몰려올 전망이다.

20△△년 12월 5일 △△뉴스

분석 포인트 ▶▶▶
우리나라의 겨울철에 서해안 지방에서 발생하는 폭설 피해는 시베리아 기단의 변질에 의한 것이다.

자료 집중 분석
- 기단이 발원지를 떠나 다른 곳으로 이동하여 성질이 변하는 것을 ⑪　　　 이라고 한다.
- 우리나라의 겨울철에는 ⑫　　　 의 기압 배치가 자주 나타나며, 등압선 간격이 조밀하여 강한 북서 계절풍이 분다.
- 겨울철에 한랭한 시베리아 기단이 따뜻한 황해상을 지나면서 변질되어 기층이 불안정해지면서 상승 기류가 발달하여 ⑬　　　 구름이 형성된다. 이로 인해 우리나라 중부 지방과 서해안에는 폭설이 내리기도 한다.

④ 해수의 수온과 염분
6강_ 59쪽 1번

표는 북태평양에 위치한 세 해역 A, B, C에서의 풍속과 표층 염분을 나타낸 것이다.

구분	A 해역	B 해역	C 해역
위도(°N)	5	30	80
풍속(m/s)	2~3	5~6	8~9
표층 염분(psu)	33.0	35.5	33.5

분석 포인트 ▶▶▶
해수의 층상 구조는 깊이에 따른 수온 변화를 기준으로 수온이 거의 일정한 혼합층, 수온이 급격히 감소하는 수온 약층, 연중 수온 변화가 거의 없는 심해층으로 구분한다.

자료 집중 분석
- 바람의 혼합 작용으로 인해 수온이 거의 일정한 층은 ⑭　　　 으로 바람이 강할수록 두껍게 나타난다.
- A, B, C 중 표층 해수의 밀도는 저위도에 위치하고 표층 염분이 가장 적은 ⑮　　　 해역이 가장 작다.
- 수온 약층은 혼합층 아래에서 깊이에 따라 수온이 급격히 낮아지는 층으로 매우 ⑯　　　 하여 대류가 일어나지 않는다.
- C와 같은 고위도 해역의 표층수는 흡수하는 태양 복사 에너지가 매우 적어 심해층과 수온 차이가 거의 없기 때문에 ⑰　　　 이 발달하지 못한다.

5. 표층 순환과 수온 염분도

6강_ 61쪽 6번

그림 (가)는 북태평양 해수의 표층 순환을, (나)는 B와 C 해역의 표층 수온과 염분 관측값을 나타낸 것이다. ㉠과 ㉡은 각각 B와 C 해역의 관측값 중 하나이다.

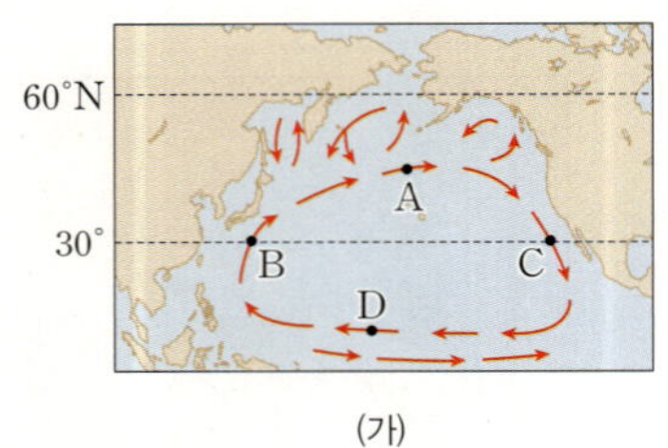
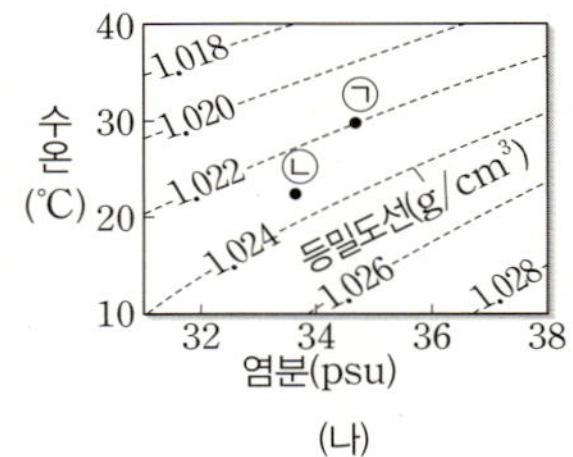

(가)　　　(나)

분석 포인트 ▶▶▶

동일한 위도에서는 난류가 한류보다 수온이 높으며, 편서풍과 무역풍의 영향으로 북태평양의 아열대 순환은 시계 방향으로 순환한다.

자료 집중 분석

- (가)에서 A 해역에서는 북태평양 해류, B 해역에서는 ⑱ [   ] 해류, C 해역에서는 캘리포니아 해류, D 해역에서는 북적도 해류가 흐른다.
- 용존 산소량은 기체의 용해도에 영향을 받는데 기체의 용해도는 온도가 ⑲ [   ] 을수록 크다.
- B 해역에는 난류가, C 해역에는 한류가 흐른다. 따라서 수온이 높은 ㉠이 ⑳ [   ] 해역, 수온이 낮은 ㉡이 ㉑ [   ] 해역에 해당하는 관측값이다.
- 수온 염분도에서 등밀도선의 값은 오른쪽 아래로 갈수록 ㉒ [   ] 한다.

6. 해류의 발생

6강_ 63쪽 9번

다음은 해류의 발생 원리를 알아보기 위한 실험이다.

[실험 과정]
(가) 수조 바닥에 온도계 A, B, C를 설치하고 25 ℃ 정도의 물을 채운 후 몇 개의 스타이로폼 조각을 띄운다.
(나) 종이컵 바닥에 작은 구멍을 뚫어 수조의 안쪽 측면에 고정시키고 얼음을 채운다.
(다) 파란색 잉크로 착색한 물을 종이컵에 천천히 부으면서 온도계 A, B, C의 온도 변화와 스타이로폼 조각의 움직임을 관찰한다.

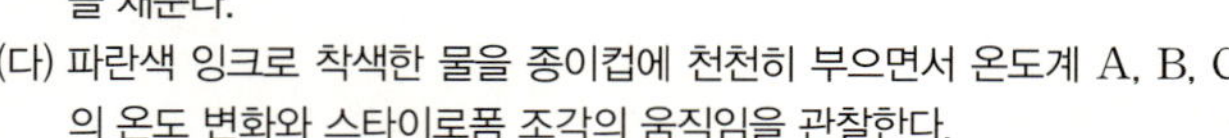

분석 포인트 ▶▶▶

이 실험을 통해 표층 순환과 심층 순환이 컨베이어 벨트처럼 연결되어 순환하고 있음을 알 수 있다.

자료 집중 분석

- 얼음이 든 종이컵을 통과한 물은 주변보다 밀도가 커서 ㉓ [   ] 하는 해역의 해수에 해당한다.
- 종이컵을 통과한 물은 수조 바닥에 가라앉은 후 바닥을 따라 천천히 ㉔ [   ] 방향으로 이동한다.
- 온도계 A, B, C는 ㉕ [   ] 순환의 이동 방향을, 스타이로폼 조각은 ㉖ [   ] 순환의 이동 방향을 알아보기 위한 것이다.
- 표층 순환과 심층 순환은 전 지구를 순환하며 열에너지를 수송하여 위도 간 에너지 ㉗ [   ] 을 해소시킨다.

7. 엘니뇨와 라니냐

7강_ 72쪽 4번

그림 (가)와 (나)는 엘니뇨와 라니냐 시기의 열대 태평양의 대기 순환을 순서 없이 나타낸 것이다.

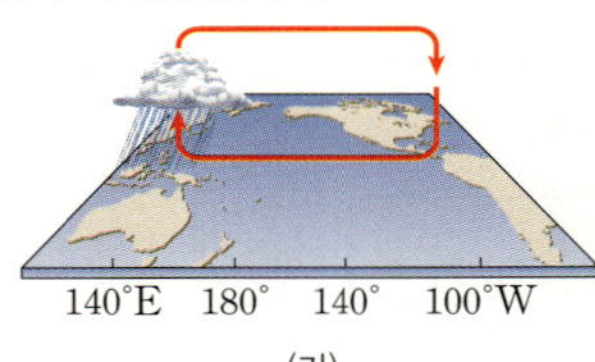
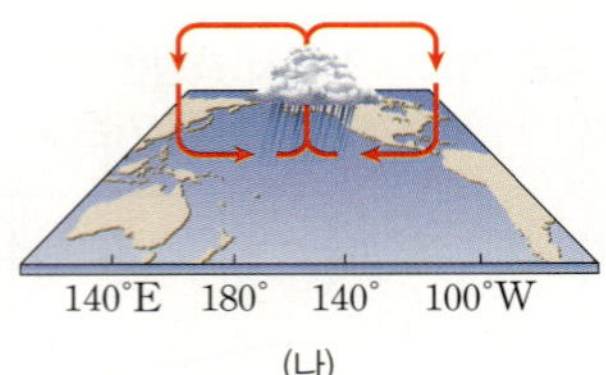

(가)　　　(나)

분석 포인트 ▶▶▶

엘니뇨 시기에는 워커 순환에서 공기가 상승하는 지역과 강수대가 동쪽으로 이동한다.

자료 집중 분석

- (가)는 ㉘ [   ] 시기이다. 무역풍이 평상시보다 강해지면 동태평양 해역에서는 용승이 강해지고, 따뜻한 해수는 서태평양 쪽으로 더욱 집중되므로 표층 수온의 동서 간 차이가 ㉙ [   ] 진다.
- (나)는 ㉚ [   ] 시기이다. 무역풍이 평상시보다 약해지면 동태평양 해역에서는 용승이 약해지고, 서태평양에서 동쪽으로 따뜻한 해수가 이동하여 태평양 중앙부에서 페루 연안에 이르는 해역의 표층 수온이 ㉛ [   ] 한다.
- 엘니뇨 시기의 워커 순환 : 엘니뇨 시기에는 열대 동태평양의 표층 수온이 상승하고 서태평양의 따뜻한 해수가 동쪽으로 이동하므로, (가)보다 (나)에서 공기가 상승하는 지역과 강수대가 ㉜ [   ] 쪽으로 이동한다.

8. 기후 변화 원인

7강_ 73쪽 6번

그림 (가)와 (나)는 현재와 11500년 후의 지구 자전축 경사각과 자전축의 경사 방향을 나타낸 것이다.

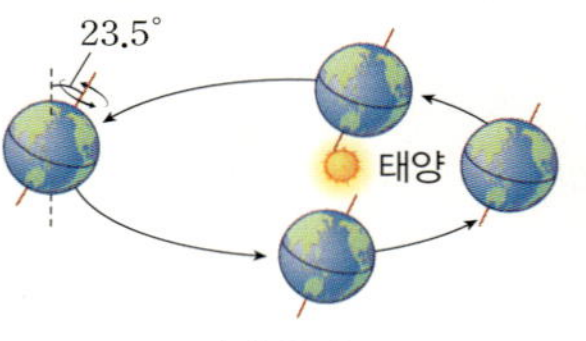
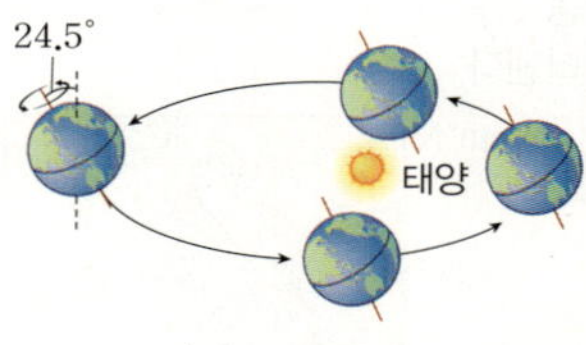

(가) 현재　　　(나) 11500년 후

분석 포인트 ▶▶▶

지구 자전축의 경사각이 클수록 기온의 연교차가 커지고, 세차 운동에 의해 자전축의 경사 방향이 반대가 되면 근일점과 원일점에서 계절이 바뀐다.

자료 집중 분석

- ㉝ [   ] 운동 : 지구의 자전축이 약 26000년을 주기로 회전하는 운동으로, 약 13000년 후에는 현재와 자전축의 경사 방향이 반대가 된다.
- 현재 북반구는 근일점에서 ㉞ [   ] 철이고, 원일점에서 ㉟ [   ] 철이다. (나)에서는 자전축의 경사 방향이 현재와 반대이므로 근일점에서 여름철이고 원일점에서 겨울철이 된다.
- 자전축의 기울기 변화 : 지구 자전축의 경사각이 약 ㊱ [   ] 년을 주기로 21.5°~24.5° 사이에서 변한다.
- 자전축의 기울기가 변하면 각 위도에서 받는 일사량이 변하므로 기후 변화가 생긴다.

Ⅲ 우주

08강 별의 물리량과 H-R도

III. 우주

A 별의 물리량				B H-R도와 별의 종류	
별의 색과 표면 온도	★★☆	별의 광도와 크기	★★★	H-R도	★★☆
분광형과 표면 온도	★★★	광도 계급(M-K 분류법)	★☆☆	H-R도와 별의 종류	★★★

빈의 변위 법칙
흑체의 표면 온도(T)가 높을수록 최대 에너지를 방출하는 파장(λ_{max})이 짧아진다.

$$\lambda_{max} = \frac{a}{T}$$
$$(a = 2.898 \times 10^3 \ \mu m \cdot K)$$

색지수(B−V)

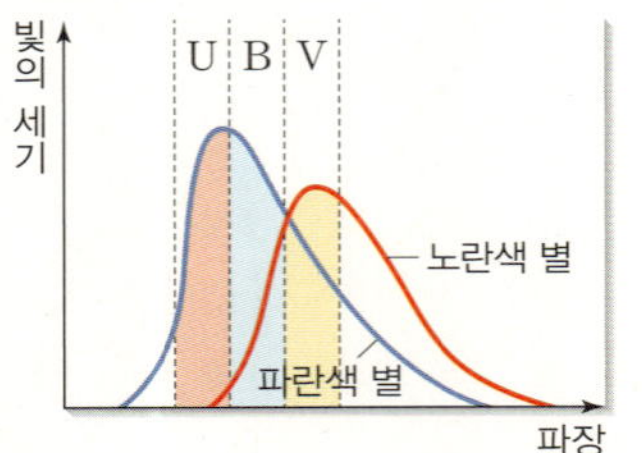

- 파란색 별 : B 등급 < V 등급
  ➡ 색지수는 (−)값
- 노란색 별 : B 등급 > V 등급
  ➡ 색지수는 (+)값

슈테판 · 볼츠만 법칙
흑체가 단위 시간 동안 단위 면적에서 방출하는 에너지양(E)은 표면 온도(T)의 4제곱에 비례한다.

$$E = \sigma T^4$$
$$(\sigma = 5.670 \times 10^{-8} \ W \cdot m^{-2} \cdot K^{-4})$$

H−R도와 광도 계급

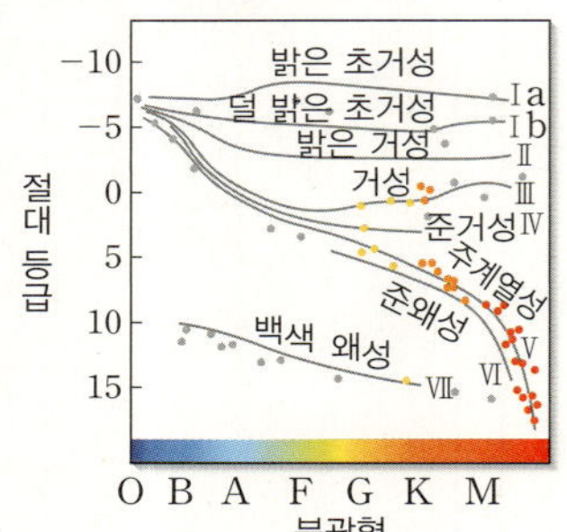

초거성은 밝기에 따라 Ⅰa(밝은 초거성)와 Ⅰb(덜 밝은 초거성)로 나눈다.

A 별의 물리량

1. 별의 색과 표면 온도
(1) 별의 색과 표면 온도 : 빈의 변위 법칙에 따라 표면 온도가 높은 별일수록 최대 에너지를 방출하는 파장이 짧아 파란색으로 보인다.
(2) 색지수와 표면 온도 : 별의 표면 온도가 높을수록 색지수(B−V)가 작다.

2. 분광형과 표면 온도 별의 표면 온도에 따른 흡수선의 종류와 세기를 기준으로 별의 분광형을 O, B, A, F, G, K, M형의 7개로 분류하며, 각각의 분광형은 0(고온)~9(저온)의 10등급으로 세분한다.

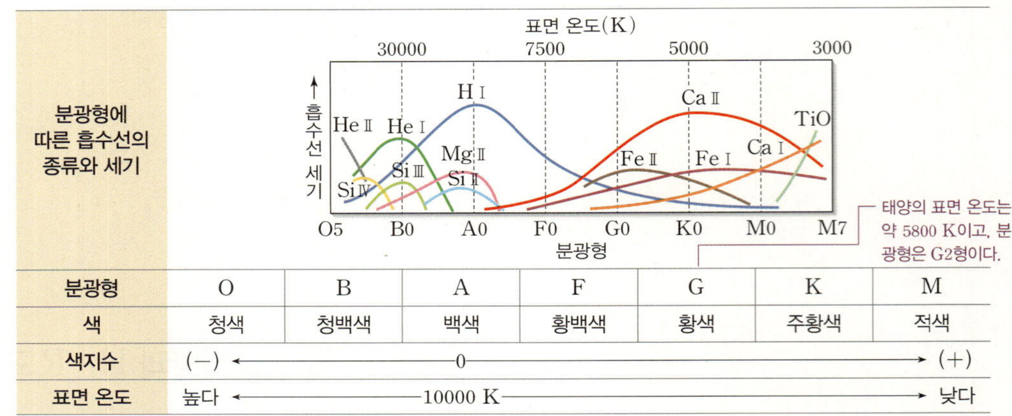

태양의 표면 온도는 약 5800 K이고, 분광형은 G2형이다.

분광형	O	B	A	F	G	K	M
색	청색	청백색	백색	황백색	황색	주황색	적색
색지수	(−)	⟵		0		⟶	(+)
표면 온도	높다	⟵		10000 K		⟶	낮다

3. 별의 광도와 크기 — 광도는 별의 절대 등급과 태양의 절대 등급을 비교하여 구한다.
(1) 별의 광도(L) : 별의 표면에서 단위 시간 동안 방출하는 총 에너지양 ➡ 광도는 별의 표면적($4\pi R^2$)과 별이 단위 시간 동안 단위 면적에서 방출하는 에너지양(σT^4)을 곱하여 구할 수 있다.

$$L = 4\pi R^2 \cdot \sigma T^4$$
$$\Rightarrow R = \sqrt{\frac{L}{4\pi\sigma T^4}}$$

(2) 별의 크기(R) : 별의 광도(L)와 표면 온도(T)를 알면 별의 반지름을 구할 수 있다.

4. 광도 계급(M−K 분류법) 별을 Ⅰ~Ⅶ로 분류하며, 분광형이 같을 때 광도 계급의 숫자가 클수록 광도와 반지름이 작아진다. — 태양은 표면 온도가 약 5800 K이고 주계열성이므로, 태양은 M−K 분류법으로 G2 V이다.

B H−R도와 별의 종류

1. H−R도 가로축은 분광형(표면 온도, 색지수), 세로축은 별의 광도(절대 등급)로 하여 별의 분포를 나타낸 그래프

구분	물리량	별의 분포와 특징
가로축	분광형, 표면 온도, 색지수	왼쪽으로 갈수록 표면 온도가 높아지고, 색지수는 작아지며, 파란색을 띤다.
세로축	절대 등급, 광도	위쪽으로 갈수록 절대 등급이 작아지고 광도가 커진다.
대각선 방향	반지름, 밀도	오른쪽 위로 갈수록 별의 반지름은 커지고 밀도는 작아진다.

2. H-R도와 별의 종류

구분	분포	특징	예
주계열성	H-R도의 왼쪽 위에서 오른쪽 아래로 이어지는 좁은 띠 모양으로 분포	• H-R도의 왼쪽 위에 분포할수록 표면 온도가 높고, 광도, 반지름, 질량이 크다. • 별의 약 90 %는 주계열성에 속한다.	태양, 스피카, 시리우스 A
적색 거성	H-R도에서 주계열의 오른쪽 위에 분포	• 표면 온도가 낮아 붉은색을 띠며 반지름이 매우 커서 광도가 크다. • 주계열성보다 반지름이 크고 평균 밀도는 작다.	아르크투루스, 알데바란
초거성	H-R도에서 적색 거성보다 더 위에 분포	• 적색 거성보다 광도와 반지름이 크고, 평균 밀도는 작다.	베텔게우스, 안타레스
백색 왜성	H-R도에서 주계열성의 왼쪽 아래에 분포	• 표면 온도가 높아 백색으로 보이며, 반지름이 매우 작기 때문에 광도가 작다. • 주계열성보다 평균 밀도가 매우 크다.	시리우스 B

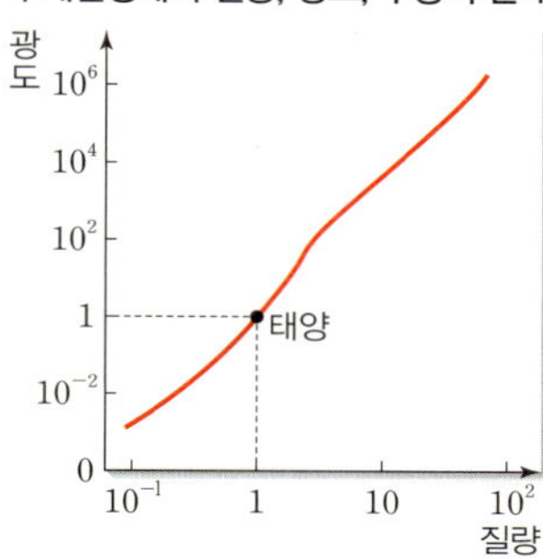

주계열성은 질량이 클수록 중심부 온도가 높고 크기가 커서 단위 시간 동안에 많은 양의 에너지를 방출하므로 광도는 크지만, 주계열 단계를 빨리 벗어나므로 주계열성의 수명이 짧다.

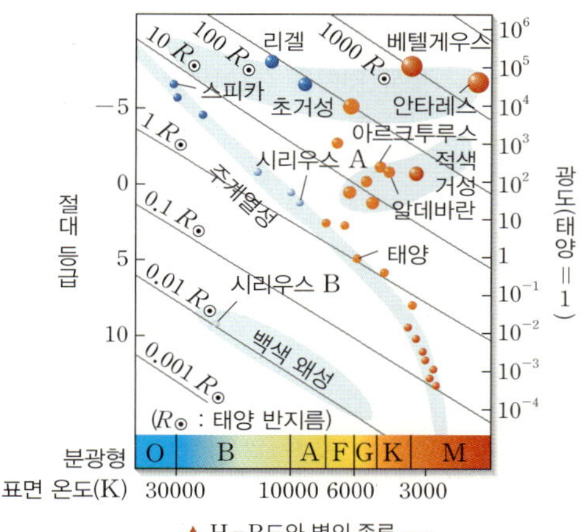

▲ H-R도와 별의 종류

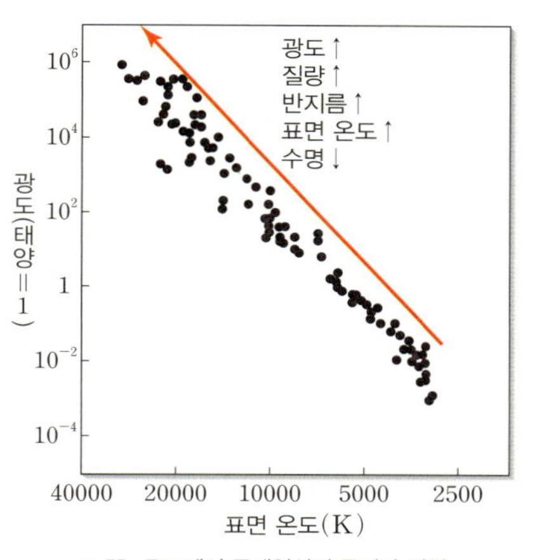

▲ H-R도에서 주계열성의 물리량 변화

광도가 매우 작거나 가시광선을 거의 방출하지 않는 중성자별이나 블랙홀은 H-R도에 나타나지 않는다.

기출 자료 | 분석

그림은 같은 성단의 별 a~d를 H-R도에 나타낸 것이다. 성단을 이루는 별의 나이는 같다.

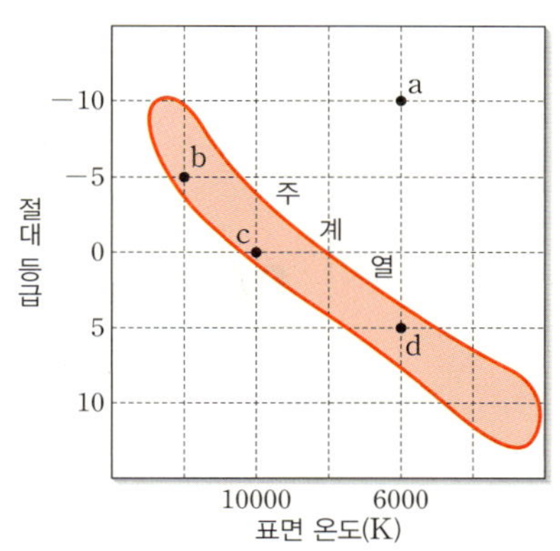

자료 체크 리스트
- [ ] 광도와 별의 크기 관계
- [ ] H-R도와 별의 특징
- [ ] 흡수선의 종류와 분광형

step 1 표면 온도와 광도를 이용하여 별의 크기 비교하기
광도는 반지름의 제곱과 표면 온도의 4제곱에 비례한다. a와 d는 표면 온도가 같고 광도는 a가 d보다 10^6배(절대 등급이 15등급 차이가 나므로) 더 크므로 반지름은 10^3배 크다.

step 2 H-R도상의 위치에 따른 별의 종류와 특징 파악하기
같은 성단을 이루는 별들은 나이가 같고, 별은 질량에 따라 진화 속도가 다르다. H-R도상에서 b, c, d는 주계열성이고, a는 초거성인데 a는 중심부에서 헬륨핵 융합 반응 등이 일어나므로 중심부 온도는 a가 가장 높다.

step 3 흡수선의 종류와 세기로부터 분광형 파악하기
수소 흡수선은 분광형이 A형인 별(표면 온도 약 10000 K)에서 가장 강하게 나타나므로 별 c에서 수소 흡수선이 가장 강하다.

교육청 기출 변형

01 그림은 주계열성의 색지수(B−V)와 표면 온도의 관계를 나타낸 것이다.

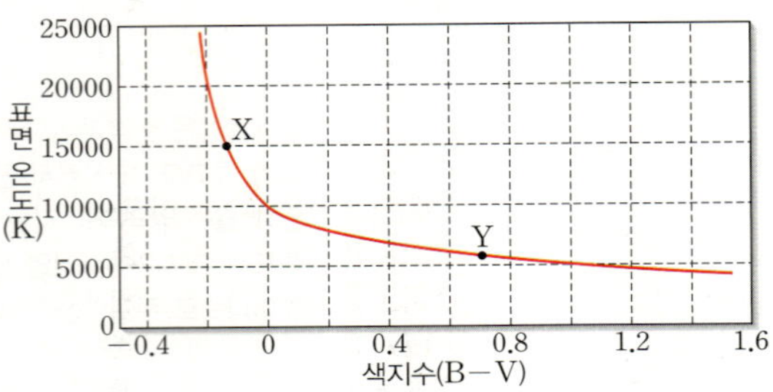

이에 대한 설명으로 옳은 것만을 〈보기〉에서 있는 대로 고른 것은?

|보기|
ㄱ. 표면 온도가 6000 K인 별은 B 등급이 V 등급보다 크다.
ㄴ. 표면 온도가 높은 별이 낮은 별보다 온도 차이에 따른 색지수 변화폭이 더 크다.
ㄷ. 별의 수명은 X가 Y보다 짧다.

① ㄱ　　　　② ㄴ　　　　③ ㄱ, ㄷ
④ ㄴ, ㄷ　　　⑤ ㄱ, ㄴ, ㄷ

교육청 기출 변형

02 그림은 별의 분광형에 따른 흡수선의 종류와 세기를, 표의 (가)와 (나)는 A형과 K형인 두 주계열성의 스펙트럼 특징을 순서 없이 나타낸 것이다.

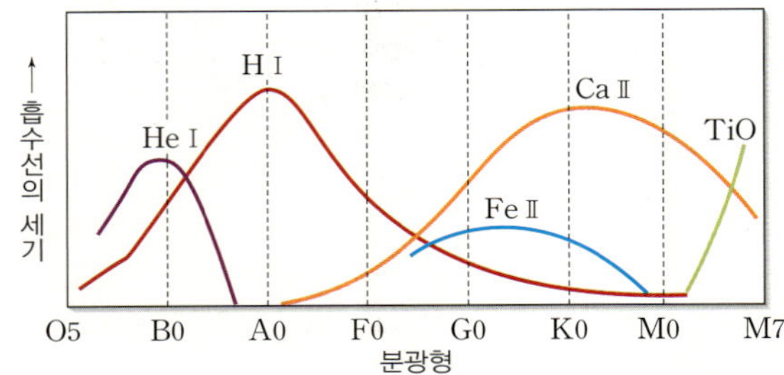

구분	스펙트럼 특징
(가)	수소(H I) 흡수선이 가장 강하게 나타난다.
(나)	칼슘 이온(Ca II) 흡수선이 가장 강하게 나타난다.

(가)의 별이 (나)의 별보다 더 큰 값을 가지는 물리량만을 〈보기〉에서 있는 대로 고른 것은?

|보기|
ㄱ. 색지수
ㄴ. 주계열에 머무르는 시간
ㄷ. 중심부에서 생성되는 에너지의 양

① ㄱ　　　　② ㄴ　　　　③ ㄷ
④ ㄱ, ㄴ　　　⑤ ㄱ, ㄷ

평가원 기출 변형

03 표는 밝은 별 5개의 스펙트럼형을 조사하여 A → O의 알파벳 순으로 나열하고, 그에 따른 색지수와 절대 등급을 조사하여 그 중 일부를 나타낸 것이다.

별	직녀성	리겔	프로키온	태양	스피카
스펙트럼형	A	B	F	G	O
색지수	0.0	( )	0.2	0.6	( )
절대 등급	0.5	−7.0	2.8	4.8	−3.1

이에 대한 설명으로 옳은 것만을 〈보기〉에서 있는 대로 고른 것은?

|보기|
ㄱ. 질량은 스피카＞직녀성＞프로키온 순서이다.
ㄴ. B형과 O형 별의 색지수는 음(−)의 값이다.
ㄷ. 반지름이 가장 큰 별은 리겔이다.

① ㄱ　　　　② ㄷ　　　　③ ㄱ, ㄴ
④ ㄴ, ㄷ　　　⑤ ㄱ, ㄴ, ㄷ

수능 기출 변형

04 표는 별 A, B, C의 특징을 나타낸 것이다.

별	반지름(태양=1)	표면 온도(태양=1)
A	1	1.00
B	10	0.84
C	10	1.00

별 A, B, C에 대한 설명으로 옳은 것만을 〈보기〉에서 있는 대로 고른 것은? (단, 별의 절대 밝기는 반지름의 제곱과 표면 온도의 4제곱에 비례하며, $0.84^4 ≒ 0.5$이다.)

|보기|
ㄱ. A와 C의 분광형은 G2이다.
ㄴ. 색지수는 A가 B보다 크다.
ㄷ. 절대 밝기의 비는 A : B : C=1 : 50 : 100이다.

① ㄱ　　　　② ㄴ　　　　③ ㄱ, ㄷ
④ ㄴ, ㄷ　　　⑤ ㄱ, ㄴ, ㄷ

05 그림은 여러 별들을 H−R도에 나타낸 것이다.

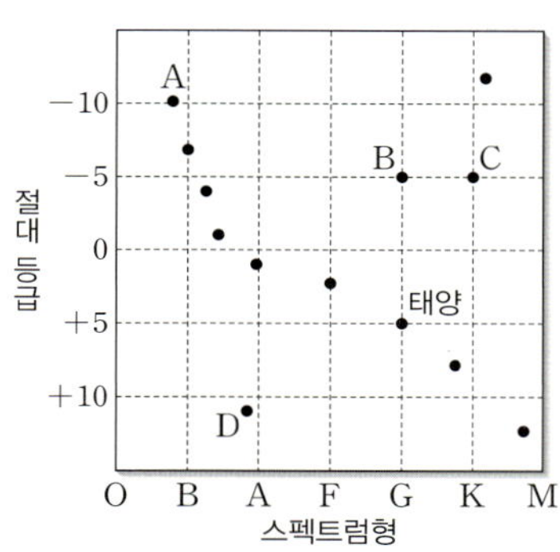

별 A~D에 대한 설명으로 옳은 것만을 〈보기〉에서 있는 대로 고른 것은?

| 보기 |
ㄱ. 광도는 A가 B보다 100배 크다.
ㄴ. C는 태양보다 반지름이 100배 이상 크다.
ㄷ. 평균 밀도가 가장 큰 별은 D이다.

① ㄱ   ② ㄷ   ③ ㄱ, ㄴ
④ ㄴ, ㄷ   ⑤ ㄱ, ㄴ, ㄷ

06 표는 별 A와 B의 측광 관측 결과를, 그림은 두 별이 포함된 H−R도를 나타낸 것이다.

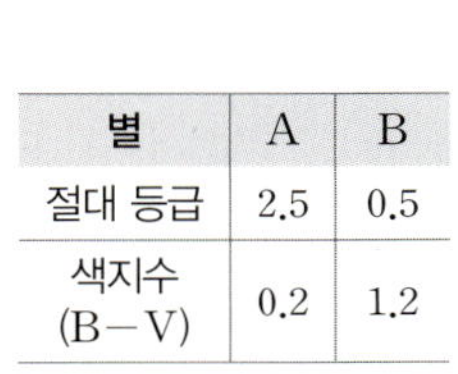

별	A	B
절대 등급	2.5	0.5
색지수 (B−V)	0.2	1.2

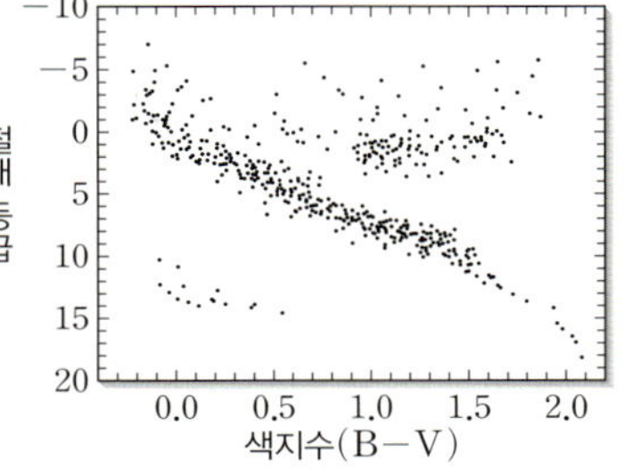

이에 대한 설명으로 옳은 것만을 〈보기〉에서 있는 대로 고른 것은?

| 보기 |
ㄱ. 질량은 A가 태양보다 크다.
ㄴ. 평균 밀도는 A보다 B가 크다.
ㄷ. 표면 온도는 A보다 B가 높다.

① ㄱ   ② ㄴ   ③ ㄱ, ㄷ
④ ㄴ, ㄷ   ⑤ ㄱ, ㄴ, ㄷ

07 그림은 주계열성의 질량 광도 관계를, 표는 주계열성 A, B, C의 절대 등급과 색지수를 나타낸 것이다.

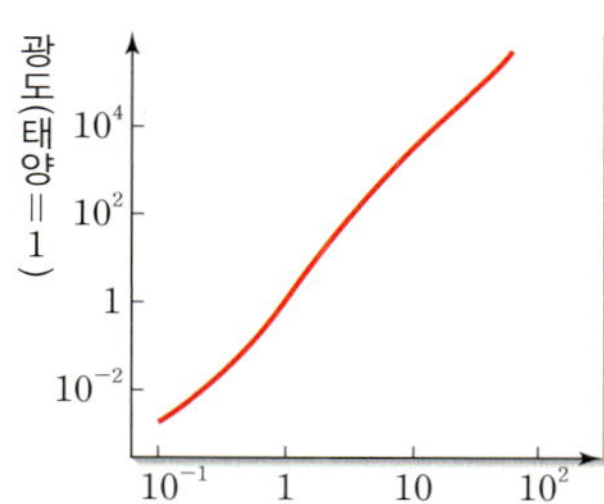

주계열성	절대 등급	색지수
A	−6.0	−0.32
B	+0.6	0.00
C	+4.4	+0.60

이에 대한 설명으로 옳은 것만을 〈보기〉에서 있는 대로 고른 것은?

| 보기 |
ㄱ. A는 수명이 가장 길다.
ㄴ. B는 파란색을 띠는 별이다.
ㄷ. C는 질량이 가장 작다.

① ㄱ   ② ㄷ   ③ ㄱ, ㄴ
④ ㄴ, ㄷ   ⑤ ㄱ, ㄴ, ㄷ

08 그림 (가)는 H−R도에 태양과 별 ㉠, ㉡을, (나)는 주계열성의 질량 광도 관계를 나타낸 것이다.

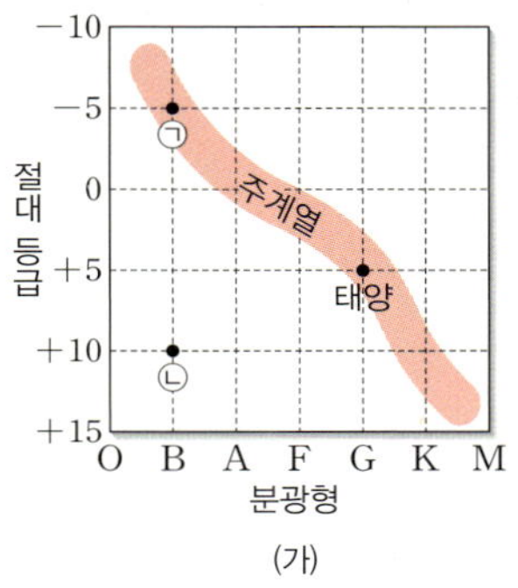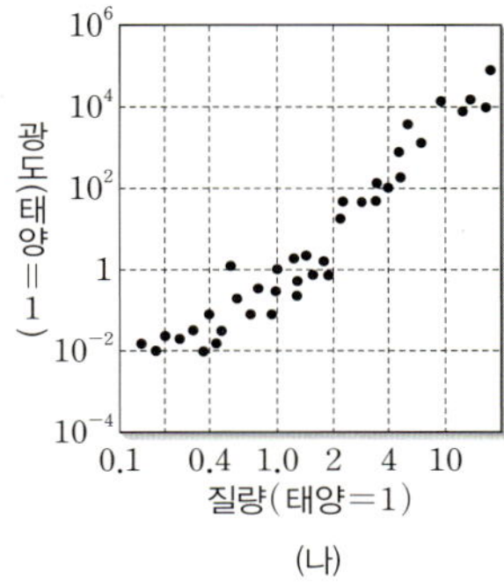

(가)   (나)

이에 대한 설명으로 옳은 것만을 〈보기〉에서 있는 대로 고른 것은?

| 보기 |
ㄱ. 광도는 ㉠이 ㉡보다 10^6배 크다.
ㄴ. 질량은 ㉠이 태양보다 약 4배이다.
ㄷ. ㉠이 ㉡보다 더 파란색을 띤다.

① ㄱ   ② ㄴ   ③ ㄱ, ㄷ
④ ㄴ, ㄷ   ⑤ ㄱ, ㄴ, ㄷ

S 예상 적중 문제

기본 개념 확인

01 별의 표면 온도가 높을수록 최대 에너지를 방출하는 파장은 ☐ .

01 그림은 별 A와 별 B의 단위 면적에서 단위 시간당 방출하는 파장별 빛의 세기를, 표는 두 별의 절대 등급을 나타낸 것이다.

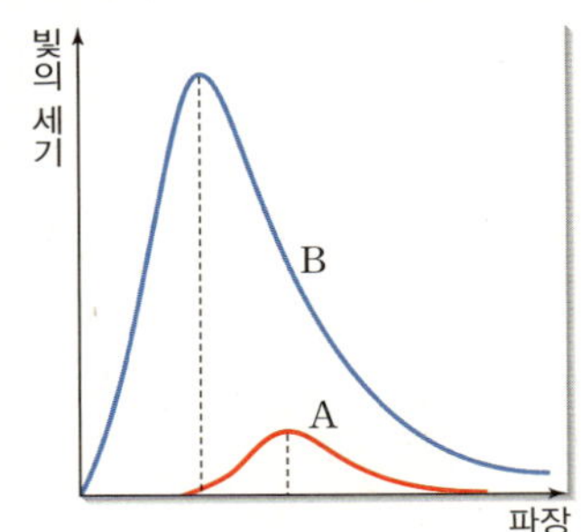

별	절대 등급
A	−5.5
B	−0.5

이에 대한 설명으로 옳은 것만을 〈보기〉에서 있는 대로 고른 것은?

| 보기 |

ㄱ. 표면 온도는 A가 B보다 높다.

ㄴ. 광도는 B가 A보다 100배 크다.

ㄷ. 반지름은 A가 B보다 크다.

① ㄱ ② ㄷ ③ ㄱ, ㄴ
④ ㄴ, ㄷ ⑤ ㄱ, ㄴ, ㄷ

02 절대 등급에 해당하는 밝기를 광도라 하고, 광도는 ☐ 의 제곱과 ☐ 의 4제곱에 비례한다.

02 그림은 반지름이 같고 표면 온도가 다른 별 A, B의 파장별 복사 에너지의 상대적 세기를 나타낸 것이다.

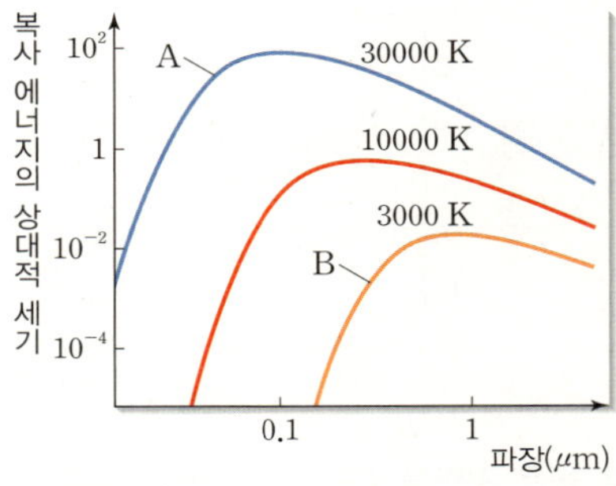

이에 대한 설명으로 옳은 것만을 〈보기〉에서 있는 대로 고른 것은?

| 보기 |

ㄱ. 별 A의 색지수는 (+)값이다.

ㄴ. 별 B의 최대 에너지를 방출하는 파장은 태양보다 길다.

ㄷ. 절대 등급은 A보다 B가 크다.

① ㄱ ② ㄴ ③ ㄱ, ㄷ
④ ㄴ, ㄷ ⑤ ㄱ, ㄴ, ㄷ

03 그림은 오리온자리의 모습을, 표는 오리온자리를 이루는 별 A~D의 겉보기 사진 등급과 색지
수를 나타낸 것이다.

별	사진 등급	색지수
A	2.4	+1.85
B	1.4	−0.22
C	1.9	−0.17
D	0.1	−0.03

이에 대한 설명으로 옳은 것만을 〈보기〉에서 있는 대로 고른 것은?

> **보기**
> ㄱ. B의 안시 등급은 0.18이다.
> ㄴ. 표면 온도가 가장 낮은 별은 A이다.
> ㄷ. 최대 에너지를 방출하는 파장은 C가 D보다 길다.

① ㄱ 　　② ㄴ 　　③ ㄱ, ㄷ
④ ㄴ, ㄷ 　　⑤ ㄱ, ㄴ, ㄷ

04 표는 분광형이 다른 세 별 (가), (나), (다)의 스펙트럼과 특징을 나타낸 것이다.

별	분광형	스펙트럼	특징
(가)	G	O선	이온화된 칼슘(CaⅡ) 흡수선이 강하다.
(나)	M	여러 가지 분자선	금속 원소와 분자에 의한 흡수선이 강하다.
(다)	O	H선 / He선	이온화된 헬륨(HeⅡ)이나 중성 헬륨(HeⅠ)의 흡수선이 강하다.

이에 대한 설명으로 옳은 것만을 〈보기〉에서 있는 대로 고른 것은?

> **보기**
> ㄱ. 표면 온도는 (다)＞(가)＞(나) 순이다.
> ㄴ. 태양과 가장 유사한 스펙트럼의 특징을 가진 별은 (가)이다.
> ㄷ. 금속 원소의 이온화되는 정도는 표면 온도가 높은 별이 낮은 별보다 더 잘 된다.

① ㄱ 　　② ㄷ 　　③ ㄱ, ㄴ
④ ㄴ, ㄷ 　　⑤ ㄱ, ㄴ, ㄷ

05 겉보기 등급에서 절대 등급을 뺀 값이 클 수록 별까지의 거리가 [ ].

05 표는 별 A, B, C의 겉보기 등급, 절대 등급, 분광형을 나타낸 것이다.

별	겉보기 등급	절대 등급	분광형
A	−3	−1	B5
B	1	−1	K1
C	−1	−2	M0

이에 대한 설명으로 옳은 것만을 〈보기〉에서 있는 대로 고른 것은?

| 보기 |
ㄱ. 반지름은 C>B>A 순이다.
ㄴ. 광도 계급은 A가 B보다 크다.
ㄷ. 별까지의 거리는 B가 C보다 멀다.

① ㄱ   ② ㄷ   ③ ㄱ, ㄴ
④ ㄴ, ㄷ   ⑤ ㄱ, ㄴ, ㄷ

06 분광형이 같을 때 광도 계급의 숫자가 작 을수록 광도가 [ ], 반지름이 [ ].

06 그림은 별의 광도 계급을 H−R도에 나타낸 것이고, 표는 별 (가)와 (나)의 M−K 분류법에 따른 분광형을 나타낸 것이다.

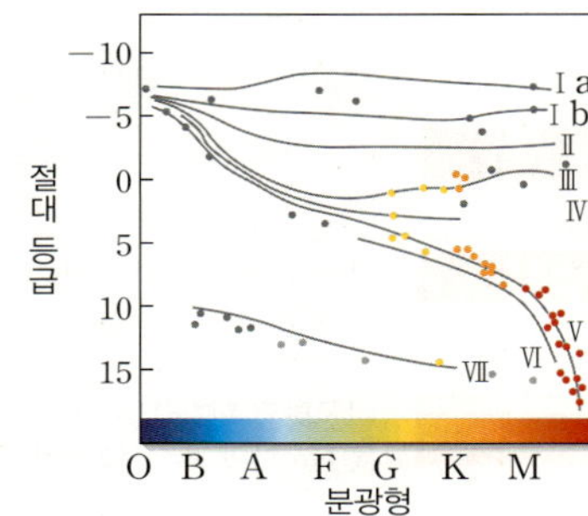

별	(가)	(나)
분광형	K2 V	M0 Ⅱ

이에 대한 설명으로 옳은 것만을 〈보기〉에서 있는 대로 고른 것은?

| 보기 |
ㄱ. 표면 온도는 (가)가 (나)보다 높다.
ㄴ. 반지름은 (가)가 (나)보다 크다.
ㄷ. 질량 광도 관계가 성립하는 그룹에 속하는 별은 (가)이다.

① ㄱ   ② ㄴ   ③ ㄱ, ㄷ
④ ㄴ, ㄷ   ⑤ ㄱ, ㄴ, ㄷ

07 그림은 별의 H−R도를, 표는 태양과 스피카의 절대 등급과 분광형을 나타낸 것이다.

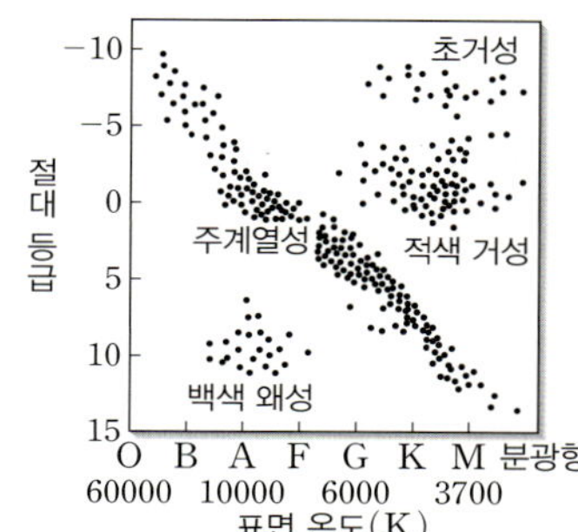

별	절대 등급	분광형
태양	4.8	G2
스피카	−3.6	B1

태양이 스피카보다 큰 값을 갖는 물리량만을 〈보기〉에서 있는 대로 고른 것은?

> **보기**
> ㄱ. 겉보기 등급 ㄴ. 수명
> ㄷ. 반지름 ㄹ. 색지수

① ㄱ, ㄴ ② ㄱ, ㄷ ③ ㄱ, ㄹ
④ ㄴ, ㄹ ⑤ ㄷ, ㄹ

07 주계열성은 질량이 클수록 광도가 [   ], 수명은 [   ].

08 그림은 태양과 태양 근처의 별들을 H−R도에 나타낸 것이다.

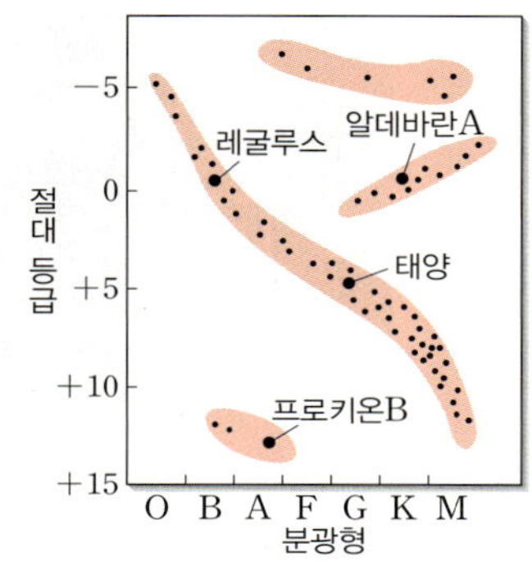

이에 대한 설명으로 옳은 것만을 〈보기〉에서 있는 대로 고른 것은?

> **보기**
> ㄱ. 반지름이 가장 큰 별은 알데바란A이다.
> ㄴ. 진화가 가장 많이 진행된 별은 프로키온B이다.
> ㄷ. 레굴루스는 태양보다 주계열에 머무르는 시간이 길다.

① ㄱ ② ㄷ ③ ㄱ, ㄴ
④ ㄴ, ㄷ ⑤ ㄱ, ㄴ, ㄷ

08 주계열성은 표면 온도가 높을수록 광도가 [   ], 반지름과 질량이 [   ].

별의 진화와 에너지원

A 별의 탄생과 진화		B 별의 에너지원과 내부 구조	
별의 탄생	★☆☆	별의 에너지원	★★☆
별의 진화	★★★	별의 내부 구조	★★☆

질량에 따른 원시별의 진화 경로와 진화 속도

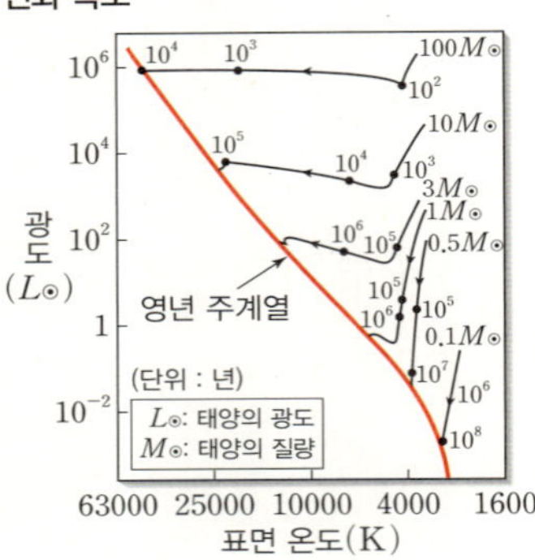

A 별의 탄생과 진화

1. 별의 탄생

(1) 별의 탄생 과정 : 별은 주로 기체 밀도가 높고 온도가 낮은 암흑 성운 내부에서 탄생한다.

(2) 원시별의 진화 과정 : 원시별의 질량이 클수록 중력 수축이 빨라 <u>주계열성</u>에 빠르게 도달하며, 광도가 크고 표면 온도가 높은 주계열성이 된다.

중심부 온도가 약 1000만 K에 도달하면 중심부에서 수소 핵융합 반응이 일어나는 주계열성이 탄생한다.

질량이 큰 원시별	광도는 거의 변하지 않고, 표면 온도는 크게 상승하여 주계열의 왼쪽 위에 위치한다. ➡ H−R도에서 수평 방향으로 진화
질량이 작은 원시별	광도는 크게 감소하고, 표면 온도는 약간 상승하여 주계열의 오른쪽 아래에 위치한다. ➡ H−R도에서 수직 방향으로 진화

2. 별의 진화 — 별은 일생의 대부분(약 90 %)을 주계열 단계에서 보낸다.

(1) 주계열 단계

① 에너지원 : 수소 핵융합 반응에 의해 생성된 에너지

② 정역학 평형 : 중력과 기체 압력 차에 의한 힘이 평형을 이루며 별의 크기가 일정하게 유지된다.

③ 별의 수명 : 질량이 클수록 수명이 짧다.

태양보다 질량이 매우 큰 별의 중심부에서 일어나는 핵융합 반응과 진화
중심핵에서 헬륨보다 무거운 탄소, 네온, 산소 등에 의한 핵융합 반응이 순차적으로 일어나면서 초거성으로 진화한다.

(2) 거성, 초거성 단계 : 태양과 질량이 비슷한 별은 주계열 단계를 떠나면 적색 거성이 되고, 태양보다 질량이 매우 큰 별은 적색 거성보다 반지름과 광도가 크게 증가하여 적색 초거성이 된다.

중심부에서 수소 고갈 ➡ 중심부 수축 ➡ 중심부 바로 바깥쪽에서 수소 핵융합 반응 ➡ 별의 바깥층 팽창으로 별의 크기 증가

➡ 광도 증가, 표면 온도 감소 ➡ 붉은색으로 보이는 적색 거성이나 적색 초거성으로 진화 ➡ 적색 거성의 중심부에서 헬륨 핵융합 반응

태양의 진화 과정

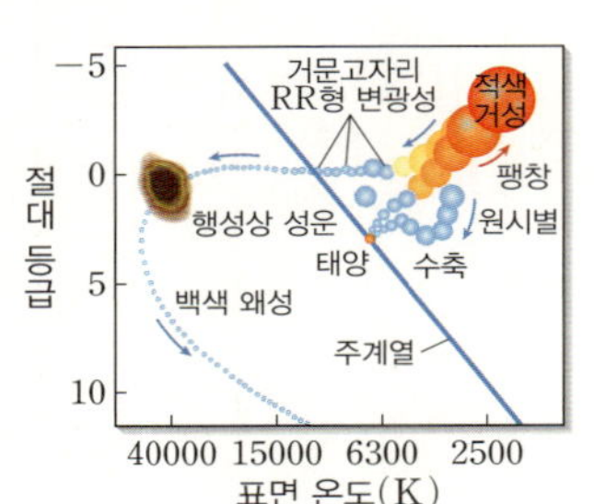

(3) 별의 종말 : 태양과 질량이 비슷한 별은 적색 거성 이후 행성상 성운과 백색 왜성으로, 태양보다 질량이 매우 큰 별은 초거성 이후 초신성 폭발을 거쳐 중성자별이나 블랙홀로 종말을 맞이한다.

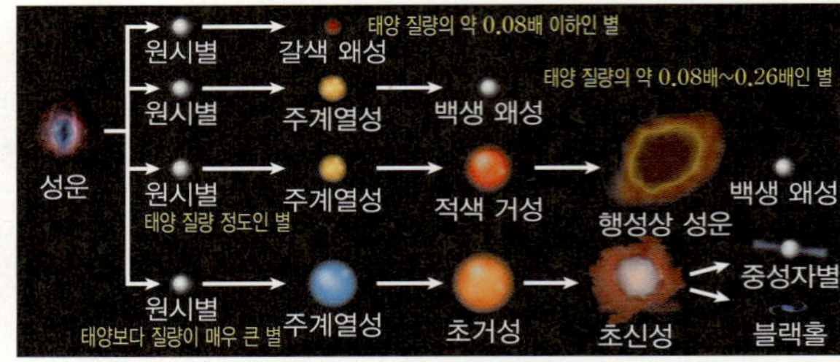

▲ 질량에 따른 별의 진화 과정

B 별의 에너지원과 내부 구조

1. 별의 에너지원

일부는 복사 에너지로 방출되고 나머지는 원시별 내부의 온도를 높이는 데 이용된다.

(1) 원시별의 에너지원 : 중력에 의해 수축할 때 위치 에너지의 감소로 생성되는 중력 수축 에너지

(2) 주계열성의 에너지원

초신성 폭발과 원소 생성
초신성 폭발 때 많은 에너지가 발생하므로, 이때 금, 은, 우라늄 등의 철보다 무거운 원소가 생성된다.

① 수소 핵융합 반응 : 중심부 온도가 1000만 K 이상일 때 4개의 수소 원자핵이 융합하여 1개의 헬륨 원자핵을 생성하는 반응

② 수소 핵융합 반응의 종류

구분	양성자·양성자 반응(P – P 반응)	탄소·질소·산소 순환 반응(CNO 순환 반응)
조건	중심부 온도가 1800만 K 이하인 별에서 우세하게 일어난다.	중심부 온도가 1800만 K 이상인 별에서 우세하게 일어난다.
과정	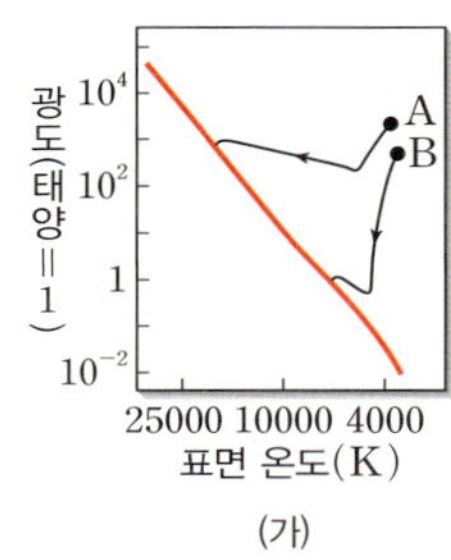	

(3) 주계열성 이후의 에너지원 — 적색 거성과 초거성의 에너지원

① 헬륨 핵융합 반응 : 중심부 온도가 1억 K 이상일 때 헬륨 원자핵 3개가 결합하여 탄소 원자핵 1개가 생성되는 반응

② 헬륨보다 무거운 원소의 핵융합 반응 : 탄소, 네온, 산소, 규소 등 헬륨보다 무거운 원소의 핵융합 반응으로, 초거성의 중심부에서 핵융합 반응에 의해 생성될 수 있는 가장 무거운 원소는 철이다.

2. 별의 내부 구조

주계열성의 내부 구조		거성의 내부 구조	
별의 질량에 따라 에너지 전달 방식(대류, 복사)이 다르기 때문에 내부 구조가 다르다.		초거성의 내부에서는 중심부로 갈수록 무거운 원소로 이루어진 양파 껍질 같은 구조를 이룬다.	
태양 질량의 2배 이하인 별	태양 질량의 2배 이상인 별	태양과 질량이 비슷한 별의 최종 내부 구조	태양보다 질량이 매우 큰 별의 최종 내부 구조

그림 (가)는 원시별 A와 B가 주계열성으로 진화하는 경로를, (나)의 ㉠과 ㉡은 A와 B가 주계열 단계에 있을 때의 내부 구조를 순서 없이 나타낸 것이다.

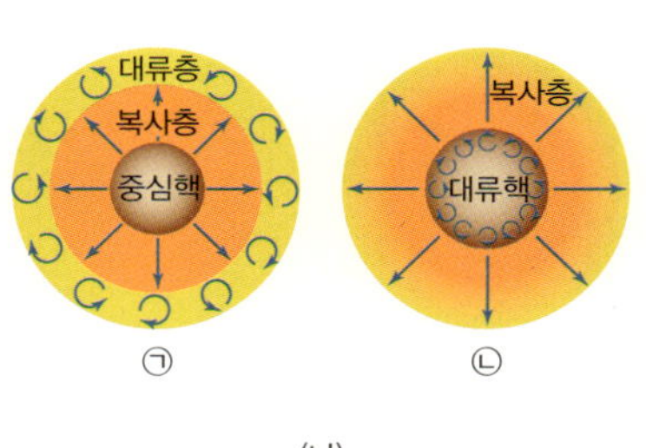

자료 체크 리스트
- [ ] 원시별의 질량과 진화 과정
- [ ] 주계열성의 질량과 내부 구조
- [ ] 주계열성의 질량과 수소 핵융합 반응의 종류

step 1 H–R도상에서 원시별의 질량에 따른 진화 과정 비교하기
원시별의 질량이 클수록 중력 수축이 빠르게 일어나 주계열성으로 진화하는 데 걸리는 시간이 짧고, 표면 온도와 광도가 크므로 H–R도에서 주계열성의 왼쪽 위에 위치한다.

step 2 주계열성의 질량에 따른 내부 구조의 차이 비교하기
㉠은 태양 질량의 2배 이하인 주계열성의 내부 구조이고, ㉡은 태양 질량의 2배 이상인 주계열성의 내부 구조이다. B가 태양 정도의 질량을 가진 별이므로 A가 주계열 단계에 있을 때의 내부 구조는 ㉡이다.

step 3 주계열성의 질량에 따른 수소 핵융합 반응의 종류 구분하기
CNO 순환 반응은 질량이 큰 주계열성의 중심핵에서 우세하게 일어나고, 에너지 생성량이 급격하게 증가하여 중심핵의 안과 밖에서 온도 차이가 커져서 대류핵이 나타난다.

01 그림은 질량이 다른 두 주계열성 A, B가 원시별에서 주계열성이 되기까지의 경로를 나타낸 것이다.

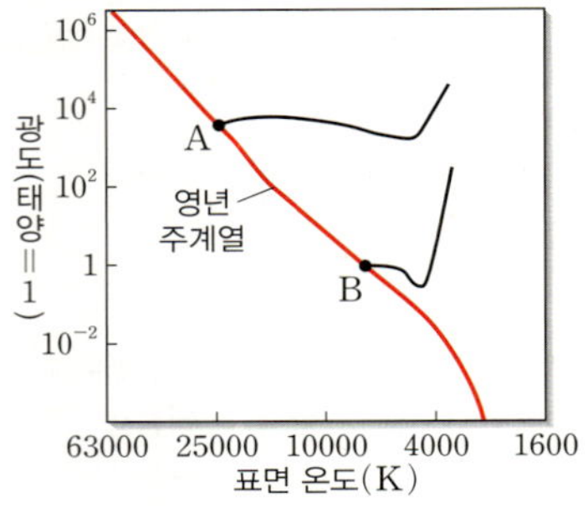

이에 대한 설명으로 옳은 것만을 〈보기〉에서 있는 대로 고른 것은?

보기
ㄱ. 원시별에서 주계열성이 되기까지 걸린 시간은 A가 B보다 길다.
ㄴ. A의 내부는 대류핵, 복사층으로 이루어져 있을 것이다.
ㄷ. A와 B는 모두 원시별이 주계열에 도달하는 동안 표면 온도가 점차 낮아진다.

① ㄱ ② ㄴ ③ ㄱ, ㄷ
④ ㄴ, ㄷ ⑤ ㄱ, ㄴ, ㄷ

02 그림은 태양과 질량이 같은 별의 예상 진화 경로를 H-R도에 나타낸 것이다.

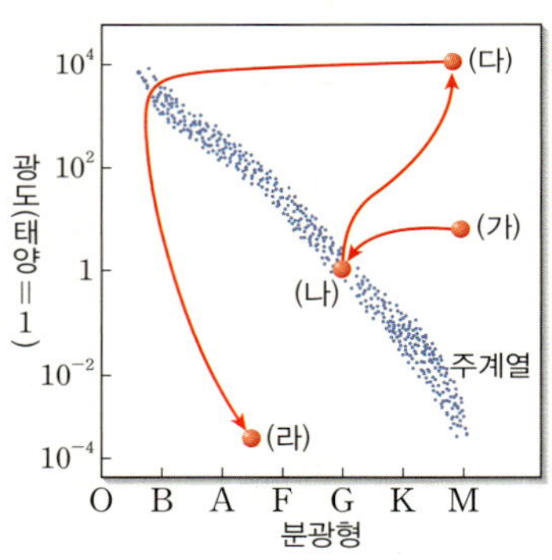

(가)~(라)에 해당하는 각 별의 특징을 설명한 것으로 옳은 것만을 〈보기〉에서 있는 대로 고른 것은?

보기
ㄱ. (가) → (나) 과정의 에너지원은 중력 수축 에너지이다.
ㄴ. (나)와 (다)의 내부에서 수소 핵융합 반응이 일어난다.
ㄷ. (라)는 안정된 상태로 가장 오랜 시간을 보내는 백색 왜성이다.

① ㄱ ② ㄷ ③ ㄱ, ㄴ
④ ㄴ, ㄷ ⑤ ㄱ, ㄴ, ㄷ

03 그림은 어느 산개 성단의 H-R도이다. 성단을 이루고 있는 별의 나이는 같다.

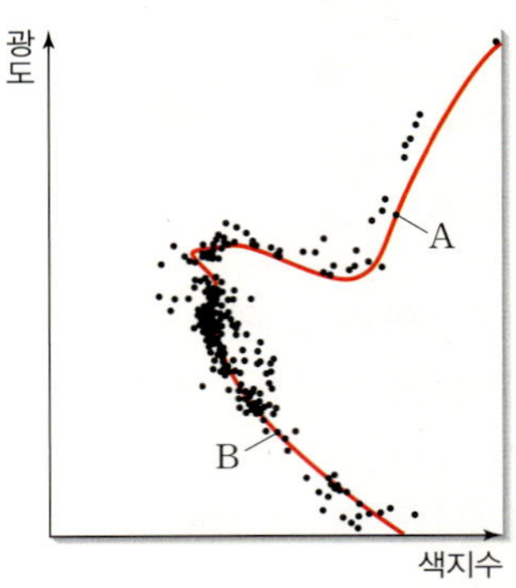

별 A, B에 대한 설명으로 옳은 것만을 〈보기〉에서 있는 대로 고른 것은?

보기
ㄱ. 반지름은 A가 B보다 크다.
ㄴ. A의 중심부에서는 CNO 순환 반응이 우세하게 일어난다.
ㄷ. 질량이 작은 별일수록 주계열에 머무는 시간이 짧다.

① ㄱ ② ㄴ ③ ㄱ, ㄷ
④ ㄴ, ㄷ ⑤ ㄱ, ㄴ, ㄷ

04 그림은 주계열성 A와 B가 각각 거성 C와 D로 진화하는 경로를 H-R도에 나타낸 것이다.

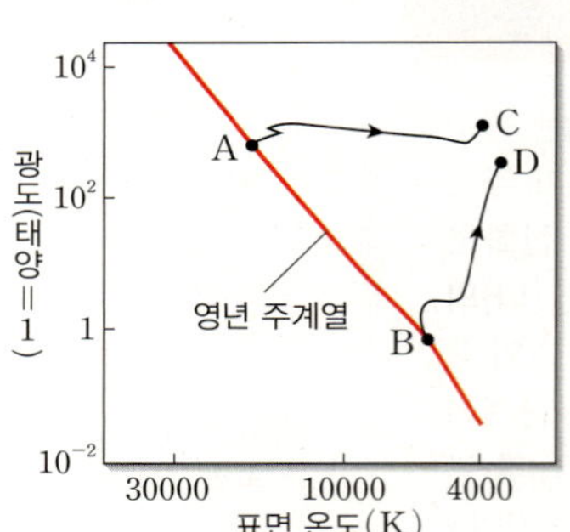

이에 대한 설명으로 옳은 것만을 〈보기〉에서 있는 대로 고른 것은?

보기
ㄱ. 색지수는 A가 C보다 크다.
ㄴ. D의 중심핵에서는 헬륨 핵융합 반응이 일어난다.
ㄷ. A→C 와 B→D 과정에서는 별 내부에서 기체 압력 차에 의한 힘과 중력의 크기가 평형을 이루고 있다.

① ㄱ ② ㄴ ③ ㄱ, ㄷ
④ ㄴ, ㄷ ⑤ ㄱ, ㄴ, ㄷ

05 표는 질량이 서로 다른 별 (가)와 (나)의 진화 과정을 나타낸 것이다.

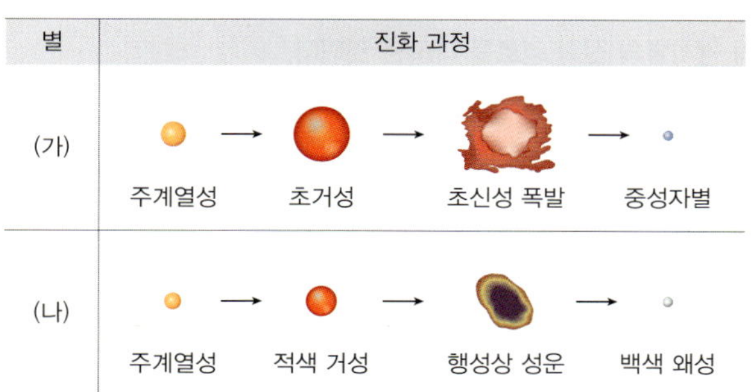

이에 대한 설명으로 옳은 것만을 〈보기〉에서 있는 대로 고른 것은?

┌ 보기 ├
ㄱ. 주계열 단계에 머무르는 기간은 (가)가 (나)보다 짧다.
ㄴ. 주계열 단계의 수소 핵융합 반응 중에서 CNO 순환 반응이 차지하는 비율은 (가)가 (나)보다 크다.
ㄷ. 태양계는 (나)의 진화 과정만을 거친 성운에서 탄생하였다.

① ㄱ ② ㄷ ③ ㄱ, ㄴ
④ ㄴ, ㄷ ⑤ ㄱ, ㄴ, ㄷ

06 그림 (가)는 태양과 질량이 비슷한 별의 진화 과정을, (나)는 (가)의 A~D 단계 중 하나에 해당하는 별의 내부 구조를 나타낸 것이다.

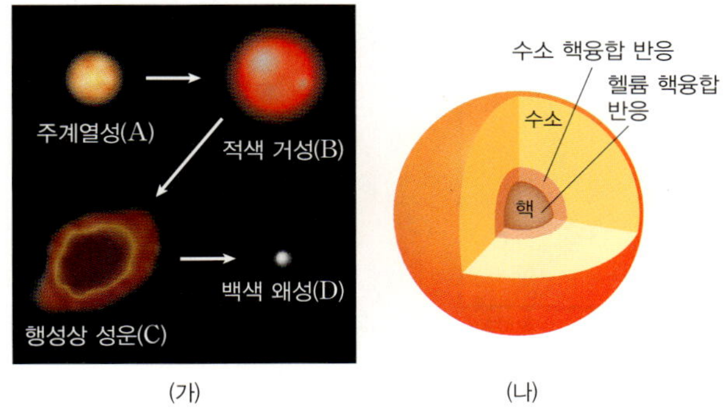

이에 대한 설명으로 옳은 것만을 〈보기〉에서 있는 대로 고른 것은?

┌ 보기 ├
ㄱ. 밀도는 B < A < D 순이다.
ㄴ. C에서 철보다 무거운 원소가 생성된다.
ㄷ. (나)는 (가)의 B에 해당한다.

① ㄱ ② ㄴ ③ ㄱ, ㄷ
④ ㄴ, ㄷ ⑤ ㄱ, ㄴ, ㄷ

07 그림은 질량에 따른 별의 진화 과정을 나타낸 것이다.

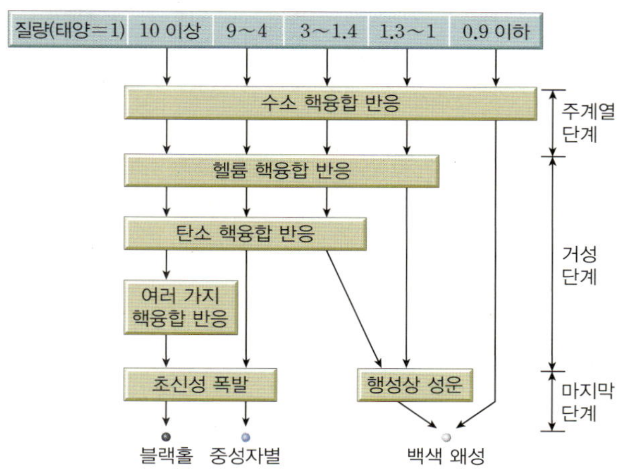

이 자료에 대한 설명으로 옳은 것만을 〈보기〉에서 있는 대로 고른 것은?

┌ 보기 ├
ㄱ. 태양 질량의 0.9배 이상인 별은 모두 주계열 단계를 거친다.
ㄴ. 태양은 탄소 원자핵으로 이루어진 백색 왜성으로 진화할 것이다.
ㄷ. 별은 거성 단계에서 가장 오래 머무른다.

① ㄱ ② ㄴ ③ ㄷ
④ ㄱ, ㄴ ⑤ ㄱ, ㄷ

08 그림 (가)와 (나)는 중심부에서 수소 핵융합 반응이 끝난 두 별의 내부 구조를 나타낸 것이다. 두 별의 실제 크기 차이는 고려하지 않았다.

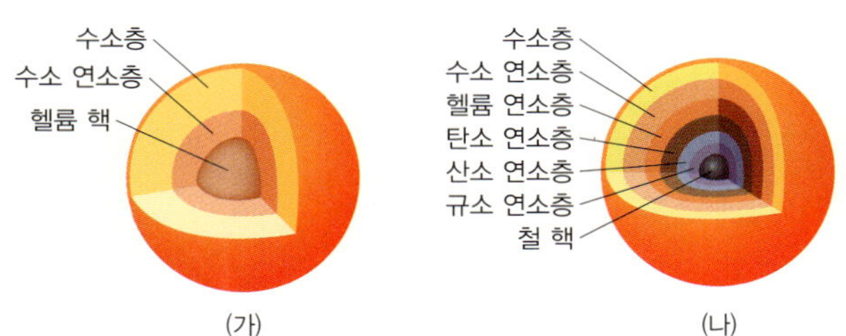

이에 대한 설명으로 옳은 것만을 〈보기〉에서 있는 대로 고른 것은?

┌ 보기 ├
ㄱ. 태양은 (가)와 같은 내부 구조를 가질 것이다.
ㄴ. 초신성 폭발을 일으켜 블랙홀이 될 수 있는 별은 (가)이다.
ㄷ. (가)와 (나)는 H-R도에서 주계열에 위치한다.

① ㄱ ② ㄴ ③ ㄱ, ㄷ
④ ㄴ, ㄷ ⑤ ㄱ, ㄴ, ㄷ

기본 개념 확인

01 원시별의 질량이 클수록 광도가 [ ], 표면 온도가 [ ] 주계열성이 된다.

01 그림은 질량이 다른 여러 원시별의 진화 경로를 나타낸 것이다.

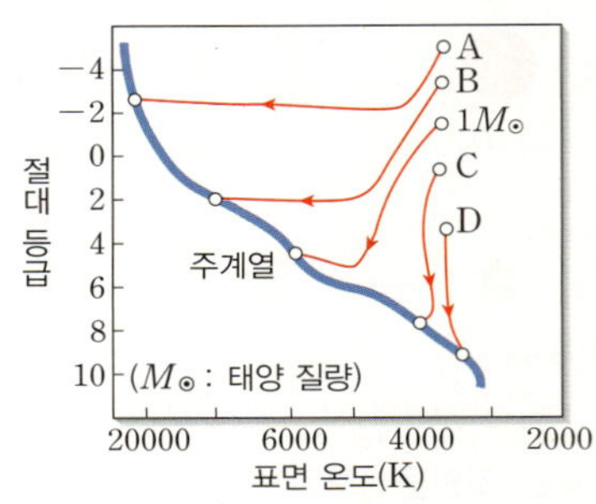

원시별이 주계열성으로 진화하는 동안 나타나는 현상에 대한 설명으로 옳은 것만을 〈보기〉에서 있는 대로 고른 것은?

┤보기├
ㄱ. 원시별의 질량이 클수록 광도 변화가 크다.
ㄴ. 표면 온도 변화는 원시별의 질량이 작을수록 크다.
ㄷ. A~D 모두 원시별에 비해 주계열에 도달했을 때 광도가 감소하였다.

① ㄱ   ② ㄴ   ③ ㄷ
④ ㄱ, ㄴ   ⑤ ㄴ, ㄷ

02 적색 거성에서 헬륨으로 이루어진 핵이 수축하여 온도가 높아지면 헬륨 핵융합 반응으로 [ ]가 생성된다.

02 그림 (가)는 어느 구상 성단의 H−R도를, (나)는 별 A, B, C 중 하나의 내부 구조를 나타낸 것이다.

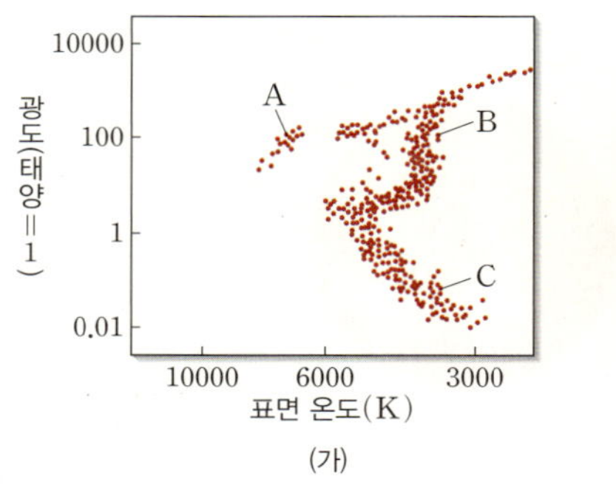

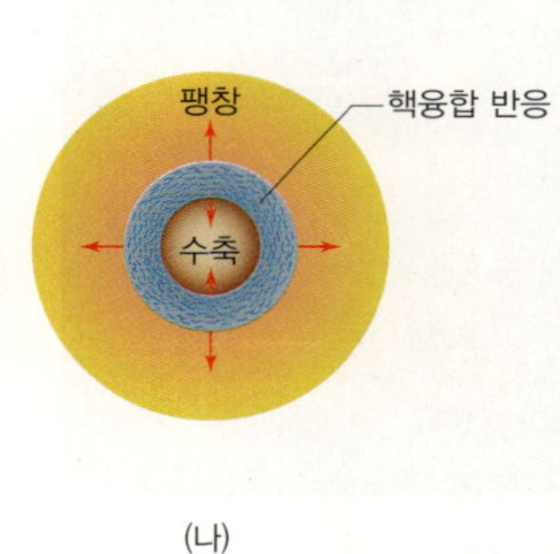

이에 대한 설명으로 옳은 것만을 〈보기〉에서 있는 대로 고른 것은? (단, 별 A, B, C의 나이는 같다.)

┤보기├
ㄱ. 주계열에 머무를 때의 질량은 A가 B보다 크다.
ㄴ. (나)에서 중심부 온도는 높아지고 표면 온도는 낮아진다.
ㄷ. (나)는 C의 내부 구조이다.

① ㄱ   ② ㄴ   ③ ㄷ
④ ㄱ, ㄴ   ⑤ ㄱ, ㄴ, ㄷ

03 그림 (가), (나), (다)는 어떤 성단이 생성되어 진화해 가는 과정을 순서 없이 나타낸 것이다. 실선은 주계열을 나타낸다.

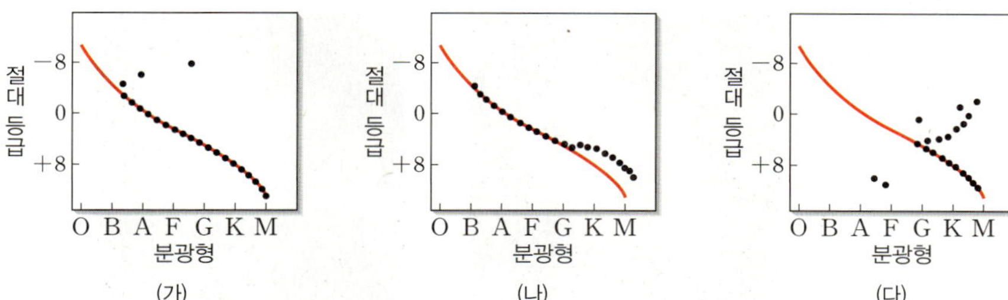

이에 대한 설명으로 옳은 것만을 〈보기〉에서 있는 대로 고른 것은?

> **보기**
> ㄱ. 나이가 가장 많은 성단은 (가)이다.
> ㄴ. (나)에서 M형인 별의 에너지원은 중력 수축 에너지이다.
> ㄷ. (나)에서 분광형이 B형인 별은 진화하여 백색 왜성이 된다.

① ㄱ　　　　　② ㄴ　　　　　③ ㄷ
④ ㄱ, ㄴ　　　⑤ ㄴ, ㄷ

04 그림은 태양 정도의 질량을 가진 별의 진화 단계를 나타낸 것이다.

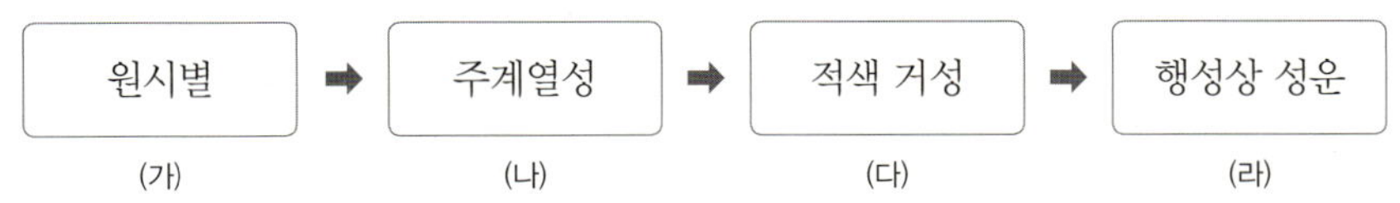

(가)~(라) 단계에 대한 설명으로 옳은 것은?

① (가) – 가장 오래 머물러 있는 단계이다.
② (나) – 별의 분광형은 O형 또는 B형이다.
③ (다) – 중심부에서 탄소 핵융합 반응이 일어난다.
④ (다) – 광도 계급은 적색 거성이 주계열성보다 작다.
⑤ (라) – 중심부에 중성자별이 존재한다.

---

05 태양보다 질량이 매우 큰 별은 주계열성 → 초거성 → ☐☐☐☐☐ → 중성자별, 블랙홀로 진화한다.

06 주계열성은 질량이 클수록 중심부에서 연료 소모율이 ☐☐☐☐서 광도가 크고 수명이 ☐☐☐☐.

---

05 그림 (가)와 (나)는 별의 진화 마지막 단계에서 형성된 두 성운의 모습이다. 성운 A는 수십 km/s로 서서히 팽창하고 있고, 성운 B는 수천 km/s의 빠른 속도로 팽창하고 있다.

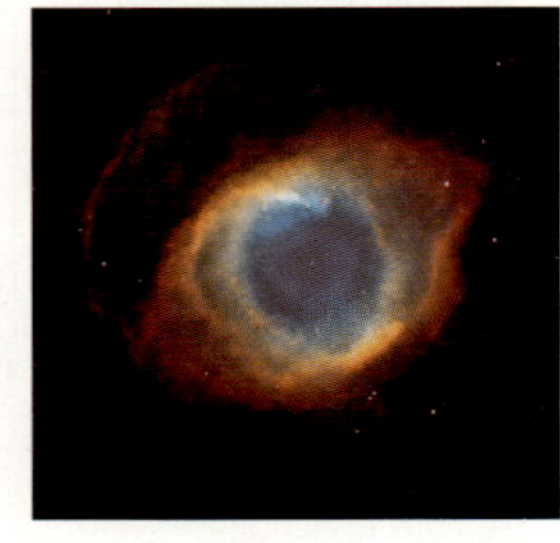

(가) 성운 A   (나) 성운 B

성운 A, B의 진화 과정에 대한 설명으로 옳은 것만을 〈보기〉에서 있는 대로 고른 것은?

┤보기├
ㄱ. A는 B보다 수명이 긴 별에서 진화하였다.
ㄴ. B는 중심별의 질량이 태양 질량의 4배 이상이 될 경우에 형성된다.
ㄷ. A와 B의 중심별은 각각 H – R도의 왼쪽 아래와 오른쪽 위에 위치한다.

① ㄱ   ② ㄷ   ③ ㄱ, ㄴ
④ ㄴ, ㄷ   ⑤ ㄱ, ㄴ, ㄷ

06 표는 주계열성 (가), (나), (다)의 질량(M)과 최종 진화 단계를 나타낸 것이다.

주계열성	질량 (태양=1)	최종 진화 단계
(가)	$0.26 \leq M \leq 1.5$	A
(나)	$8 \leq M < 25$	중성자별
(다)	$M \geq 25$	블랙홀

이에 대한 설명으로 옳은 것만을 〈보기〉에서 있는 대로 고른 것은?

┤보기├
ㄱ. 중심부에서 수소의 소모율은 (가)가 (나)보다 크다.
ㄴ. (다)의 중심부에서는 CNO 순환 반응이 우세하게 일어난다.
ㄷ. A 단계에서 철보다 무거운 원소가 생성된다.

① ㄱ   ② ㄴ   ③ ㄱ, ㄷ
④ ㄴ, ㄷ   ⑤ ㄱ, ㄴ, ㄷ

07 그림은 주계열성의 중심핵 온도에 따른 P - P 반응과 CNO 순환 반응의 상대적 에너지 생성률을 A, B로 순서 없이 나타낸 것이다.

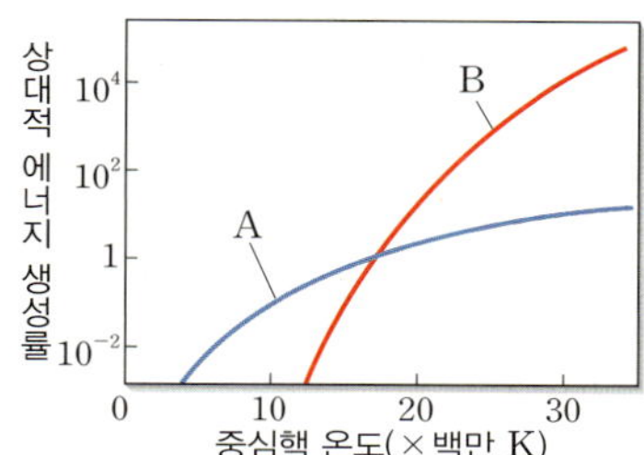

이에 대한 설명으로 옳은 것만을 〈보기〉에서 있는 대로 고른 것은?

> **보기**
>
> ㄱ. A는 CNO 순환 반응을 나타낸다.
> ㄴ. 분광형이 K, M형인 별에서는 B보다 A가 우세하게 일어난다.
> ㄷ. 온도에 대한 의존도는 A가 B보다 높다.

① ㄴ   ② ㄷ   ③ ㄱ, ㄴ
④ ㄱ, ㄷ   ⑤ ㄱ, ㄴ, ㄷ

07 태양 질량의 2배 이하이고 중심부 온도가 1800만 K 이하인 주계열성의 중심부에서는 □□□□□□ 반응이 우세하게 일어난다.

08 그림 (가)는 별 ㉠~㉣의 분광형과 절대 등급을 H - R도에 나타낸 것이고, (나)는 ㉠~㉣ 중 어느 별의 내부 구조를 나타낸 것이다.

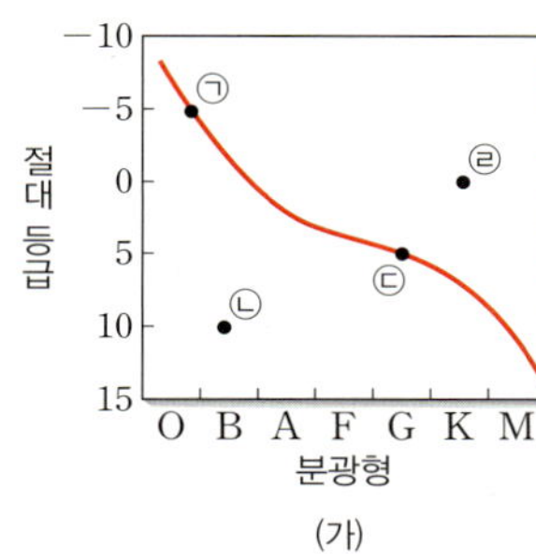

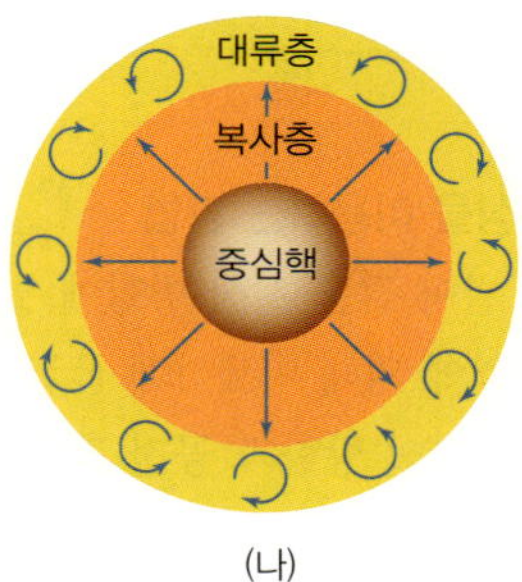

별 ㉠~㉣에 대한 설명으로 옳은 것만을 〈보기〉에서 있는 대로 고른 것은?

> **보기**
>
> ㄱ. ㉢은 질량이 태양 질량의 2배 이상이다.
> ㄴ. 표면에서의 중력 가속도는 ㉡이 ㉣보다 크다.
> ㄷ. (나)의 중심핵에서는 CNO 순환 반응이 우세하게 일어난다.

① ㄱ   ② ㄴ   ③ ㄱ, ㄷ
④ ㄴ, ㄷ   ⑤ ㄱ, ㄴ, ㄷ

08 태양 질량의 2배 이상인 주계열성의 내부 구조는 대류핵, □□□□□□으로 이루어져 있다.

10강 외계 행성계와 외계 생명체 탐사

A 외계 행성계 탐사		B 외계 생명체 탐사			
중심별의 시선 속도 변화 이용	★★☆	생명 가능 지대	★★☆	외계 생명체 탐사 활동	★☆☆
식 현상과 미세 중력 렌즈 현상 이용	★★★	외계 생명체가 존재하기 위한 조건	★☆☆		

외계 행성의 직접적인 탐사 방법
외계 행성계의 거리가 가까운 경우에는 외계 행성에서 반사된 별빛이나 행성 자체의 복사 에너지를 직접 관측하여 탐사하는데, 외계 행성계를 직접 관측할 때는 행성의 밝기가 중심별에 비해 매우 어두우므로 중심별을 가리고 행성을 직접 촬영하여 존재를 확인할 수 있다.

A 외계 행성계 탐사

— 행성의 공전 궤도면이 관측자의 시선 방향과 수직일 때는 도플러 효과와 식 현상이 나타나지 않으므로 시선 속도 변화와 식 현상을 이용한 외계 행성계의 탐사가 불가능하다.

1. 중심별의 시선 속도 변화를 이용하는 방법

(1) **탐사 방법** : 중심별과 행성이 공통 질량 중심을 중심으로 공전할 때 중심별의 시선 속도가 변하면서 나타나는 도플러 효과에 따른 별빛의 파장 변화를 측정하여 행성을 탐사한다.

(2) **특징** : 질량이 크고, 공전 궤도 반지름이 작은 행성일수록 존재를 확인하기 쉽다.

도플러 효과를 이용한 탐사	중심별의 위치	중심별의 물리량 변화			
		지구와의 거리	시선 속도	파장	스펙트럼
	1	가까워짐 행성은 멀어짐	(−)	짧아짐	청색 편이
	2	멀어짐 행성은 가까워짐	(+)	길어짐	적색 편이

외계 행성계 탐사 결과
중심별의 시선 속도 변화와 식 현상으로 관측된 외계 행성의 수가 가장 많다. 지금까지 발견된 외계 행성은 대부분 공전 궤도 반지름이 작고, 반지름이 큰 목성 규모이다.

2. 식 현상을 이용하는 방법

(1) **탐사 방법** : 행성이 별 주위를 공전하면서 식 현상이 일어날 때 별의 밝기가 감소하는 현상을 관측하여 행성을 탐사한다. — 중심별의 밝기 변화 주기는 행성의 공전 주기와 같다.

(2) **특징** : 반지름이 큰 행성일수록 존재를 확인하기 쉽다.

식 현상을 이용한 탐사	행성의 위치	중심별의 밝기 변화
	1	중심별의 밝기 변화가 없다.
	2	행성의 일부가 중심별의 일부를 가려 중심별의 밝기가 감소한다.
	3	행성이 중심별 앞을 지나면서 행성 전체가 중심별을 가려 중심별의 밝기가 가장 어둡다.

3. 미세 중력 렌즈 현상을 이용하는 방법

— 먼 천체 앞을 외계 행성계가 여러 번 지나가지 않기 때문에 주기적인 관측이 불가능하다.

(1) **탐사 방법** : 두 별이 같은 시선 방향에 있을 때 뒤쪽에 있는 별로부터 오는 빛이 앞쪽에 있는 별이나 행성의 중력에 의해 미세하게 굴절되어 더 밝게 보이는 현상을 이용하여 행성을 탐사한다.

(2) **특징** : 관측자의 시선 방향과 공전 궤도면이 수직인 행성, 공전 궤도 반지름이 큰 행성, 질량이 작은 행성을 찾을 수 있다.

외계 행성계 탐사 방법으로 발견한 행성들의 특징
· 중심별의 시선 속도 변화를 이용하는 방법으로 발견한 행성들은 대부분 질량이 크다.
· 식 현상을 이용하는 방법으로 발견한 행성들은 대부분 공전 궤도 반지름이 작다.
· 미세 중력 렌즈 현상을 이용하는 방법으로 발견한 행성들은 대부분 공전 궤도 반지름이 크다.

행성이 없는 별 A에 의한 별 B의 밝기 변화	별 A와 행성에 의한 별 B의 밝기 변화
지구로부터 멀리 떨어져 있는 별 B가 지구와 가까운 별 A의 중력에 의한 미세 중력 렌즈 현상으로 인해 더 밝게 보인다.	별 A 주위를 행성이 공전하고 있는 경우에는 별 B의 밝기 변화에 행성의 중력으로 나타나는 밝기 변화가 추가적으로 나타난다.

1. 생명 가능 지대
별의 주위에서 물이 액체 상태로 존재할 수 있는 거리의 범위이다.

(1) 중심별의 질량과 생명 가능 지대 : 주계열성인 중심별의 질량이 클수록 생명 가능 지대는 중심별로부터 멀어지고 생명 가능 지대의 폭은 넓어진다.

(2) 태양계에서 생명 가능 지대 : 금성과 화성 사이에 위치한다.

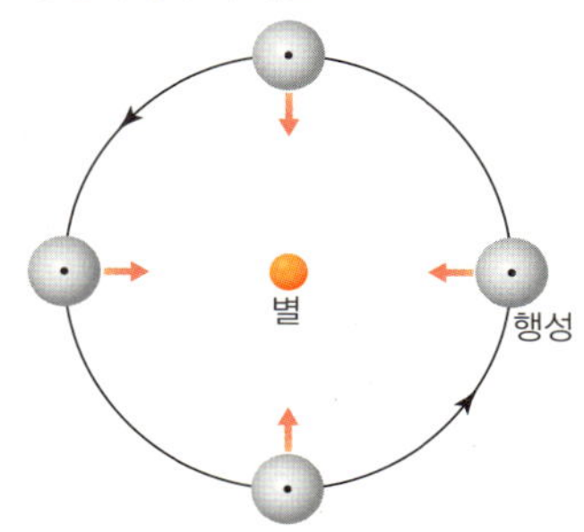

2. 외계 생명체가 존재하기 위한 행성의 조건

(1) 액체 상태의 물 : 행성이 생명 가능 지대에 위치해야 한다.

물은 다양한 물질들을 쉽게 녹일 수 있고, 비열이 매우 커서 온도 변화가 쉽게 일어나지 않기 때문에 생명체의 항상성 유지에 중요한 역할을 한다.

(2) 적당한 양과 성분의 대기 : 유해한 자외선을 차단하고 온실 효과를 일으켜 적당한 온도를 유지해야 한다.

(3) 자기장 : 우주에서 들어오는 고에너지 입자를 차단해야 한다.

(4) 적절한 중심별의 질량 : 행성에서 생명체가 진화하기 위해서는 행성이 생명 가능 지대에 오랫동안 머물러 있어야 한다.

중심별의 질량이 매우 큰 경우	별의 진화 속도가 빠르기 때문에 즉, 별의 수명이 짧아서 생명체가 진화할 시간이 부족하여 생명체가 존재하기 어렵다.
중심별의 질량이 매우 작은 경우	• 생명 가능 지대의 폭이 좁아 행성이 생명 가능 지대에 있을 확률이 낮다. • 생명 가능 지대가 중심별과 매우 가까운 곳에 형성되고, 행성이 중심별과 매우 가까워 동주기 자전을 하므로 밤낮의 변화가 거의 없어 생명체가 존재하기 어렵다.

3. 외계 생명체 탐사 활동

태양계 내의 생명체 탐사	• 우주 탐사선 : 태양계 일부 천체 혹은 외계 행성의 생명체를 탐사하는 탐사선으로 보이저호, 파이어니어호, 큐리오시티 등이 있다. • 지구의 극한 환경에 사는 생명체를 연구한다.
태양계 밖의 생명체 탐사	• 세티(SETI) 프로젝트 : 전파 망원경을 이용하여 인공적인 전파를 찾거나 전파를 보내서 외계 지적 생명체를 찾고 있다. • 우주 망원경 : 테스 망원경, 제임스 웹 망원경 등이 생명체가 존재할 가능성이 있는 행성을 찾고 있다.

주계열성의 질량과 수명

주계열성은 질량이 클수록 중심부에서 수소 핵융합 반응이 활발하게 일어나 연료 소모율이 커서 광도가 크고 수명이 짧다.

행성의 동주기 자전

행성이 중심별에 너무 가까이 위치하면 별의 기조력에 의해 행성의 자전 속도가 느려져서 행성의 공전 주기와 자전 주기가 같아지는데, 이를 동주기 자전이라고 한다.

기출 자료 | 분석

그림 (가)와 (나)는 어느 외계 행성에 의한 중심별의 시선 속도 변화와 겉보기 밝기 변화를 관측하여 각각 나타낸 것이다.

자료 체크 리스트
- [ ] 시선 속도 변화와 천체의 상대적 위치
- [ ] 시선 속도 변화와 식 현상
- [ ] 겉보기 밝기 변화와 천체의 운동 방향

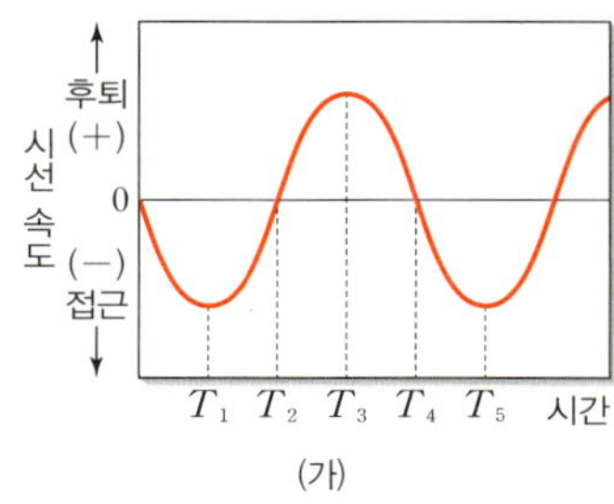

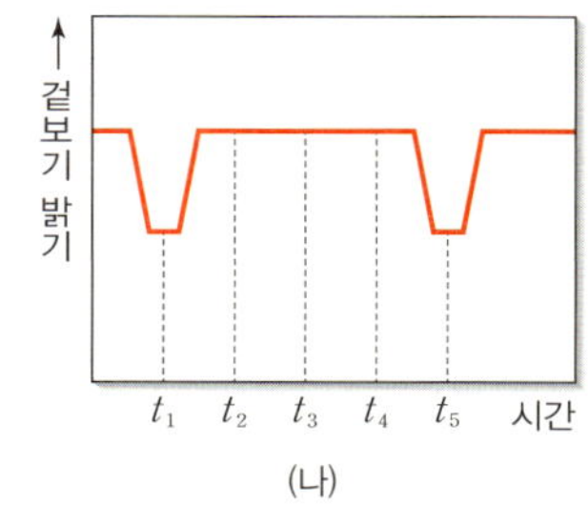

step 1 중심별의 시선 속도 변화로 중심별과 행성의 위치 파악하기

(가)에서 중심별의 시선 속도가 0일 때는 지구에서 가장 멀거나 가장 가까운 위치이다. T_2일 때는 시선 속도가 (−)에서 (+)로 변하므로 지구에 가장 가까울 때이고, T_4일 때는 시선 속도가 (+)에서 (−)로 변하므로 지구에서 가장 멀 때이다.

step 2 중심별의 시선 속도 변화로 식 현상이 나타나는 위치 파악하기

겉보기 밝기가 최소일 때는 식 현상이 일어날 때이다. (가)에서 식 현상은 중심별이 후퇴(시선 속도 +)하다가 접근(시선 속도 −)하는 시기, 즉 행성이 접근하다가 후퇴하는 시기인 T_4일 때 일어난다.

step 3 겉보기 밝기 변화로 중심별과 행성의 운동 방향 찾기

(나)에서 t_4일 때는 식 현상이 일어나기 전이다. 따라서 이때 외계 행성은 지구에 가까워지고, 중심별은 지구에서 멀어진다.

01
그림 (가)는 어느 외계 행성과 중심별이 공통 질량 중심을 중심으로 공전하는 모습을, (나)는 도플러 효과를 이용하여 측정한 이 중심별의 시선 속도 변화를 나타낸 것이다.

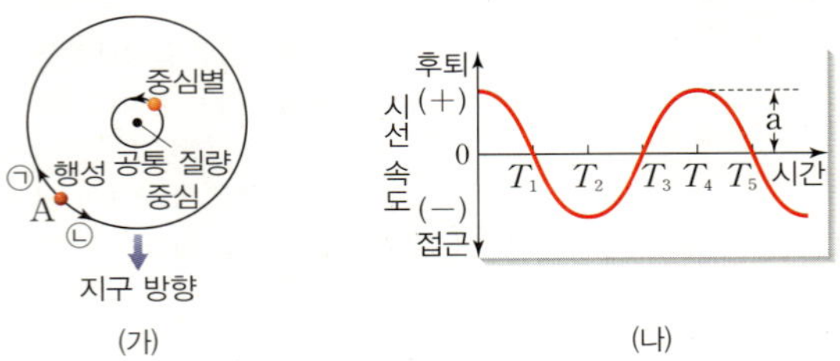

이에 대한 설명으로 옳은 것만을 〈보기〉에서 있는 대로 고른 것은?

┌ 보기 ┐
ㄱ. 공통 질량 중심에 대한 행성의 공전 방향은 ⓛ이다.
ㄴ. 행성의 질량이 클수록 a가 작아진다.
ㄷ. 행성이 A에 위치할 때 (나)에서는 $T_2{\sim}T_3$에 해당한다.

① ㄱ   ② ㄴ   ③ ㄷ
④ ㄱ, ㄴ   ⑤ ㄱ, ㄷ

03
그림 (가), (나), (다)는 서로 다른 외계 행성계를 나타낸 것이다. 세 중심별의 질량과 반지름은 태양과 같고, 세 행성의 반지름은 지구와 같다.

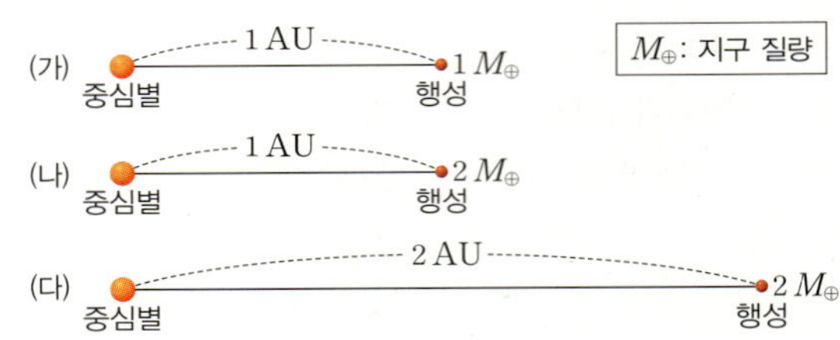

이에 대한 설명으로 옳은 것만을 〈보기〉에서 있는 대로 고른 것은? (단, 행성은 원 궤도를 따라 공전하며, 공전 궤도면은 관측자의 시선 방향과 나란하다.)

┌ 보기 ┐
ㄱ. 중심별과 행성의 공전 방향은 서로 반대이다.
ㄴ. 도플러 효과에 의한 시선 속도 변화폭은 (가)가 (나)보다 크다.
ㄷ. 별의 겉보기 밝기 변화폭은 (나)가 (다)보다 크다.

① ㄱ   ② ㄷ   ③ ㄱ, ㄴ
④ ㄴ, ㄷ   ⑤ ㄱ, ㄴ, ㄷ

02
그림 (가)와 (나)는 외계 행성을 탐사하는 두 가지 방법을 나타낸 것이다.

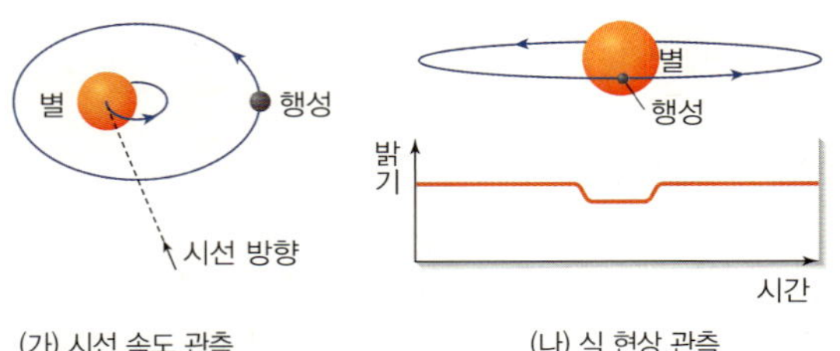

(가)와 (나) 방법의 공통점에 대한 설명으로 옳은 것만을 〈보기〉에서 있는 대로 고른 것은?

┌ 보기 ┐
ㄱ. 행성의 공전 주기를 구할 수 있다.
ㄴ. 행성의 공전 궤도면이 관측자의 시선 방향과 나란할 때 행성을 찾기 쉽다.
ㄷ. 행성의 질량이 클수록 행성을 찾기 쉽다.

① ㄱ   ② ㄷ   ③ ㄱ, ㄴ
④ ㄴ, ㄷ   ⑤ ㄱ, ㄴ, ㄷ

04
그림은 어느 외계 행성이 별 주위를 공전하는 모습과 이 별의 겉보기 밝기를 시간에 따라 나타낸 것이다.

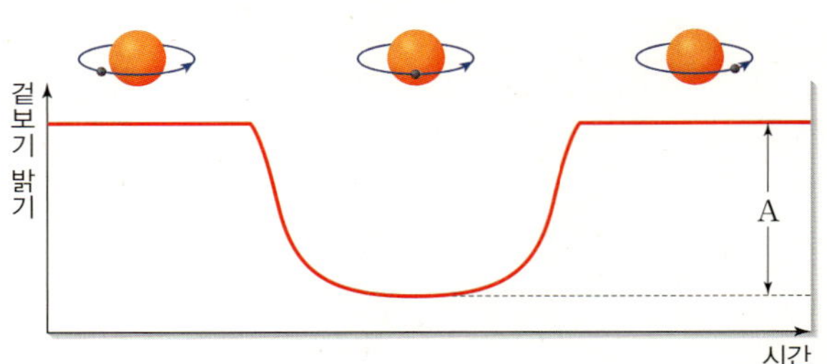

이에 대한 설명으로 옳은 것만을 〈보기〉에서 있는 대로 고른 것은?

┌ 보기 ┐
ㄱ. 행성의 반지름이 클수록 A값이 커진다.
ㄴ. 관측자의 시선 방향과 행성의 공전 궤도면이 수직일 때 이용할 수 있는 방법이다.
ㄷ. 행성의 공전 궤도 반지름이 클수록 행성 탐사가 쉽다.

① ㄱ   ② ㄴ   ③ ㄱ, ㄷ
④ ㄴ, ㄷ   ⑤ ㄱ, ㄴ, ㄷ

05 그림 (가)는 어떤 외계 행성계의 모습을, (나)는 행성 A, B의 식 현상에 의한 중심별의 겉보기 밝기 변화를 나타낸 것이다.

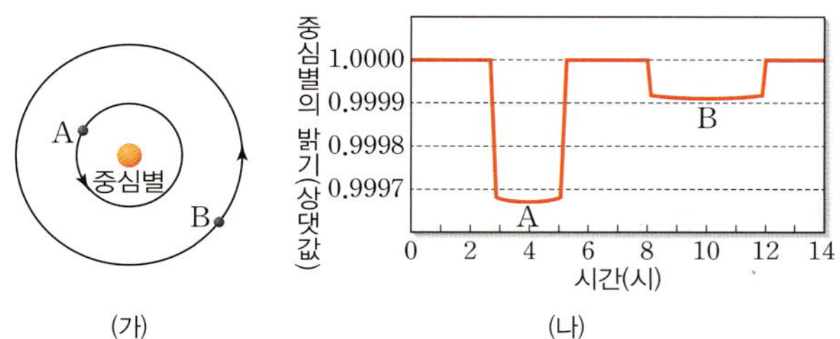

A가 B보다 큰 값을 가지는 것만을 〈보기〉에서 있는 대로 고른 것은? (단, 행성 A, B의 공전 궤도면은 관측자의 시선 방향과 나란하다.)

> **보기**
> ㄱ. 식 현상이 지속되는 시간
> ㄴ. 행성의 반지름
> ㄷ. 식 현상이 나타나는 주기

① ㄱ   ② ㄴ   ③ ㄱ, ㄷ
④ ㄴ, ㄷ   ⑤ ㄱ, ㄴ, ㄷ

06 그림은 여러 탐사 방법을 이용하여 최근까지 발견한 외계 행성의 특징을 나타낸 것이다.

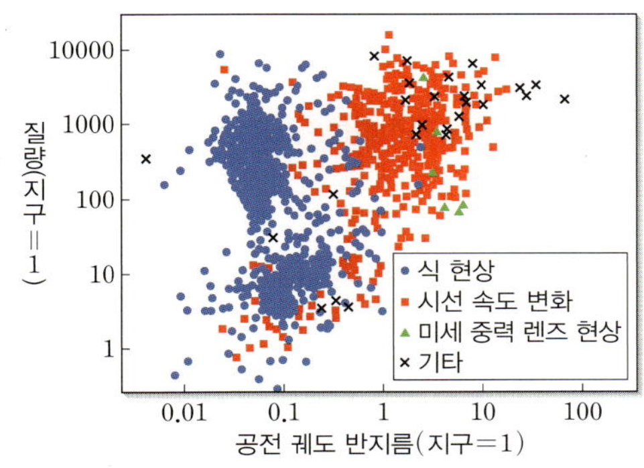

이 자료에 대한 설명으로 옳은 것만을 〈보기〉에서 있는 대로 고른 것은?

> **보기**
> ㄱ. 시선 속도 변화는 도플러 효과를 이용한다.
> ㄴ. 공전 궤도 반지름이 큰 행성의 탐사는 식 현상을 이용하는 방법이 가장 효과적이다.
> ㄷ. 관측자의 시선 방향과 공전 궤도면이 수직인 경우에는 중력에 의한 빛의 굴절 현상을 이용할 수 없다.

① ㄱ   ② ㄴ   ③ ㄱ, ㄷ
④ ㄴ, ㄷ   ⑤ ㄱ, ㄴ, ㄷ

07 그림은 주계열성인 외계 항성 S를 공전하는 5개 행성과 생명 가능 지대를 나타낸 것이다.

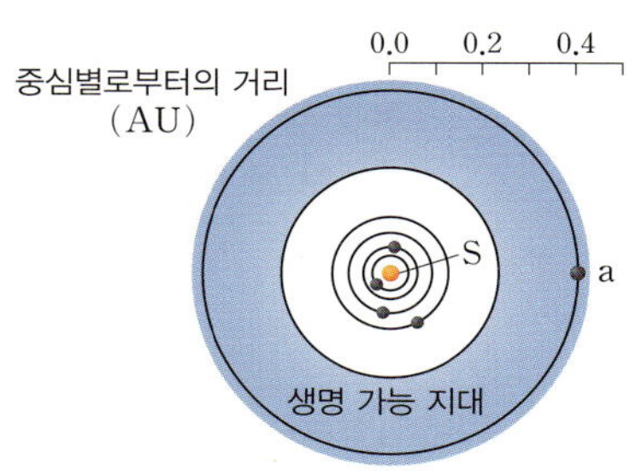

이에 대한 설명으로 옳은 것만을 〈보기〉에서 있는 대로 고른 것은?

> **보기**
> ㄱ. S의 표면 온도는 태양보다 낮다.
> ㄴ. a에는 물이 액체 상태로 존재할 수 있다.
> ㄷ. 생명 가능 지대에 머물 수 있는 기간은 지구가 a보다 길다.

① ㄱ   ② ㄴ   ③ ㄷ
④ ㄱ, ㄴ   ⑤ ㄴ, ㄷ

08 그림은 태양보다 질량이 작은 주계열성이 중심별인 어느 외계 행성계를 나타낸 것이다. 각 행성의 위치는 중심별로부터 행성까지의 거리에 해당하고, S 값은 그 위치에서 단위 시간당 단위 면적이 받는 복사 에너지이다. 생명 가능 지대에 존재하는 행성은 A이다.

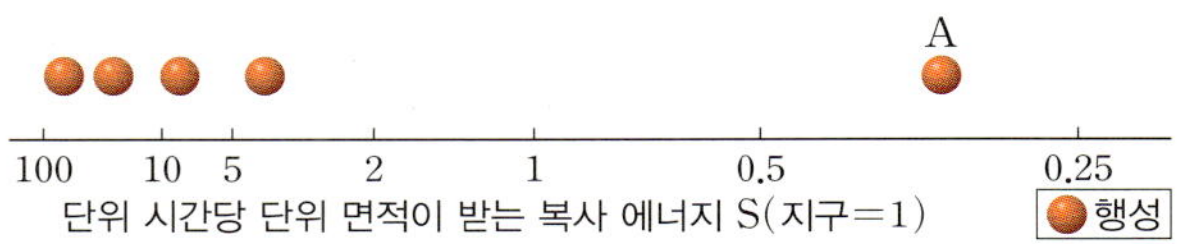

이 행성계에 대한 설명으로 옳은 것만을 〈보기〉에서 있는 대로 고른 것은?

> **보기**
> ㄱ. 중심별로부터 생명 가능 지대 안쪽 경계까지의 행성 수는 태양계보다 적다.
> ㄴ. S=1인 위치에서 중심별까지의 거리는 1 AU보다 멀 것이다.
> ㄷ. 생명 가능 지대에 존재하는 행성의 S 값은 태양계와 같다.

① ㄱ   ② ㄷ   ③ ㄱ, ㄴ
④ ㄴ, ㄷ   ⑤ ㄱ, ㄴ, ㄷ

01 중심별이 지구에 가까워지면 별빛의 파장이 짧아져 [   ] 편이가 나타나고, 시선 속도는 [   ]의 값이 된다.

01 그림 (가)는 중심별의 시선 속도를 측정하여 외계 행성을 탐사하는 방법을, (나)는 시간에 따른 시선 속도의 관측값을 나타낸 것이다.

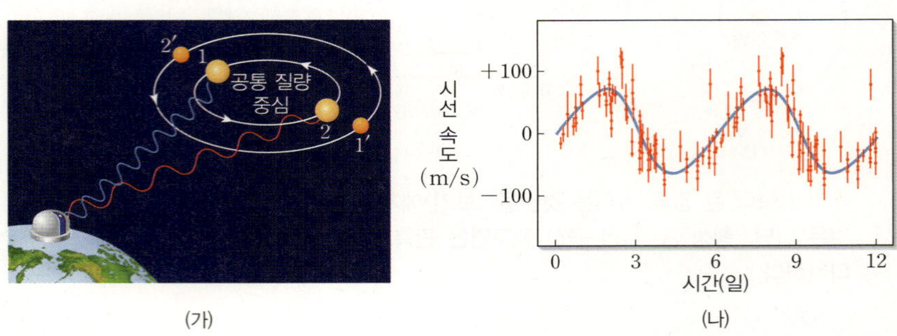

(가)   (나)

이에 대한 설명으로 옳은 것만을 〈보기〉에서 있는 대로 고른 것은? (단, 행성의 공전 궤도면은 관측자의 시선 방향과 나란하다.)

보기
ㄱ. 외계 행성의 공전 주기는 약 6일이다.
ㄴ. 외계 행성의 질량이 클수록 중심별의 시선 속도 변화는 더 커질 것이다.
ㄷ. 별의 시선 속도가 양(+)의 값에서 음(−)의 값으로 변할 때 외계 행성은 중심별의 앞쪽을 지나게 된다.

① ㄱ   ② ㄷ   ③ ㄱ, ㄴ
④ ㄴ, ㄷ   ⑤ ㄱ, ㄴ, ㄷ

02 식 현상을 이용하여 외계 행성을 찾는 방법은 행성의 반지름이 [   ] 수록 행성을 찾기 쉽다.

02 그림은 서로 다른 공전 주기로 중심별 주위를 공전하는 두 외계 행성 A, B에 의한 중심별의 밝기 변화를 나타낸 것이다.

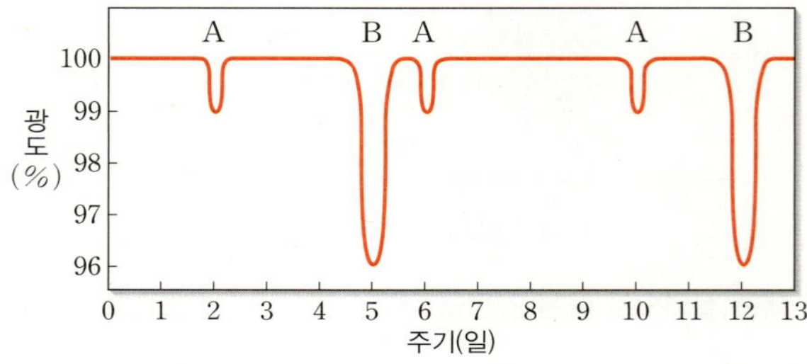

이에 대한 설명으로 옳은 것만을 〈보기〉에서 있는 대로 고른 것은? (단, 두 행성의 공전 궤도면은 관측자의 시선 방향과 나란하다.)

보기
ㄱ. 행성의 공전 주기는 A가 4일, B가 7일이다.
ㄴ. 행성의 반지름은 B가 A의 4배이다.
ㄷ. 별의 밝기 변화가 최대일 때 별의 시선 속도 변화가 최대가 된다.

① ㄱ   ② ㄴ   ③ ㄱ, ㄷ
④ ㄴ, ㄷ   ⑤ ㄱ, ㄴ, ㄷ

03 그림 (가)는 먼 천체 앞에서 별이 이동하는 모습을, (나)는 별이 이동하는 동안 먼 천체의 밝기 변화를 나타낸 것이다.

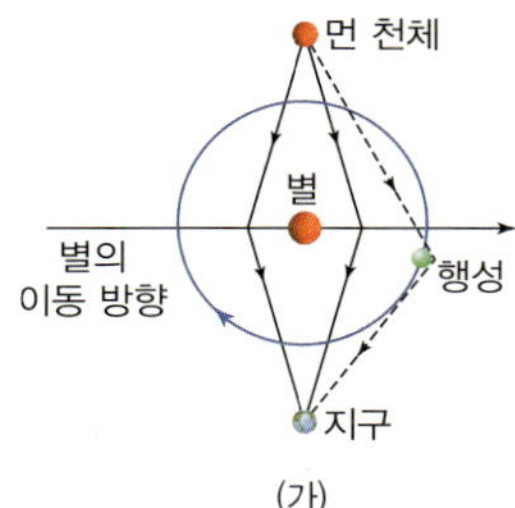

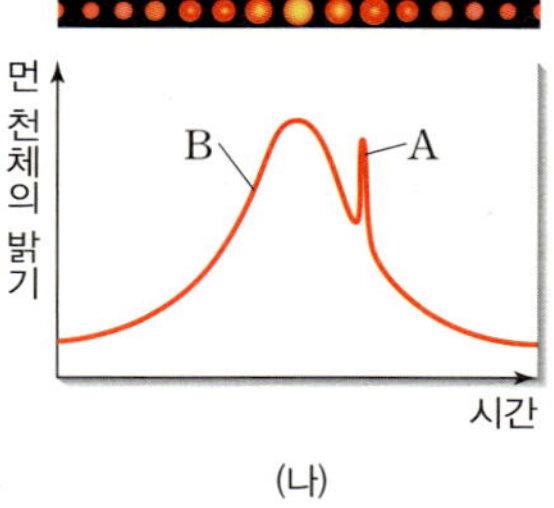

이에 대한 설명으로 옳은 것만을 〈보기〉에서 있는 대로 고른 것은?

| 보기 |
ㄱ. B는 앞쪽 별의 밝기 변화를 나타낸다.
ㄴ. 행성에 의한 밝기 변화는 A이다.
ㄷ. 지구형 행성과 같이 크기가 작은 행성을 찾는 데 이용할 수 있다.

① ㄱ　　　　　② ㄴ　　　　　③ ㄱ, ㄷ
④ ㄴ, ㄷ　　　　⑤ ㄱ, ㄴ, ㄷ

03 미세 중력 렌즈 현상은 드물게 발생하므로 주기적인 관측이 ☐☐☐☐☐하다.

04 그림은 케플러-186과 케플러-452를 중심별로 하는 두 외계 행성계와 태양계를 생명 가능 지대와 함께 나타낸 것이다.

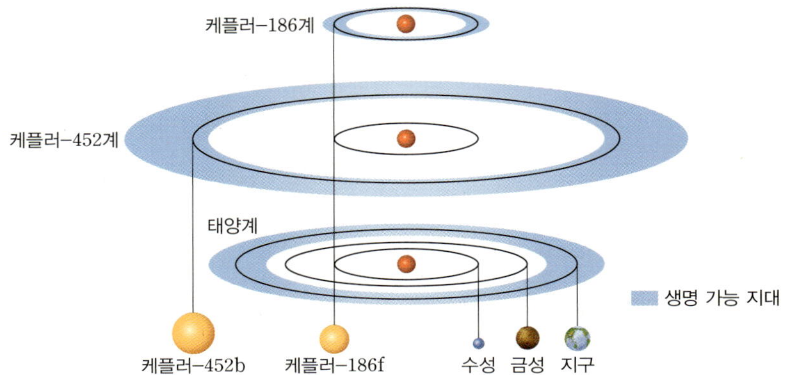

이에 대한 설명으로 옳은 것만을 〈보기〉에서 있는 대로 고른 것은?

| 보기 |
ㄱ. 행성의 표면 온도는 케플러-186f가 수성보다 높다.
ㄴ. 생명 가능 지대에 머물러 있는 시간은 지구가 케플러-452b보다 길다.
ㄷ. 케플러-186f와 케플러-452b에서는 물이 액체 상태로 존재할 수 있다.

① ㄱ　　　　　② ㄴ　　　　　③ ㄱ, ㄷ
④ ㄴ, ㄷ　　　　⑤ ㄱ, ㄴ, ㄷ

04 중심별의 질량이 클수록 생명 가능 지대는 별에서 멀어지고, 생명 가능 지대의 폭은 ☐☐☐☐.

외부 은하와 우주 팽창

Ⅲ. 우주 · **11강**

A 외부 은하		B 허블 법칙과 우주론		C 암흑 물질과 암흑 에너지	
은하의 분류	★★☆	허블 법칙과 우주 팽창	★★★	우주의 구성 물질	★☆☆
특이 은하	★★☆	우주론	★★☆	우주의 미래	★☆☆

은하의 분류

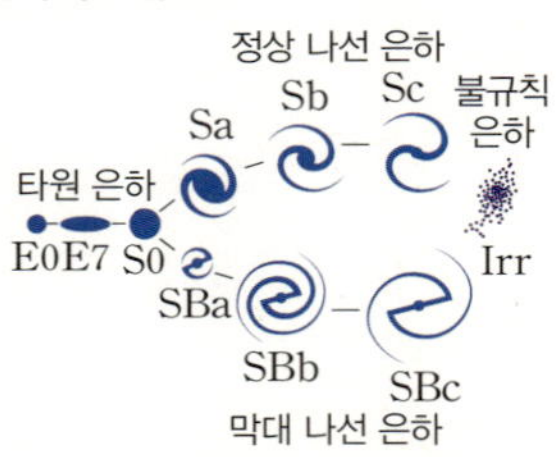

관측된 외부 은하 중 나선 은하는 약 77 %로 가장 많고, 타원 은하는 약 20 %이고, 불규칙 은하는 약 3 %로 가장 적다.

A 외부 은하 — 은하의 모양과 진화는 아무런 관련이 없다.

1. **은하의 분류** 허블은 외부 은하를 가시광선 영역에서 관측되는 모양에 따라 타원 은하, 나선 은하, 불규칙 은하로 분류하였다.

타원 은하	• E0~E7로 세분하며, E7로 갈수록 편평도가 증가한다. • 성간 물질이 상대적으로 적어 새로운 별의 탄생은 거의 없다. • 나이가 많은 별들로 이루어져 있어 대체로 붉은색을 띤다.
나선 은하	• 은하핵을 가로지르는 막대 모양 구조의 유무에 따라 막대 나선 은하(SB)와 정상 나선 은하(S)로 분류한다. • 은하핵의 크기와 나선팔이 감긴 정도에 따라 a~c로 세분한다. ── a → b → c로 갈수록 중심핵의 크기는 작고, 나선팔이 느슨하게 감겨 있다. • 은하의 중심부 : 나이가 많은 붉은색의 별이 주로 분포한다. • 은하의 나선팔 : 많은 양의 성간 물질이 분포하며 나이가 적은 파란색의 별이 주로 분포한다.
불규칙 은하	모양이 일정하지 않으며, 성간 물질과 나이가 적은 별들이 많다.

2. **특이 은하** 허블의 은하 분류 체계로 분류되지 않는 은하

전파 은하	• 전파 영역에서 매우 높은 에너지를 방출한다. • 중심핵을 가지고 양쪽에 거대한 돌출부인 로브가 있으며, 로브와 중심은 제트로 연결되어 있다. • 가시광선 영역에서 대부분 타원 은하로 관측된다.
세이퍼트은하	• 은하의 중심핵이 매우 밝고 스펙트럼에서 넓은 방출선이 나타난다. • 가시광선 영역에서 대부분 나선 은하로 관측된다.
퀘이사	• 적색 편이가 매우 크게 나타난다. ➡ 매우 먼 거리에 있는 우주 탄생 초기의 은하임을 알 수 있다. • 하나의 별처럼 관측된다.

충돌 은하

은하가 충돌하는 과정에서 형성되는 은하로, 은하가 충돌할 때 별의 크기보다 별 사이의 공간이 크기 때문에 내부에 있는 별들이 서로 충돌할 가능성은 거의 없다. 하지만 격렬한 충격으로 급격히 기체가 압축되어 많은 별들이 탄생할 수 있다.

B 허블 법칙과 우주론

1. **허블 법칙과 우주 팽창**

(1) 허블 법칙 : 외부 은하의 후퇴 속도(v)는 외부 은하까지의 거리(r)에 비례한다.

➡ 허블 상수(H)는 1 Mpc당 우주가 팽창하는 속도(km/s)를 나타내는 값이다.

└ 허블 상수는 허블 법칙의 그래프에서 기울기에 해당한다.

$$v = H \times r$$

우주의 나이(t)	허블 상수의 역수 ➡ $t = \dfrac{r}{v} = \dfrac{1}{H}$
우주의 크기(r)	관측 가능한 우주의 크기(r)는 광속(c)으로 멀어지는 은하까지의 거리 ➡ $r = \dfrac{c}{H}$

(2) 우주의 팽창 : 허블 법칙은 우주 공간이 모든 방향에 대하여 균일하게 팽창하고 있음을 나타내는데 우주에서 특별한 팽창의 중심은 존재하지 않는다. 또한 멀리 있는 은하일수록 빠르게 멀어진다.

2. **빅뱅 우주론과 정상 우주론**

구분	빅뱅 우주론(대폭발 우주론)	정상 우주론
우주의 질량	일정	증가
우주의 밀도	감소	일정
우주의 온도	감소	일정
특징	온도와 밀도가 매우 높은 한 점에서 대폭발이 일어난 후 점차 팽창한다.	우주의 팽창으로 생겨난 빈 공간을 같은 밀도로 채우기 위해 새로운 물질이 계속 생성된다.

빅뱅 우주론의 증거

• 우주 배경 복사 : 우주의 온도가 약 3000 K일 때 방출되었는데 우주의 팽창으로 우주의 온도가 계속 낮아져 현재는 약 2.7 K에 해당하는 전파가 균일하게 관측된다.
• 수소와 헬륨의 질량비 : 빅뱅 우주론에서는 우주에 분포하는 수소와 헬륨의 질량비를 약 3 : 1로 예측하였는데 이 값은 최근 별빛의 선 스펙트럼을 분석한 결과와 일치한다.

3. 급팽창 이론과 가속 팽창 우주
  (1) 급팽창 이론 : 빅뱅 이후 우주가 빛보다 빠른 속도로 팽창하였다는 이론으로, 빅뱅 우주론으로
    는 설명하지 못하는 세 가지 문제점을 설명하였다.

— 우주 탄생 후 $10^{-36} \sim 10^{-34}$초 사이

빅뱅 우주론의 문제점	급팽창 이론에서의 설명
우주의 지평선 문제	급팽창 이전의 우주 탄생 초기에는 우주의 크기가 우주의 지평선의 크기보다 작았기 때문에 양끝의 두 지점에서 정보를 충분히 교환할 수 있었다. — 관측 가능한 우주의 크기
우주의 평탄성 문제	우주가 둥근 풍선의 표면처럼 휘어져 있어도 우주 생성 초기에 급격히 팽창하여 공간의 크기가 매우 커지게 되면 관측되는 우주의 영역은 평탄하다.
우주의 자기 홀극 문제	우주가 생성 초기에 급격히 팽창하면서 자기 홀극의 밀도가 관측 가능량 미만으로 크게 감소하였기 때문에 발견하기 어렵다.

  (2) 가속 팽창 우주 : Ia형 초신성의 관측 결과 초신성까지의 거리가 은하의 후퇴 속도로 예측한 거
    리보다 더 멀었다. ➡ 우주의 팽창 속도가 빨라지고 있다. — Ia형 초신성은 절대 등급이 일정하기 때문에
    외부 은하의 거리 측정에 이용된다.

C 암흑 물질과 암흑 에너지

1. 우주의 구성 물질 보통 물질(4.9 %), 암흑 물질(26.8 %), 암흑 에너지(68.3 %)로 이루어져 있다.
— 별, 은하 등

암흑 물질	• 빛을 방출하거나 흡수하지 않기 때문에 직접 관측할 수 없고, 중력을 통해서만 그 존재를 추정할 수 있는 물질이다. • 암흑 물질의 추정 방법 : 나선 은하의 회전 속도 곡선, 중력 렌즈 현상 등 • 역할 : 암흑 물질은 질량이 있어 중력의 작용으로 물질을 끌어당기기 때문에 우주 초기에 별과 은하를 생성하는 데 중요한 역할을 하였다.
암흑 에너지	• 우주 공간에서 진공 자체의 척력이 암흑 에너지로 추정된다 • 우주에 널리 퍼져 있는 암흑 에너지가 우주를 가속 팽창시킨다.

2. 우주의 미래 암흑 에너지의 영향력이 커져서 계속 가속 팽창할 것으로 예측된다.

열린 우주	• 우주의 평균 밀도<임계 밀도 — 우주의 팽창 속도가 0에 수렴할 때의 밀도, 즉 평탄 우주의 밀도 • 말 안장 모양의 음(−)의 곡률
닫힌 우주	• 우주의 평균 밀도>임계 밀도 • 공 모양의 양(+)의 곡률
평탄 우주	• 우주의 평균 밀도=임계 밀도 • 편평한 모양의 0의 곡률

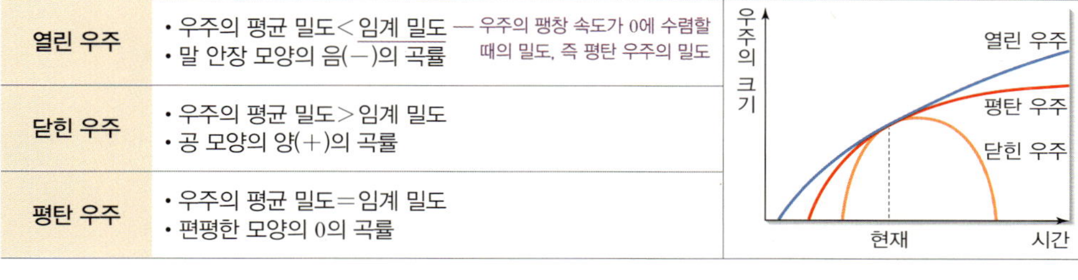

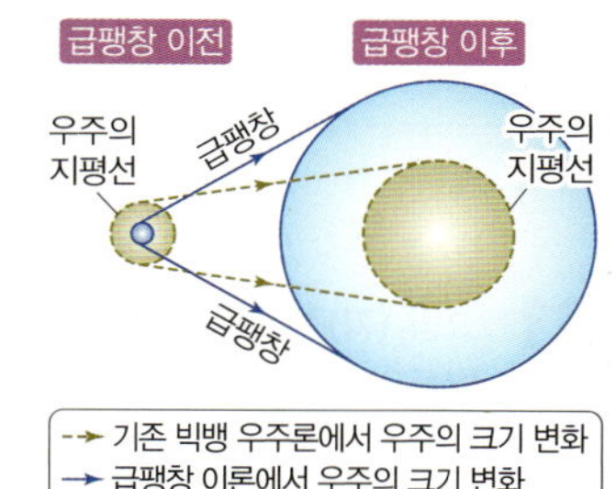

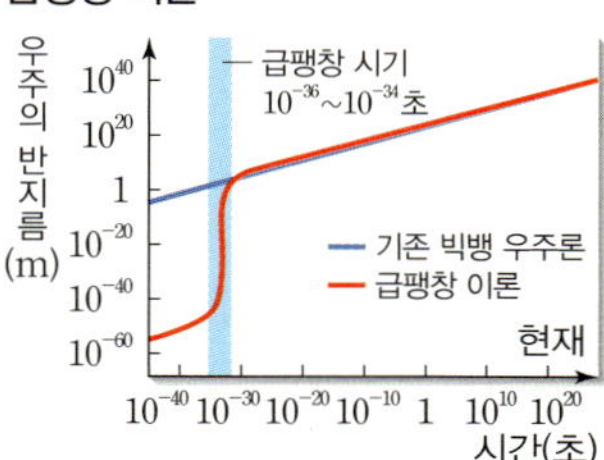

급팽창은 공간 자체의 팽창으로 빛의 속도보다 빠르게 일어날 수 있다.

그림은 은하 A와 B의 관측 스펙트럼에서 방출된 (가)와 (나)가 각각 적색 편이된 것을 비교 스펙트럼과 함께 나타낸 것이다. 은하 A와 B는 동일한 시선 방향에 위치하고, 허블 법칙을 만족한다.

자료 체크 리스트
☐ 파장의 변화량과 후퇴 속도
☐ 스펙트럼과 파장의 변화량
☐ 허블 법칙과 은하의 파장

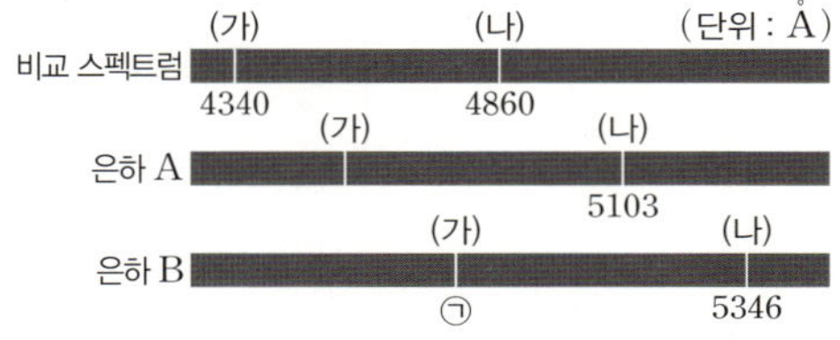

step 1 파장의 변화량으로 은하의 후퇴 속도 계산하기

은하의 후퇴 속도는 $v = \dfrac{\Delta\lambda}{\lambda_0} \times c$로 구할 수 있다. 따라서 은하 A의 후퇴 속도는 $\dfrac{5103 - 4860}{4860} \times 3 \times 10^5 = 15000$ km/s이다.

step 2 비교 스펙트럼에서 은하의 파장 변화량 계산하기

은하 A에서 (나)의 파장 변화량=5103−4860=243 Å이고, 은하 B에서 (나)의 파장 변화량=5346−4860=486 Å이다. 따라서 두 은하는 모두 우리은하로부터 멀어지고 있으며, 은하 A보다 은하 B의 후퇴 속도가 2배 빠르다. 은하 B의 후퇴 속도가 30000 km/s이므로 $\dfrac{㉠ - 4340}{4340} \times 3 \times 10^5 = 30000$ km/s에서 ㉠은 4774 Å이다.

step 3 허블 법칙을 이용하여 은하의 파장 계산하기

은하 B에서 은하 A를 관측하는 경우는 우리은하에서 은하 A를 관측하는 경우와 같다. 따라서 은하 A에서 (가)의 파장은 4557 Å이다.

01 그림 (가)는 은하의 형태에 따른 분류를, (나)는 각 은하에 속한 별들의 색지수 분포를 나타낸 것이다.

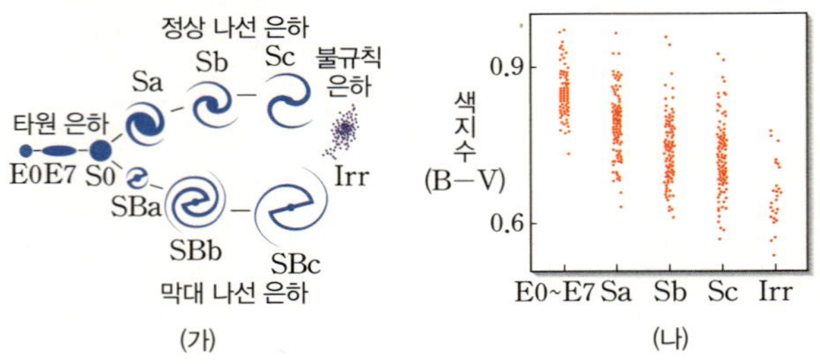

이에 대한 설명으로 옳은 것만을 〈보기〉에서 있는 대로 고른 것은?

| 보기 |
ㄱ. 붉은색 별의 비율은 타원 은하가 불규칙 은하보다 높다.
ㄴ. Sb형 은하는 Sa형 은하보다 젊은 별의 비율이 낮다.
ㄷ. 별의 탄생은 불규칙 은하보다 타원 은하에서 활발하다.

① ㄱ   ② ㄴ   ③ ㄱ, ㄷ
④ ㄴ, ㄷ   ⑤ ㄱ, ㄴ, ㄷ

02 표는 특이 은하 (가)와 (나)의 스펙트럼과 특징을 나타낸 것이다. (가)와 (나) 중 하나는 퀘이사이고, 다른 하나는 세이퍼트은하이다.

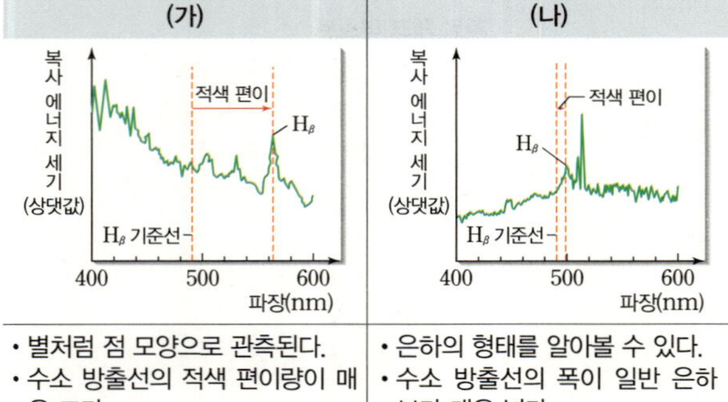

(가)	(나)
• 별처럼 점 모양으로 관측된다. • 수소 방출선의 적색 편이량이 매우 크다.	• 은하의 형태를 알아볼 수 있다. • 수소 방출선의 폭이 일반 은하보다 매우 넓다.

이에 대한 설명으로 옳은 것만을 〈보기〉에서 있는 대로 고른 것은?

| 보기 |
ㄱ. (가)는 퀘이사이다.
ㄴ. 은하의 후퇴 속도는 (가)가 (나)보다 빠르다.
ㄷ. 우리은하로부터의 거리는 (가)가 (나)보다 멀다.

① ㄱ   ② ㄷ   ③ ㄱ, ㄴ
④ ㄴ, ㄷ   ⑤ ㄱ, ㄴ, ㄷ

03 그림 (가)와 (나)는 전파 은하 M87을 각각 가시광선과 전파로 관측한 영상이다.

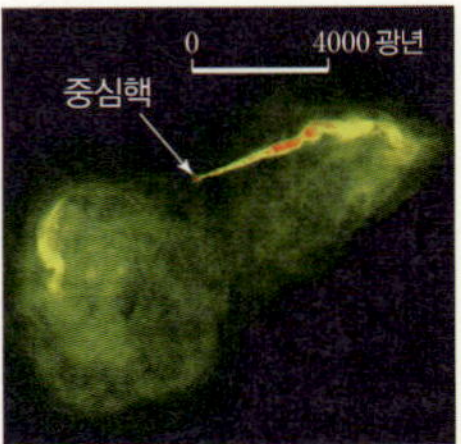

(가) 가시광선 영상   (나) 전파 영상

이에 대한 설명으로 옳은 것만을 〈보기〉에서 있는 대로 고른 것은?

| 보기 |
ㄱ. 허블의 은하 분류에서 나선 은하에 속한다.
ㄴ. 전파 영역에서 매우 강한 에너지를 방출한다.
ㄷ. 우주 탄생 초기의 은하로 하나의 별처럼 관측된다.

① ㄱ   ② ㄴ   ③ ㄱ, ㄷ
④ ㄴ, ㄷ   ⑤ ㄱ, ㄴ, ㄷ

04 그림은 절대 등급이 같은 외부 은하 A, B, C의 거리에 따른 후퇴 속도를 나타낸 것이다.

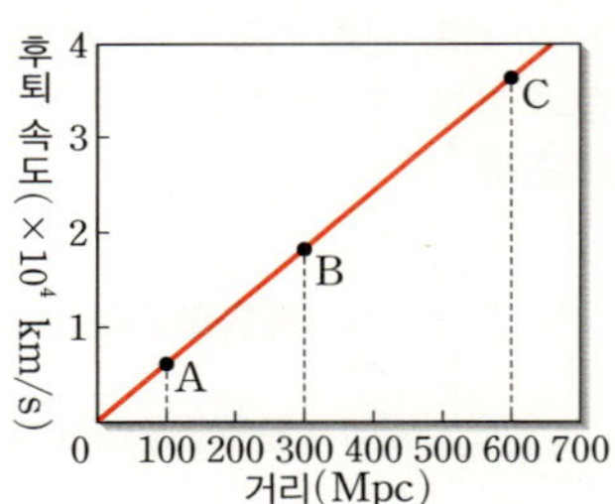

이에 대한 설명으로 옳은 것만을 〈보기〉에서 있는 대로 고른 것은?

| 보기 |
ㄱ. 겉보기 밝기는 A가 B보다 약 9배 밝다.
ㄴ. B에서 본 은하의 후퇴 속도는 C가 A의 2배이다.
ㄷ. 우주가 팽창함에 따라 우리은하에서 본 C의 후퇴 속도는 현재보다 빨라질 것이다.

① ㄱ   ② ㄴ   ③ ㄷ
④ ㄱ, ㄴ   ⑤ ㄱ, ㄷ

05 그림은 우주 배경 복사의 파장에 따른 복사 강도를 나타낸 것이다.

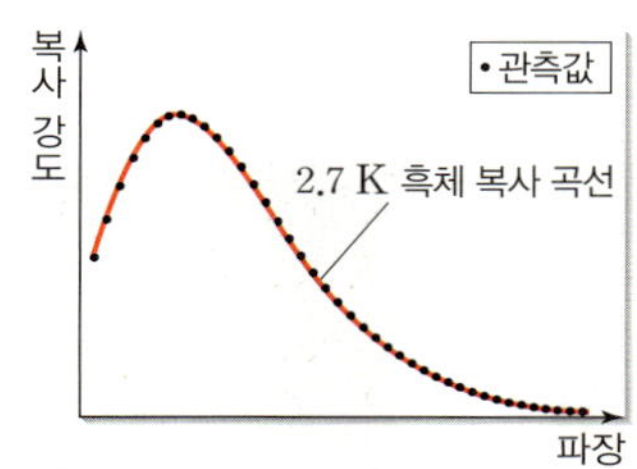

이에 대한 설명으로 옳은 것만을 〈보기〉에서 있는 대로 고른 것은?

| 보기 |
ㄱ. 우주 배경 복사는 급팽창 우주론의 증거이다.
ㄴ. 우주 배경 복사가 방출되었던 시기에 우주의 온도는 약 2.7 K였다.
ㄷ. 우주 배경 복사의 파장은 점점 길어질 것이다.

① ㄱ   ② ㄷ   ③ ㄱ, ㄴ
④ ㄴ, ㄷ   ⑤ ㄱ, ㄴ, ㄷ

06 그림은 빅뱅 우주론과 급팽창 이론에 따른 우주의 크기 변화를 A, B로 순서 없이 나타낸 것이다.

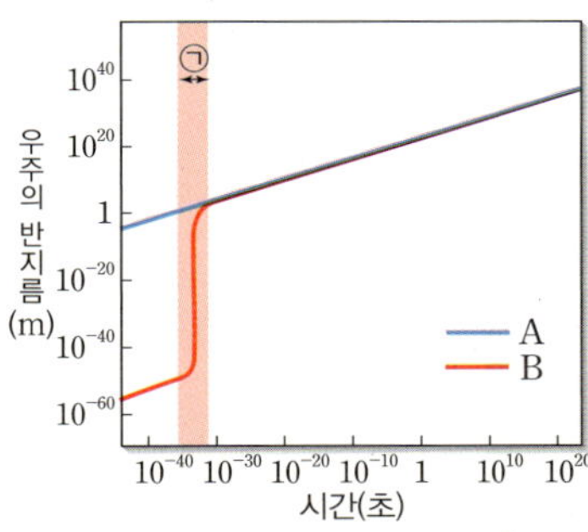

이에 대한 설명으로 옳은 것만을 〈보기〉에서 있는 대로 고른 것은?

| 보기 |
ㄱ. A는 빅뱅 우주론에 따른 우주의 크기 변화이다.
ㄴ. B는 ㉠ 시기에 우주의 크기가 빛의 속도로 증가하였다.
ㄷ. B는 빅뱅 우주론의 지평선 문제를 해결하였다.

① ㄱ   ② ㄴ   ③ ㄱ, ㄷ
④ ㄴ, ㄷ   ⑤ ㄱ, ㄴ, ㄷ

07 그림은 절대 등급이 일정한 Ia형 초신성의 적색 편이량과 겉보기 등급을 나타낸 것이다.

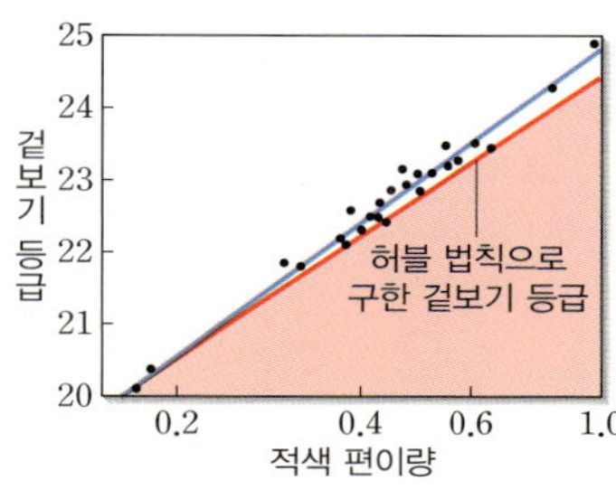

이에 대한 설명으로 옳은 것만을 〈보기〉에서 있는 대로 고른 것은?

| 보기 |
ㄱ. 멀리 있는 Ia형 초신성일수록 허블 법칙으로 구한 밝기보다 더 어둡게 보이는 경향이 있다.
ㄴ. 현재 우주는 가속 팽창하고 있음을 의미한다.
ㄷ. 이러한 관측 결과는 암흑 물질로 설명할 수 있다.

① ㄱ   ② ㄴ   ③ ㄷ
④ ㄱ, ㄴ   ⑤ ㄴ, ㄷ

08 그림은 우주를 구성하는 요소의 시간에 따른 비율 변화를 예측하여 나타낸 것이다.

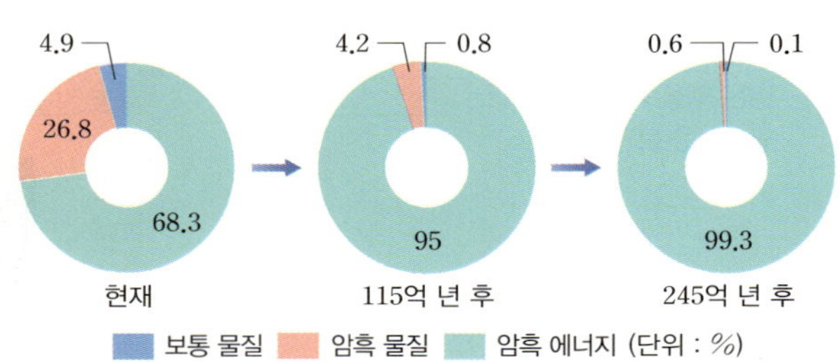

이에 대한 설명으로 옳은 것만을 〈보기〉에서 있는 대로 고른 것은?

| 보기 |
ㄱ. 현재 우주에는 척력으로 작용하는 요소의 비율이 인력으로 작용하는 요소의 비율보다 많다.
ㄴ. 전자기파로 관측되지 않아 중력적인 방법을 통해서만 관측할 수 있는 물질의 밀도는 점점 커질 것이다.
ㄷ. 115억 년 후에는 현재보다 우주의 팽창 속도가 느려질 것이다.

① ㄱ   ② ㄴ   ③ ㄱ, ㄷ
④ ㄴ, ㄷ   ⑤ ㄱ, ㄴ, ㄷ

01 나선 은하는 나이가 많은 별이 주로 분포하는 은하핵과 젊은 별이 많이 분포하는 ⬚로 이루어져 있다.

01 그림 (가)와 (나)는 서로 다른 두 은하의 가시광선 영상이다.

(가)   (나)

이에 대한 설명으로 옳은 것만을 〈보기〉에서 있는 대로 고른 것은?

┌─ 보기 ┐
ㄱ. (가)가 진화하면 나선팔이 형성된다.
ㄴ. (나)에서 별의 평균 색지수는 은하 중심부보다 나선팔에서 크다.
ㄷ. 보통 물질 중 성간 물질이 차지하는 비율은 (가)가 (나)보다 작다.

① ㄱ   ② ㄷ   ③ ㄱ, ㄴ
④ ㄴ, ㄷ   ⑤ ㄱ, ㄴ, ㄷ

02 세이퍼트은하는 다른 은하에 비해 매우 밝은 핵을 가지고 있으며, ⬚ 방출선을 보인다.

02 그림 (가)는 가시광선 영역에서 관측된 어느 세이퍼트은하를, (나)는 이 은하에서 관측된 스펙트럼을 나타낸 것이다.

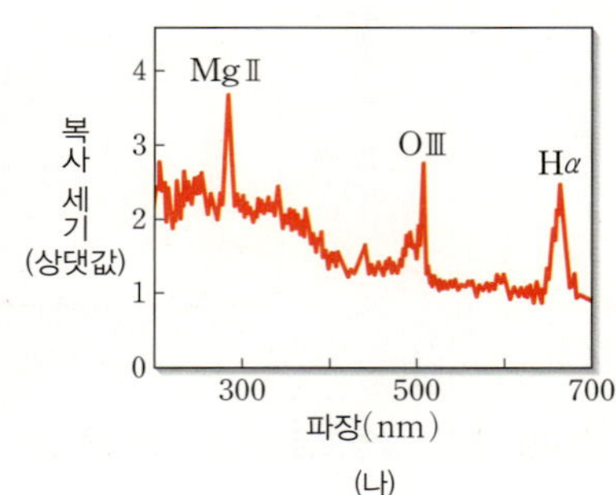

(가)   (나)

이에 대한 설명으로 옳은 것만을 〈보기〉에서 있는 대로 고른 것은?

┌─ 보기 ┐
ㄱ. (가)는 허블의 은하 분류상 나선 은하에 해당한다.
ㄴ. (나)에는 폭이 넓은 수소 방출선이 나타난다.
ㄷ. (가) 내부의 가스운이 매우 빠른 속도로 움직이고 있다.

① ㄱ   ② ㄷ   ③ ㄱ, ㄴ
④ ㄴ, ㄷ   ⑤ ㄱ, ㄴ, ㄷ

03 그림은 두 개의 나선 은하가 충돌하는 과정에서 형성된 충돌 은하의 모습이다.

이에 대한 설명으로 옳은 것만을 〈보기〉에서 있는 대로 고른 것은?

| 보기 |

ㄱ. 두 은하에서 관측한 스펙트럼은 적색 편이가 나타난다.
ㄴ. 나선 은하가 충돌하여 불규칙 은하를 형성한다.
ㄷ. 은하가 충돌하는 과정은 새로운 별의 탄생을 촉진한다.

① ㄱ   ② ㄷ   ③ ㄱ, ㄴ
④ ㄴ, ㄷ   ⑤ ㄱ, ㄴ, ㄷ

04 그림 (가)는 여러 외부 은하의 거리와 시선 속도(후퇴 속도)의 관계를, (나)는 두 외부 은하 A, B의 스펙트럼을 나타낸 것이다. 은하의 스펙트럼에서 화살표는 적색 편이의 크기를 나타낸다.

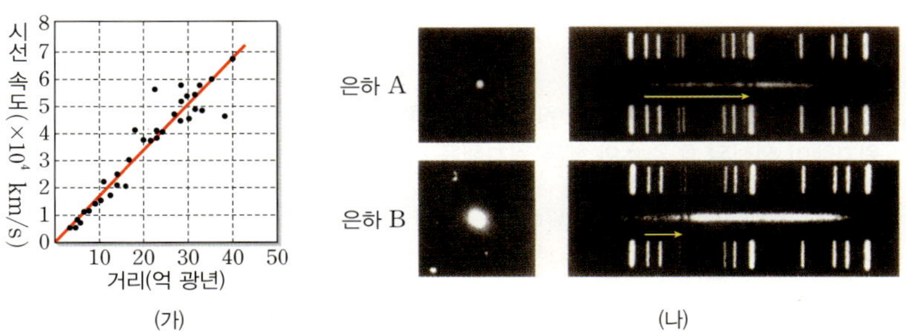

이에 대한 설명으로 옳은 것만을 〈보기〉에서 있는 대로 고른 것은? (단, 1광년은 0.3 pc과 같다.)

| 보기 |

ㄱ. 허블 상수는 50 km/s/Mpc보다 작다.
ㄴ. 후퇴 속도는 은하 A가 은하 B보다 크다.
ㄷ. 은하까지의 거리는 은하 A가 은하 B보다 멀다.

① ㄱ   ② ㄴ   ③ ㄱ, ㄷ
④ ㄴ, ㄷ   ⑤ ㄱ, ㄴ, ㄷ

05 빅뱅 우주론에 따르면 초기 우주에서 생성된 수소(H)와 헬륨(He)의 질량비는 약 [   ] 이다.

05 그림 (가)와 (나)는 허블 법칙에 따라 팽창하고 있는 우주를 풍선 모형으로 나타낸 것이다. 풍선 표면에 고정시킨 단추 A, B, C는 은하에, 물결 무늬(∼)는 우주 배경 복사에 해당한다.

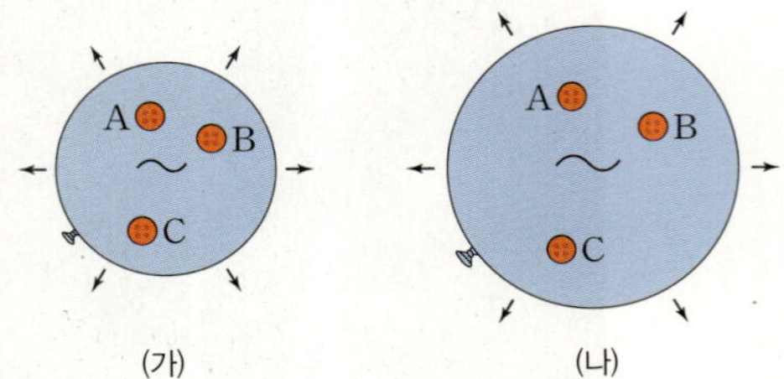

(가)에 해당하는 우주가 (나)에 해당하는 우주보다 큰 값을 갖는 물리량만을 〈보기〉에서 있는 대로 고른 것은?

┤보기├
ㄱ. 우주의 팽창 속도
ㄴ. 우주 배경 복사의 온도
ㄷ. 우주의 밀도

① ㄱ   ② ㄴ   ③ ㄱ, ㄷ
④ ㄴ, ㄷ   ⑤ ㄱ, ㄴ, ㄷ

06 빅뱅 우주론의 증거는 수소와 헬륨의 질량비가 약 [   ]이라는 것과 우주의 모든 방향에서 거의 균일하게 관측되는 [   ]이다.

06 그림 (가)는 우주 초기에 헬륨 원자핵이 생성되기 전 양성자와 중성자의 개수비를, (나)는 헬륨 원자핵이 생성된 후 수소와 헬륨 원자핵을 나타낸 것이다.

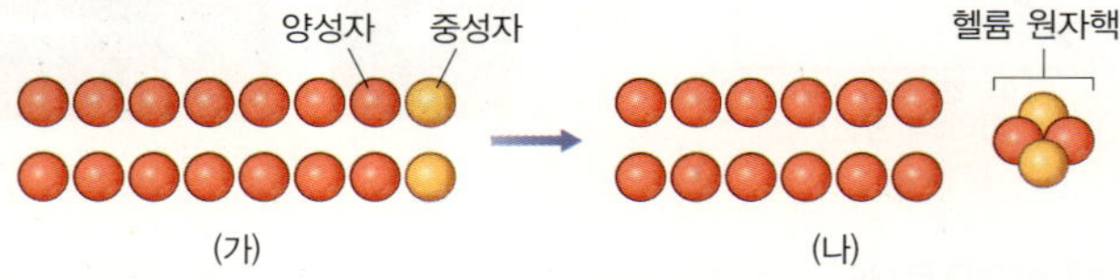

이에 대한 설명으로 옳은 것만을 〈보기〉에서 있는 대로 고른 것은?

┤보기├
ㄱ. 빅뱅 후 38만 년이 되었을 때 헬륨 원자핵이 생성되었다.
ㄴ. 헬륨 원자핵이 생성된 후 수소 원자핵과 헬륨 원자핵의 개수비는 12 : 1이다.
ㄷ. 우주에 존재하는 수소와 헬륨의 질량비는 현재보다 (나) 시기에 훨씬 컸다.

① ㄱ   ② ㄴ   ③ ㄱ, ㄷ
④ ㄴ, ㄷ   ⑤ ㄱ, ㄴ, ㄷ

07 그림은 기존의 빅뱅 우주론과 급팽창 이론의 우주 팽창 모형을 나타낸 것이다.

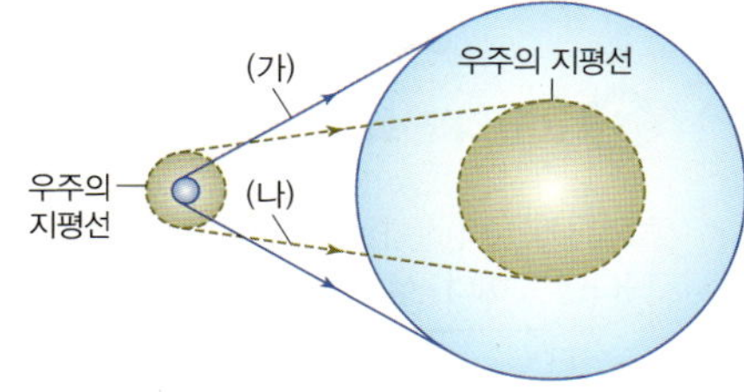

이에 대한 설명으로 옳은 것만을 〈보기〉에서 있는 대로 고른 것은?

> **보기**
> ㄱ. (가)는 급팽창 이론에서 우주의 크기 변화이다.
> ㄴ. (나)는 우주의 지평선 문제를 해결하였다.
> ㄷ. 급팽창 이전 우주의 크기는 (가)가 (나)보다 작다.

① ㄱ　　　　　② ㄴ　　　　　③ ㄱ, ㄷ
④ ㄴ, ㄷ　　　　⑤ ㄱ, ㄴ, ㄷ

07 급팽창 이전 우주의 크기는 우주의 지평선보다 ☐☐☐☐ 멀리 떨어진 두 지역이 서로 정보 교환을 할 수 있었다.

08 그림은 우주의 구성 요소 중 물질과 암흑 에너지의 비율이 서로 다른 우주 모형 A, B, C에서 시간에 따른 우주의 상대적 크기를 나타낸 것이다.

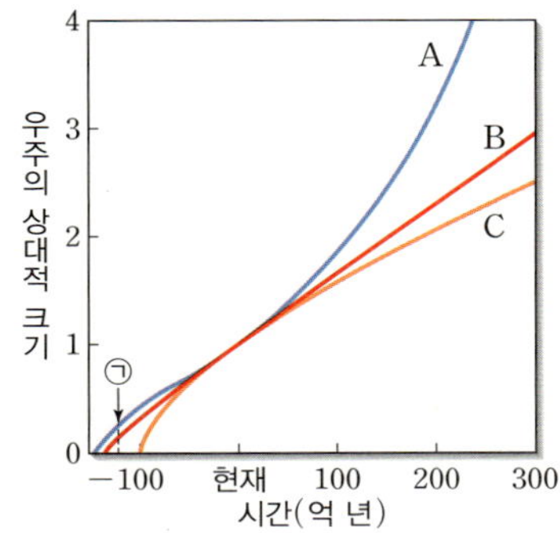

이에 대한 설명으로 옳은 것만을 〈보기〉에서 있는 대로 고른 것은?

> **보기**
> ㄱ. 암흑 에너지를 고려한 우주 모형은 B이다.
> ㄴ. A에서 ㉠ 시기에 우주의 팽창 속도는 현재보다 컸다.
> ㄷ. 우주의 나이는 A로 추정한 값이 C로 추정한 값보다 많다.

① ㄱ　　　　　② ㄴ　　　　　③ ㄷ
④ ㄱ, ㄷ　　　　⑤ ㄴ, ㄷ

08 현재 우주는 암흑 에너지의 영향으로 ☐☐☐☐ 팽창하고 있다.

S 대단원 예상 적중 자료 정리

① 별의 물리량
8강_ 84쪽 5번

표는 별 A, B, C의 겉보기 등급, 절대 등급, 분광형을 나타낸 것이다.

별	겉보기 등급	절대 등급	분광형
A	−3	−1	B5
B	1	−1	K1
C	−1	−2	M0

분석 포인트 ▶▶▶

(겉보기 등급−절대 등급) 값을 거리 지수라고 하는데, 이 값이 클수록 별까지의 거리가 멀다.

자료 집중 분석

- 별은 등급이 클수록 밝기는 감소하며, 1등급의 별은 6등급의 별보다 ① ________ 배 밝다.
- (겉보기 등급−절대 등급) 값이 클수록 멀리 있는 별이다.
- 분광형은 표면 온도가 높은 것부터 O, B, A, F, G, K, M형의 7개로 분류하며, 각각의 분광형은 다시 고온의 0에서 저온의 9까지 10등급으로 세분한다.
- 별은 표면 온도가 높을수록 최대 세기로 에너지를 방출하는 파장이 짧아 ② ________ 색을 띠고, 색지수(B−V)는 ③ ________ 진다.

② H−R도와 별의 종류
8강_ 85쪽 8번

그림은 태양과 태양 근처 별들을 H−R도에 나타낸 것이다.

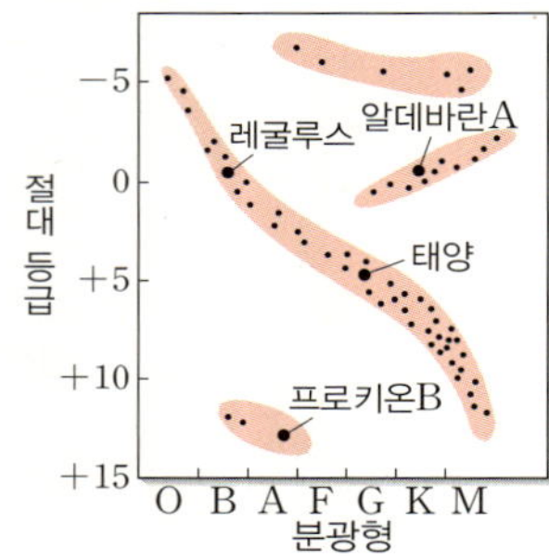

분석 포인트 ▶▶▶

H−R도에서 가로축의 왼쪽으로 갈수록 표면 온도가 높고, 세로축의 위로 갈수록 광도가 크다.

자료 집중 분석

- 주계열성 : H−R도의 왼쪽 위에서 오른쪽 아래로 대각선을 따라 분포하는 별이며, 모든 별의 80~90 %가 속한다. 레굴루스와 태양이 해당되고, 왼쪽 위에 있을수록 표면 온도가 높고 광도가 크며 반지름과 질량이 크고, 수명은 ④ ________ .
- 거성 : 주계열의 오른쪽 위에 분포하는 별들로 붉은색을 띤다. 알데바란A가 해당되고, 표면 온도는 낮으나 반지름이 매우 ⑤ ________ 서 광도가 크고, 평균 밀도는 작다.
- 백색 왜성 : 주계열의 왼쪽 아래에 분포하는 별들로 프로키온B가 해당된다. 표면 온도는 높지만 반지름이 매우 작아 광도는 작고 평균 밀도는 매우 ⑥ ________ .
- 태양의 진화 과정은 주계열성 → 거성 → 행성상 성운 → ⑦ ________ 순이다.

③ 별의 진화
9강_ 91쪽 3번

그림 (가), (나), (다)는 어떤 성단이 생성되어 진화해 가는 과정을 순서 없이 나타낸 것이다. 실선은 주계열을 나타낸다.

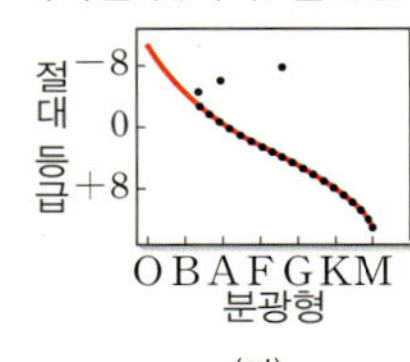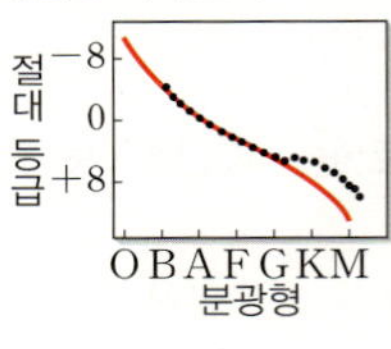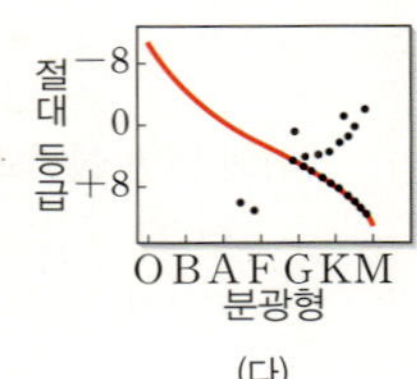

분석 포인트 ▶▶▶

성단을 이루는 별의 나이는 거의 같지만 별의 질량에 따라 진화 속도가 다르기 때문에 H−R도에 나타나는 위치가 달라진다.

자료 집중 분석

- (가)에서는 주계열의 왼쪽 위에 위치한 질량이 ⑧ ________ 별은 주계열성에서 벗어나 거성으로 진화하고 있다.
- (나)에서는 주계열의 오른쪽 아래에는 주계열 단계에 도달하지 못한 ⑨ ________ 이 존재하고 있는데, 원시별의 에너지원은 중력 수축 에너지이다.
- (다)에서는 (가)에서 나타나지 않는 백색 왜성이 있고, 주계열성이 차지하는 비율이 낮아지고 있으므로, 성단의 나이는 (다)가 (가)보다 ⑩ ________ .
- 백색 왜성으로 진화할 수 있는 별은 주계열성 중에서 질량이 작은 별이다.

④ 별의 내부 구조
9강_ 93쪽 8번

그림 (가)는 별 ㉠~㉣의 분광형과 절대 등급을 H−R도에 나타낸 것이고, (나)는 ㉠~㉣ 중 어느 별의 내부 구조를 나타낸 것이다.

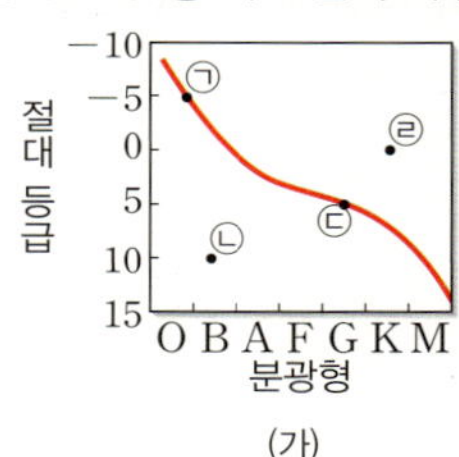

분석 포인트 ▶▶▶

주계열성의 중심부 온도가 1800만 K 이하인 경우에는 P−P 반응이 우세하게 일어나고, 1800만 K 이상인 경우에는 CNO 순환 반응이 우세하게 일어난다.

자료 집중 분석

- (가)에서 ㉠, ㉢은 주계열성, ㉣은 적색 거성, ㉡은 백색 왜성에 해당한다.
- 주계열성의 특징 : 중심부에서 수소 핵융합 반응이 일어나고, ⑪ ________ 평형 상태를 이루고 있어 별의 반지름이 거의 일정하며, 질량이 큰 별일수록 H−R도의 왼쪽 위에 위치하고 중심부 온도가 높아 ⑫ ________ 반응이 우세하게 일어나 수소를 빨리 소비한다.
- (나)는 중심핵에서 생성된 에너지가 먼저 복사층을 통해 전달되므로 태양과 질량이 비슷한 주계열성의 내부 구조이다.

⑤ 외계 행성계 탐사　　10강_ 98쪽 1번

그림 (가)는 중심별의 시선 속도를 측정하여 외계 행성을 탐사하는 방법을, (나)는 시간에 따른 시선 속도의 관측값을 나타낸 것이다.

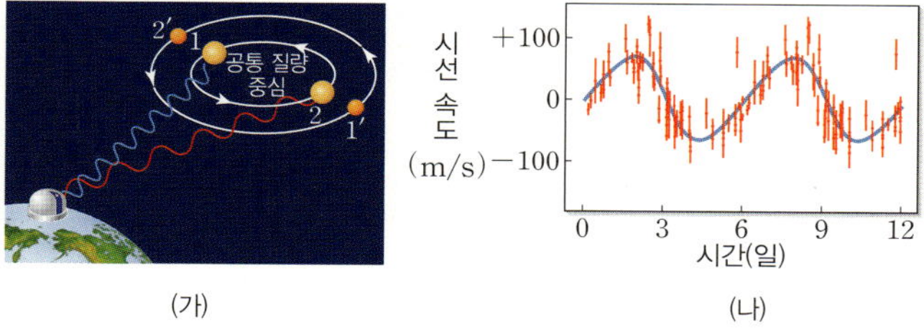

(가)　　　　　　　　　(나)

분석 포인트 ▶▶▶
중심별의 시선 속도 변화를 이용하는 방법은 행성의 질량이 클수록 별빛의 도플러 효과가 커서 행성의 존재를 확인하기 쉽다.

자료 집중 분석

- (가)에서 중심별과 외계 행성이 공통 질량 중심을 중심으로 서로 마주 보며 같은 방향으로 공전함에 따라 별의 시선 속도가 변하면서 별빛의 파장 변화가 생긴다.
- (나)에서 중심별의 시선 속도가 (+)일 때, 중심별의 스펙트럼에서 ⑬ 가 나타나고, 이때 중심별은 지구로부터 멀어지고, 행성은 지구 쪽으로 이동한다.
- 지구와 행성 사이의 거리가 가장 가까울 때는 지구-행성-별이 일직선으로 놓이고, 이때 중심별의 시선 속도는 ⑭ 이 된다.
- 중심별의 시선 속도의 변화 주기는 ⑮ 주기에 해당하고, 중심별과 외계 행성의 공전 주기는 같다.
- 행성의 공전 궤도면과 관측자의 시선 방향이 ⑯ 에 가까운 경우에는 행성의 존재를 확인하기 어렵다.

⑥ 생명 가능 지대　　10강_ 99쪽 4번

그림은 케플러-186과 케플러-452를 중심별로 하는 두 외계 행성계와 태양계를 생명 가능 지대와 함께 나타낸 것이다.

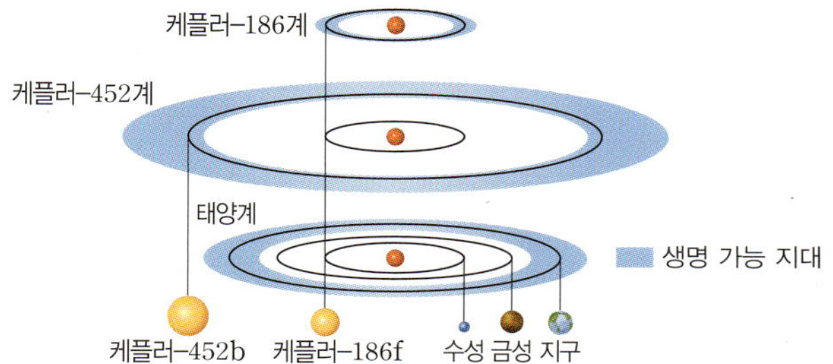

분석 포인트 ▶▶▶
생명 가능 지대는 별의 주위에서 물이 액체 상태로 존재할 수 있는 거리의 범위로, 주계열성인 중심별의 질량이 클수록 중심별로부터의 거리가 멀어지고 폭은 넓어진다.

자료 집중 분석

- 생명 가능 지대의 거리와 폭 : 케플러-186계 < 태양계 < 케플러-452계
- 생명 가능 지대에 위치한 행성 : 케플러-186f, 케플러-452b, 지구
- 중심별(주계열성)의 질량이 크면 별의 중심부에서 연료 소모율이 커서 광도가 ⑰ 고 수명이 짧으므로, 행성이 생명 가능 지대에 머무를 수 있는 시간도 짧아진다.

⑦ 허블 법칙　　11강_ 105쪽 4번

그림 (가)는 여러 외부 은하의 거리와 시선 속도(후퇴 속도)의 관계를, (나)는 두 외부 은하 A, B의 스펙트럼을 나타낸 것이다. 은하의 스펙트럼에서 화살표는 적색 편이의 크기를 나타낸다.

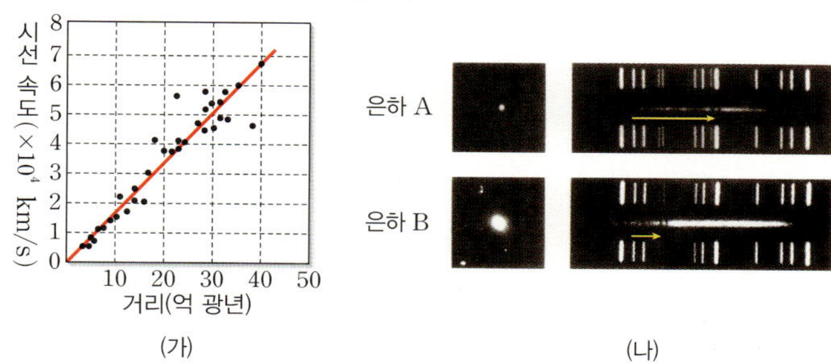

(가)　　　　　　　　　(나)

분석 포인트 ▶▶▶
외부 은하의 스펙트럼에서 적색 편이가 클수록 관측자로부터 빠르게 후퇴하며 멀리 있는 은하일수록 빠르게 멀어지는 현상은 우주가 팽창한다는 것을 의미한다.

자료 집중 분석

- 허블 법칙 $v = H \cdot r$ (H : 허블 상수)에 따라 은하들의 후퇴 속도(v)는 거리(r)에 ⑱ 하고, 스펙트럼에서 흡수선의 파장 변화량은 후퇴 속도에 비례한다.
- 허블 법칙의 그래프에서 기울기는 ⑲ 로, 우주가 팽창하는 속도를 나타내는 값이다.
- 적색 편이량 : 은하 A > 은하 B
- 후퇴 속도 : 은하 A > 은하 B
- 은하까지의 거리 : 은하 A > 은하 B

⑧ 우주론　　11강_ 107쪽 7번

그림은 기존의 빅뱅 우주론과 급팽창 이론의 우주 팽창 모형을 나타낸 것이다.

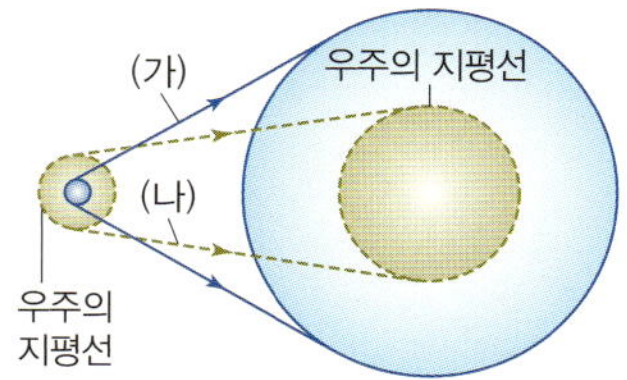

분석 포인트 ▶▶▶
급팽창 이론은 빅뱅 이후 우주가 빛보다 빠른 속도로 급격히 팽창했다는 이론으로, 빅뱅 우주론의 세 가지 문제점을 해결해 주었다.

자료 집중 분석

- (가) : 급팽창 이론에서 우주의 크기 변화
- (나) : 기존 빅뱅 우주론에서 우주의 크기 변화
- 급팽창 이전 우주의 크기는 우주의 지평선보다 ⑳ 고, 급팽창 이후 우주의 크기는 우주의 지평선보다 ㉑ .
- 우주의 지평선은 우주가 광속으로 팽창한다고 가정할 때 우주의 크기이며, 우주의 지평선의 반지름은 광속과 우주의 나이를 곱한 값이다.
- 우주의 지평선 밖에서 방출된 빛은 지구에서 관측할 수 없다.
- 급팽창 이론으로 기존 빅뱅 우주론의 지평선 문제, ㉒ 문제, 자기 ㉓ 문제 등을 해결하였다.

MEMO

MEMO

MEMO

효과 빠른 약점 처방전

과탐 지구과학 I S

정답 및 해설

이투스북

531
PROJECT

531 PROJECT

효과 빠른 약점 처방전

과탐 지구과학 I S

정답 및 해설

I. 고체 지구

01 강 판 구조론과 대륙 분포의 변화

기출 변형 문제
8~9쪽

01 ② **02** ⑤ **03** ④ **04** ② **05** ③ **06** ② **07** ④
08 ②

01 판 구조론의 정립 과정은 대륙 이동설 – 맨틀 대류설 – 해양저 확장설 – 판 구조론 순이다.

02 ㄱ. 지질 시대 동안 지자기 북극은 하나였으므로, 3억 년 전에도 지자기 북극은 하나였다.
ㄴ. 메소사우루스는 고생대 말에 생존했던 파충류로, 이 생물이 생존했던 시기에는 유라시아 대륙과 북아메리카 대륙이 붙어 있었다.
ㄷ. 고지자기 북극의 이동 경로를 통해 과거에 북아메리카 대륙과 유라시아 대륙이 붙어 있었음을 알 수 있다. 따라서 두 대륙에 습곡 산맥이 연속적으로 분포할 수 있다.

03 ㄴ, ㄷ. 베게너가 제시한 대륙 이동의 증거는 빙하 퇴적층의 연속성, 남아메리카 대륙의 동부 해안선과 아프리카 대륙의 서부 해안선의 유사성, 유럽과 북아메리카의 지질 구조의 연속성, 서로 다른 대륙에서 동일한 종류의 화석 발견이다.
오답풀이 ㄱ. 해령을 중심으로 고지자기 줄무늬가 대칭적으로 나타난다는 것은 해양저 확장설의 증거이다. 판 구조론의 정립 과정에서 베게너의 대륙 이동설은 해양저 확장설보다 먼저 등장하였다.

04 ㄴ. 해령에서 생성된 해양 지각이 4백만 년 동안 약 40 km 이동하였으므로 판의 평균 이동 속도는 약 1 cm/년이다.
오답풀이 ㄱ. 해령을 중심으로 고지자기 줄무늬가 대칭적으로 나타난다. 해령은 발산형 경계에서 나타나는 대표적인 지형이므로 이와 같은 고지자기 분포가 나타나는 곳은 발산형 경계에 해당한다.
ㄷ. 정자극기과 역자극기의 구간 폭이 일정하지 않으므로 고지자기 역전 주기는 일정하지 않음을 알 수 있다.

05 ㄱ. 고지자기 방향은 나침반의 자침이 N극을 가리키는 방향이다. 따라서 A는 역자극기이므로 고지자기 방향은 남쪽이다.
ㄴ. 해령은 남반구에 위치해 있다. B는 해령보다 북쪽에 위치하고, A는 해령보다 남쪽에 위치한다. 따라서 A가 B보다 고위도에 위치한다.
오답풀이 ㄷ. 해양 지각의 연령은 해령으로부터의 거리에 비례한다. A, B 지점은 해령으로부터의 거리가 같으므로 연령이 같다.

06 ㄴ. 해저 퇴적물의 두께는 해령으로부터의 거리에 비례한다. B는 D보다 해령으로부터 멀리 떨어져 있으므로 해저 퇴적물의 두께가 더 두껍다.
오답풀이 ㄱ. A와 B의 이동 방향은 같다. 변환 단층은 판의 이동 방향이 서로 반대인 C와 D 사이에서 나타난다.
ㄷ. C와 D의 경계는 변환 단층이 형성되는 보존형 경계로, C는 오른쪽

으로, D는 왼쪽으로 이동한다. 따라서 C와 D의 이동 방향은 반대이다.

07 ㄴ. 판게아는 고생대 후기에 흩어져 있던 대륙이 하나로 모여 형성된 거대한 초대륙이며 이에 해당하는 것은 (다)이다.
ㄷ. (가)는 신생대, (나)는 중생대, (다)는 고생대 후기의 수륙 분포이다. 따라서 대륙 분포의 순서는 (다) → (나) → (가) 순이다.
오답풀이 ㄱ. 판게아가 형성된 시기는 (다)이다. (가)는 신생대의 대륙 분포로 오늘날의 수륙 분포와 유사하다.

08 (나)에서 해양 지각의 연령 분포로 보아 위가 판 B, 아래가 판 A의 확장 속도를 나타낸 것이다.
ㄴ. T 기간에 판의 확장 속도는 위에 해당하는 그래프가 더 빠르다. 따라서 판 B가 판 A보다 빠르다.
오답풀이 ㄱ. (나) 그래프에서 판 A는 약 1억 8천만 년 전에 생성되기 시작하였음을 알 수 있다.
ㄷ. 태평양에서 심해 퇴적물이 쌓이는 속도가 일정하다고 했으므로, 심해 퇴적물의 두께는 해양 지각의 연령에 비례한다. 따라서 T 기간 동안 두 판의 심해 퇴적물 두께는 같다.

예상 적중 문제
10~13쪽

기본 개념 확인

01 맨틀 대류설, 해양저 확장설 **02** $\frac{1}{2}vt$ **03** 많아, 두꺼워 **04** 해령
05 비례 **06** 해령, 해령 **07** 남반구, 북반구 **08** 짧아

01 ① **02** ② **03** ④ **04** ② **05** ④ **06** ② **07** ③
08 ④

01 A. 1920년대 후반 홈스는 맨틀이 열대류를 하며, 맨틀 대류의 상승부에서는 대륙 지각이 분리되면서 새로운 해양이 생성되고, 맨틀 대류의 하강부에서는 산맥과 해구가 생성된다고 주장하였으며, 이는 대륙 이동의 원동력이라고 설명했다.
오답풀이 B, C. 고지자기 줄무늬는 해양저 확장의 증거로, 베게너의 대륙 이동설보다 나중에 밝혀진 것이다. 판 구조론의 정립 과정은 대륙 이동설 – 맨틀 대류설 – 해양저 확장설 – 판 구조론 순이다.

02 ㄷ. 수심이 가장 깊은 지점은 초음파의 왕복 시간이 6.8초로 가장 긴 관측 지점 1이다. 음향 측심법에 의해 수심을 구하면 6.8초× 1500 m/s× $\frac{1}{2}$ =5100 m이다.
오답풀이 ㄱ. 음향 측심 자료에서 해저 지형의 폭은 약 28 km이고 높이가 약 4000 m(≒(6.8−1.5)×1500 m/s× $\frac{1}{2}$)인 해산 지형을 보여주고 있다.
ㄴ. 관측 지점 7은 해산의 정상부로, 해령이나 열곡과 같은 발산형 경계 지형이 나타난다. 섭입대는 수렴형 경계인 해구 부근에서 나타난다.

03 ㄴ. 동일한 기간 동안 이동한 거리가 멀수록 판의 확장 속도가 빠른 것이다. 따라서 T 기간 동안 판의 확장 속도는 B가 A보다 빠르다.
ㄷ. 정자극기는 현재와 자기장의 방향이 같고, 역자극기는 현재와 자기

장의 방향이 반대이다. 해령에서는 새로운 해양 지각이 생성되고 있으므로 해령은 현재와 자기장의 방향이 같은 정자극기이다. 따라서 (가)는 정자극기, (나)는 역자극기이다.

오답 풀이 ㄴ. 해저 퇴적물의 두께는 해령으로부터의 거리에 비례한다. 따라서 ⓒ이 ⊙보다 해저 퇴적물의 두께가 두껍다.

04 ㄴ. 해저 퇴적물의 두께는 해령으로부터의 거리에 비례한다. A가 B보다 해령으로부터의 거리가 멀기 때문에 해저 퇴적물의 두께가 두껍다.

오답 풀이 ㄱ. 그래프에서 음파의 왕복 시간이 길수록 수심이 깊다. 따라서 C와 D의 해안으로부터의 거리가 각각 800 km, 1000 km 지점에 수심이 얕은 해저 지형인 해령이 분포하고, C와 D 사이인 해안으로부터의 거리가 900 km인 지점에는 수심이 깊은 열곡이 분포한다.

ㄷ. 고지자기 줄무늬 분포는 해령을 중심으로 정자극기와 역자극기가 대칭적으로 나타난다. 해령에 해당하는 C와 D는 모두 정자극기에 해당한다.

05 ㄴ. 정자극기인 해령에서 복각이 (−)이므로, 역자극기인 B에서는 복각이 (+) 값을 갖는다.

ㄷ. 복각은 고위도로 갈수록 증가한다. 따라서 A는 C보다 저위도에서 생성되었다.

오답 풀이 ㄱ. 고지자기로 추정한 진북 방향을 통해 왼쪽이 북쪽임을 알 수 있다. 따라서 A의 해양 지각은 생성된 이후 북쪽으로 이동하였다.

06 A는 해령, B는 변환 단층이다.

ㄷ. ⓒ과 ⓔ은 지각의 연령이 같고, 해령으로부터 같은 거리에 있다. 따라서 같은 시기에 형성된 지각이므로 고지자기 방향이 같다.

오답 풀이 ㄱ. 해령인 A에서는 천발 지진과 화산 활동이 활발하고, 변환 단층인 B에서는 화산 활동은 없고 천발 지진만 발생한다.

ㄴ. 해저 퇴적물의 두께는 해령에서 멀어질수록 두껍다. 따라서 ⊙이 ⓒ보다 두껍다.

07 ㄱ. 현재 인도 대륙의 고지자기 복각은 36°이므로 북반구에 위치하고 있다.

ㄷ. 그래프에서 세로축 값의 변화량인 위도의 평균 변화율은 5500만 년 전~3800만 년 전이 7100만 년 전~5500만 년 전보다 작다는 것을 알 수 있다.

오답 풀이 ㄴ. 5500만 년 전에 복각이 −21°이므로 그래프에서 위도는 약 11°S임을 알 수 있다.

08 ㄴ. 1억 년 후~1억 5천만 년 후 사이에는 대서양이 점점 좁아지고 있다. 따라서 이 시기에는 대서양에 수렴형 경계가 생성될 것임을 알 수 있다.

ㄷ. 2억 5천만 년 후에는 대륙들이 하나로 모여 거대한 초대륙을 형성할 가능성이 크므로 해안선의 길이는 대륙이 흩어져 있는 현재보다 짧아질 것이다.

오답 풀이 ㄱ. 현재~1억 년 후는 대서양이 넓어지고, 1억 년 후~2억 년 후 사이에는 대서양이 좁아진다.

01 ㄱ. A는 태평양판과 북아메리카판이 만나는 섭입형 수렴 경계로 해구와 호상 열도가 형성된다.

오답 풀이 ㄴ. B는 맨틀 대류의 상승부로 발산형 경계에 해당하며, 해령과 열곡이 형성된다.

ㄷ. A와 C에서는 안산암질 마그마가, B에서는 현무암질 마그마가 분출한다. 현무암질 마그마는 안산암질 마그마보다 점성이 작고, 유동성이 크며, SiO_2 함량이 적다.

02 ㄷ. 이 지역은 맨틀 대류의 하강부에 해당하는 섭입형 수렴 경계로, 차가운 플룸이 존재한다.

오답 풀이 ㄱ. A는 호상 열도에서 형성된 화산이다. 섭입대에서는 지각에서 빠져나온 물이 암석의 용융점을 낮추어 현무암질 마그마가 생성되고, 이 마그마가 상승하여 대륙 지각을 용융시켜 유문암질 마그마가 생성된다. 이때 생성된 유문암질 마그마와 현무암질 마그마가 혼합되어 안산암질 용암으로 분출된다.

ㄴ. A는 대륙판인 북아메리카판, C는 해양판인 태평양판이다. 대륙 지각의 평균 두께는 약 35 km, 해양 지각의 평균 두께는 약 5 km이다.

03 ㄱ. A는 발산형 경계에 해당하는 동아프리카 열곡대로 뜨거운 플룸이 상승하는 곳이다.

오답 풀이 ㄴ. B는 대륙판과 대륙판이 만나는 충돌형 수렴 경계로 베니오프대가 형성되지 않으며 마그마도 생성되지 않는다.

ㄷ. C는 보존형 경계로 이 지역에서는 변환 단층이 나타난다. 베니오프대는 섭입형 수렴 경계에서 나타난다.

04 ㄱ. B는 열점에 의한 화산으로 판의 경계가 아닌 판의 내부에서 형성된 화산이다. 이것은 뜨거운 플룸에 의해 형성된 것이다.

ㄴ. 용암의 평균 SiO_2 함량은 현무암질 용암에 의해 형성된 B보다 안산암질 용암에 의해 형성된 C에서 더 높다.

ㄷ. 해양 지각의 나이는 해령으로부터의 거리에 비례한다. 태평양에서 해령은 동태평양에 위치하며, 해령으로부터의 거리는 A가 C보다 멀다. 따라서 해양 지각의 나이는 A가 C보다 많다.

05 ㄷ. 암석에 물이 포함되면, (가)의 암석 용융 곡선은 (나)의 암석 용융 곡선으로 변한다. 이와 같은 과정에 의해 만들어지는 마그마는 섭입대에서 형성된 현무암질 마그마이다.

오답 풀이 ㄱ. 마그마가 생성되기 위해서는 용융 곡선이 지하의 온도 분포와 만나거나 그보다 낮아야 한다. 따라서 마그마가 생성될 수 있는 조건은 (나)이다.

ㄴ. 열점은 맨틀 물질이 상승하면서 압력 감소에 의해 마그마가 생성되어 만들어진다. (나)는 물이 포함되어 용융점이 낮아지면서 마그마가 형

성되는 과정으로, 섭입대에서의 현무암질 마그마의 생성 원리이다.

06 ㄴ. 해령에서 분출되는 A의 마그마는 맨틀 물질이 상승하면서 압력 감소에 의해 생성되므로, ㉠ 과정에 의해 생성된다.
ㄷ. C에서는 B에서 형성되어 올라온 현무암질 마그마가 대륙 지각의 화강암을 용융시켜 유문암질 마그마가 생성될 수 있다.
오답 풀이 ㄱ. a는 물을 포함한 화강암의 용융 곡선, b는 현무암의 용융 곡선이다.

07 ㄱ. 이 지역에는 천발 지진~심발 지진까지 발생하므로 섭입형 수렴 경계에 해당한다. 섭입형 수렴 경계에서 지진은 베니오프대를 따라 발생하므로 해구로부터 멀어질수록 진앙의 깊이는 깊어진다. 따라서 해구로부터의 거리는 A가 B보다 멀다.
ㄷ. 수렴형 경계이므로 A와 B 사이의 거리는 점점 가까워질 것이다.
오답 풀이 ㄴ. 두 판이 같은 방향으로 이동하고 있으나 B가 A보다 이동 속력이 빠른 것으로 보아 두 판은 남서쪽으로 이동하고 있다.

08 ㄴ. 이 지역은 해령이 섭입형 수렴 경계인 해구와 만나 해양 지각이 아래로 섭입하여 소멸하는 지역이다.
오답 풀이 ㄱ. 판 경계의 변화 과정은 (다) - (나) - (가) 순이다.
ㄷ. 구간 A – B는 변환 단층이 형성되는 보존형 경계로 이곳에서는 마그마의 생성과 판의 소멸이 일어나지 않는다.

예상 적중 문제

18~21쪽

기본 개념 확인

01 보존형　**02** 작은　**03** 열점　**04** 천발　**05** 맨틀 대류, 플룸 구조론
06 낮은, 높은　**07** 압력　**08** 산성암, 조립질

01 ④　**02** ⑤　**03** ④　**04** ⑤　**05** ④　**06** ③　**07** ⑤
08 ①

01 ㄴ, ㄷ. ㉠과 ㉢은 변환 단층, ㉡은 해령이다. 변환 단층에서는 마그마의 생성이 없으므로 화산 활동은 일어나지 않지만, 두 판이 어긋나면서 천발 지진은 자주 발생한다. 반면에 해령은 발산형 경계로 현무암질 마그마의 분출에 의한 화산 활동이 활발하다.
오답 풀이 ㄱ. 해령을 기준으로 판은 양쪽으로 멀어지므로 A판과 B판의 이동 방향은 서로 반대이다. 즉, 해령을 기준으로 A판은 오른쪽으로, B판은 왼쪽으로 이동한다.

02 판의 경계에서 천발 지진과 심발 지진이 모두 발생하는 곳은 섭입형 수렴 경계이다. 섭입형 수렴 경계에서는 해구와 베니오프대가 발달하고 지진은 베니오프대를 따라 발생한다. 따라서 지진의 진원 분포를 통해 베니오프대의 경사 방향을 알 수 있고 이를 통해 두 판의 밀도를 비교할 수 있다.
ㄱ. 코코스판과 카리브판의 경계에서는 지진이 카리브판에서 발생하므로 코코스판이 카리브판 아래로 섭입하고 있다.
ㄴ. 두 판이 만났을 때 밀도가 큰 판이 밀도가 작은 판 아래로 섭입한다.

지진의 분포로 보아 북아메리카판이 카리브판 아래로 섭입했으므로 밀도는 북아메리카판이 더 크다.
ㄷ. 이 지역에는 섭입형 수렴 경계에 해구가 형성되고, 카리브판의 북서쪽에 해령과 변환 단층이 나타난다.

03 ㄴ. A에서는 현무암질 마그마, C에서는 유문암질 또는 안산암질 마그마가 생성된다. 따라서 용암의 SiO_2 함량은 A보다 C가 많다.
ㄷ. 하와이 열도는 열점에서 분출한 마그마에 의해 만들어졌다. (나)에서 열점에 해당하는 것은 B이다.
오답 풀이 ㄱ. 하와이 열도를 이루는 섬들의 연령을 통해 열점은 하와이 섬의 아래에 위치함을 알 수 있다. 하와이 열도를 이루는 섬은 이 열점에서 형성된 후 판의 이동에 따라 이동하여 이와 같이 배열된 것이다. 따라서 하와이섬이 속한 판의 이동 방향은 북서쪽이다.

04 ㄱ. A, C 지역은 섭입형 수렴 경계, B는 보존형 경계이다. 섭입형 수렴 경계에서는 천발 지진~심발 지진까지 모두 발생하고, 보존형 경계에서는 천발 지진만 발생한다.
ㄴ. 해구가 나타난 섭입형 수렴 경계인 A와 C 부근의 아래에는 밀도가 큰 판이 밀도가 작은 판 아래로 섭입하면서 만들어진 베니오프대가 나타난다.
ㄷ. (나)는 동쪽에 천발 지진, 서쪽에 심발 지진이 분포하는 것으로 보아 베니오프대의 경사가 동쪽에서 서쪽으로 기울어진 지역으로, 이에 해당하는 지역은 C이다. A 지역은 베니오프대의 경사가 서쪽에서 동쪽으로 나타나므로 서쪽에 천발 지진, 동쪽에 심발 지진이 나타나며, B 지역은 천발 지진만 나타난다.

05 ㄴ. 일본은 섭입형 수렴 경계 부근에 속하므로 맨틀 대류의 하강부에 위치하고 차가운 플룸이 존재한다.
ㄷ. 판 구조론은 판의 경계에서 일어나는 지각 변동을 설명하기 위해, 플룸 구조론은 판의 내부에서 일어나는 화산 활동을 설명하기 위해 대두되었다.
오답 풀이 ㄱ. 플룸 구조론에서 뜨거운 플룸은 상승류, 차가운 플룸은 하강류이므로, A는 차가운 플룸, B는 뜨거운 플룸이다. 따라서 온도는 A가 B보다 낮다.

06 ㄱ. 지진파의 속도는 지구 내부의 온도가 높은 곳에서 느리고, 온도가 낮은 곳에서 빠르다. 따라서 플룸 구조론을 설명해 주는 지진파 단층 촬영 영상에서 온도가 높을수록 지진파의 속도 편차가 작다. 따라서 온도는 ㉡보다 ㉠이 높다.
ㄴ. 지진파의 단층 촬영 영상에서 동아프리카 열곡대 아래가 주변에 비해 온도가 높다는 것을 알 수 있다. 따라서 이 지역의 아래에는 뜨거운 플룸의 상승류가 존재한다는 것을 알 수 있다.
오답 풀이 ㄷ. 상부 맨틀에서 일어나는 맨틀 대류로 지각 변동을 설명하는 이론은 판 구조론이고, 플룸 구조론은 판과 맨틀 전체의 상호 관계를 설명하는 이론이다.

07 ㄱ. A와 B 지점에서 맨틀과 지각은 모두 암석의 용융 온도보다 낮기 때문에 고체 상태로 존재한다.

ㄴ. 물은 맨틀의 용융점을 낮추는 역할을 한다. 따라서 맨틀에 물이 포함되면 용융 온도가 낮아진다.

ㄷ. 해령에서 마그마는 압력 감소에 의한 A → A′ 과정으로 생성된다.

08 ㄱ. (가)는 현무암, (나)는 화강암 지역이다. 따라서 (가)는 현무암질 마그마가 분출하여 생성된 암석이고, (나)는 유문암질 마그마가 관입하여 생성된 암석이다.

오답풀이 ㄴ. 한반도에 분포하는 화성암의 대부분은 중생대에 관입한 화강암과 신생대에 분출한 현무암이다. (나)는 중생대에 관입한 화강암이 지표로 노출되어 생성된 것이다.

ㄷ. 현무암은 SiO_2 함량이 52 % 이하인 염기성암, 화강암은 SiO_2 함량이 63 % 이상인 산성암이다. 따라서 (가)는 염기성암, (나)는 산성암으로 이루어져 있다.

03강 퇴적암과 지질 구조

기출 변형 문제 24~25쪽

01 ④ **02** ③ **03** ② **04** ③ **05** ⑤ **06** ③ **07** ④
08 ③

01 (가)는 연흔, (나)는 건열, (다)는 사층리이다.
ㄴ. 건열은 수심이 얕은 물 밑에서 점토질 물질이 쌓인 후 퇴적물의 표면이 대기에 노출되어 건조해지면서 갈라져 생성된다.

ㄷ. 사층리는 층리면이 기울어진 방향으로 물이 흐르거나 바람이 불어 퇴적물이 공급되어 형성된 것이므로 과거에 물이나 바람이 흐른 방향, 퇴적물의 공급 방향을 알려 준다.

오답풀이 ㄱ. 연흔은 수심이 얕은 물 밑에서 생성된다.

02 (가)는 점이 층리, (나)는 사층리, (다)는 건열이다.
ㄱ. 점이 층리는 바다의 대륙대나 육지의 깊은 호수 환경에서 퇴적된 퇴적 구조이다.

ㄴ. 사층리는 층리가 경사져 있는 지층으로 바람이 불거나 물이 흐르는 환경에서 생성된 퇴적 구조이다.

오답풀이 ㄷ. 퇴적 구조는 퇴적 당시 환경과 지층의 역전 여부를 판단할 수 있는데 (가), (나), (다)는 모두 지층의 역전이 발견되지 않는다.

03 A는 점이 층리, B는 연흔, C는 건열이다.
ㄷ. 건열은 퇴적물의 표면이 대기에 노출되어 건조해지면서 갈라져 형성된 것이다. 따라서 건조한 대기에 노출된 시기가 있었다.

오답풀이 ㄱ. 점이 층리는 입자가 큰 것이 먼저 가라앉아 아래에 쌓이고, 입자가 작은 것이 늦게 가라앉아 위에 쌓인다. 따라서 A에는 지층의 역전이 없었다.

ㄴ. 연흔은 얕은 물 밑에서 생성되어 지층에 물결 모양의 흔적이 남아 있는 퇴적 구조이다. 물의 흐름 환경에서 잘 형성되는 퇴적 구조는 사층리이다.

04 ㄱ. (가)의 채석강은 우리나라의 대표적인 중생대 퇴적 지형으로 층리가 잘 발달되어 있다.

ㄷ. (라)의 주상 절리는 용암이 급격히 냉각 수축하는 과정에서 단면이 오각형이나 육각형인 긴 기둥 모양으로 형성된 절리이다.

오답풀이 ㄴ. (나)의 백룡 동굴은 지하수의 용해 작용으로 형성된 석회 동굴이고, (다)의 만장굴은 용암이 흘러 형성된 용암 동굴이다.

05 ㄱ. 진안 마이산은 중생대 호수에서 퇴적된 역암, 사암 등으로 이루어진 퇴적 지형이다.

ㄴ. 북한산 인수봉은 지하 깊은 곳에서 형성된 화강암이 융기하면서 압력 감소에 의해 생성된 것으로 판상 절리가 잘 나타난다.

ㄷ. 북한산 인수봉은 중생대 화강암, 제주도 주상 절리대는 신생대 현무암으로 이루어져 있다.

06 ㄱ. (가)의 주상 절리는 용암이 지표로 분출하면서 급격히 냉각 수축되는 과정에서 단면이 오각형 또는 육각형으로 나타나는 기둥 모양의 절리이다.

ㄴ. (나)는 정단층으로 장력이 작용하여 상반이 하반에 비해 상대적으로 아래로 이동한 것이다.

오답풀이 ㄷ. (가)는 용암의 빠른 냉각 수축에 의해 형성된 것이고, (나)는 장력이 작용하여 형성된 것이다.

07 A. (가)는 정단층으로 장력을 받아 상반이 단층면을 따라 아래로 이동한 단층이다.
B. (나)의 습곡은 횡압력을 받아 지층이 휘어진 구조로 조산대에서 잘 형성된다.

오답풀이 C. (가)의 정단층은 장력, (나)의 습곡은 횡압력을 받아 형성된 것이다.

08 ㄱ. 관입을 당한 암석은 관입을 한 암석보다 먼저 형성된 것이다. (가)에서 화강암에 편마암이 포획된 것으로 보아 편마암 지역을 화강암이 관입한 것이다. 따라서 편마암이 화강암보다 먼저 생성되었다.

ㄷ. (가)와 (나)의 관입암에는 모두 관입당한 암석의 일부가 포획암으로 관찰된다.

오답풀이 ㄴ. 관입암은 포획당한 암석보다 늦게 형성된 것이다. (나)에서 화강암에 이암이 포획암으로 관찰되는 것으로 보아 화강암의 관입은 부정합의 형성보다 나중에 일어났다.

예상 적중 문제 26~29쪽

기본 개념 확인

01 속성 작용 **02** 넓어 **03** 연흔 **04** 연안 **05** 화산재 **06** 배사, 향사 **07** 상반, 하반 **08** 주상 절리

01 ③ **02** ⑤ **03** ② **04** ① **05** ④ **06** ⑤ **07** ⑤
08 ③

01 학생 A : 퇴적물이 다짐 작용을 받으면 위에 퇴적된 물질의 압력

에 의해 퇴적물 사이의 공극의 크기와 부피가 감소하고 퇴적물의 밀도가 증가한다.

학생 B : 퇴적물 속의 수분이나 지하수에 녹아 있던 석회질, 규질 물질, 산화 철 등의 교결 물질은 퇴적물 입자 사이에 침전되어 퇴적물 알갱이들을 단단히 붙게 하여 굳어지게 하는데, 이를 교결 작용이라고 한다.

오답풀이 학생 C : 응회암과 역암은 쇄설성 퇴적암, 석회암은 화학적 또는 유기적 퇴적암이다.

02 ⑤ 사층리에서 물이 흐른 방향은 층리가 경사져 있는 방향이다. 따라서 물이 흐른 방향은 ⓒ이다.

오답풀이 ① 연흔은 수심이 얕은 물가에서 물결 흔적이 바닥에 남아 형성된 퇴적 구조이다.

②, ③ 점이 층리는 해양에서 저탁류에 의해 퇴적물이 대륙 사면을 따라 흘러내려 사면의 하부나 대륙대에 쌓이는 곳 또는 깊은 호수의 바닥에서 잘 형성된다. (나) 지층에서 아래쪽은 입자의 크기가 크고 위로 갈수록 입자의 크기가 작은 것으로 보아 지층은 역전되지 않았다.

④ 건열은 얕은 물 밑에 쌓인 점토와 같은 퇴적물이 건조한 지역에서 수면 위에 노출되면 수분이 증발하여 퇴적물이 수축되면서 갈라져 생성된다.

03 ㄷ. 이 실험은 연흔의 형성 과정을 알아보기 위한 것이다. 연흔은 수심이 얕은 물 밑에서 잘 형성된다.

오답풀이 ㄱ. 연흔은 수심이 얕은 물 밑에서 잘 생성된다. 따라서 (가)에서 물을 깊게 채우면 연흔은 잘 만들어지지 않는다.

ㄴ. 저탁류는 대륙붕에서 대륙 사면을 따라 육성 퇴적물이 흘러내리는 것으로, 주로 점이 층리를 형성하는 데 영향을 미친다.

04 ㄱ. 퇴적 환경은 육상 환경, 해양 환경, 연안 환경으로 나뉘는데 삼각주와 석호는 연안 환경에 해당한다. 이 밖에 육상 환경에는 선상지, 호수 등이 있고, 해양 환경에는 대륙붕, 대륙 사면 등이 있다.

오답풀이 ㄴ. ㉠은 연흔으로, 수심이 얕은 물 밑에서 생성된다. 대륙 사면을 따라 저탁류가 흘러 대륙대에 쌓이면 점이 층리가 형성된다.

ㄷ. ㉡은 사층리로 바람이 불거나 물이 흐르는 환경에서 잘 형성된다. 따라서 고여 있는 물인 호수보다 흐르는 물인 강에서 잘 생성된다.

05 ㄴ. 삼엽충은 고생대 바다에서 살던 해양 생물이므로 (나)는 과거에 바다에서 퇴적된 지층이다.

ㄷ. 제주도 수월봉은 신생대, 태백 구문소는 고생대에 퇴적된 지층이다.

오답풀이 ㄱ. 수월봉의 응회암은 화산재가 쌓여 형성된 퇴적암으로, 층리가 잘 나타난다. 주상 절리는 용암이 빠르게 굳어 형성된 화산암에서 나타나는 지질 구조이다.

06 ㄱ. 습곡은 횡압력의 세기, 방향, 암석의 물리적 성질에 따라 지층의 경사가 달라져서 여러 모양으로 나타난다. 배사축면이 수평면과 이루는 각을 통해 (가)는 경사 습곡, (나)는 정습곡, (다)는 횡와 습곡임을 알 수 있다.

ㄴ. (나)는 배사축면이 수평면과 이루는 각이 90°이므로 배사축을 기준으로 습곡축 양쪽의 경사면인 날개가 서로 대칭인 형태이다.

ㄷ. 횡와 습곡은 습곡축면이 거의 수평으로 누운 것으로 오래된 지층이

위에, 새로운 지층이 아래에 놓인 지층의 역전이 관찰된다. 따라서 (다)에서는 지층의 역전을 관찰할 수 있다.

07 ㄱ. (가)는 단층면을 따라 지층이 수평으로 이동한 주향 이동 단층이다.

ㄴ, ㄷ. (나)와 (다)는 횡압력을 받아 상반이 하반보다 상대적으로 위로 이동한 역단층이다.

08 ㄱ. (가)는 횡압력을 받아 형성된 습곡이며, 습곡 중에서도 습곡축이 비스듬히 기울어진 경사 습곡이다.

ㄷ. (다)는 상반이 하반에 비해 상대적으로 아래로 내려간 것으로 보아 장력을 받아 형성된 정단층이다.

오답풀이 ㄴ. (나)는 분출된 용암이 급격히 식으면서 수축하여 형성된 주상 절리이다. 암체의 융기에 의한 압력 감소로 형성된 절리는 판상 절리이다.

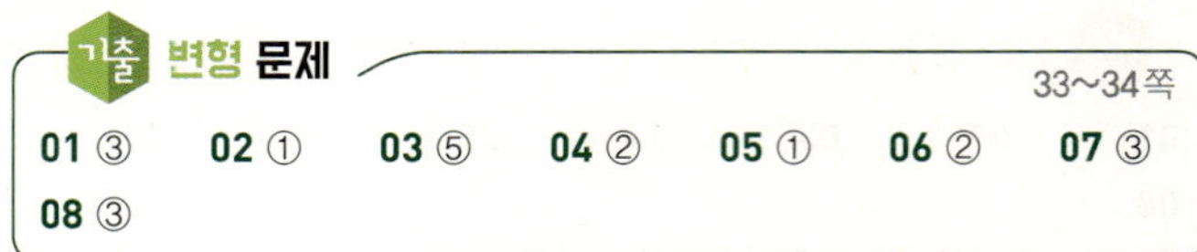

04 강 지구의 역사

01 학생 A : 부정합면을 경계로 상부 지층과 하부 지층의 퇴적 시기 사이에는 큰 시간적 간격이 존재한다는 것은 부정합의 법칙이다.

학생 B : 관입의 법칙에 의해 관입당한 암석이 관입암보다 먼저 생성된 것이다.

오답풀이 학생 C : 지사학의 법칙을 통해 지층의 상대 연령을 구할 수 있다. 지사학의 법칙은 지층의 선후 관계만을 구별하며, 지층의 절대 연령은 방사성 동위 원소의 반감기를 통해 알 수 있다.

02 ㄱ. C에는 응회암층과 역암층 사이에 셰일층이 존재하지 않는다. 따라서 C에서는 이 기간 동안 퇴적이 중단되었다.

오답풀이 ㄴ. 가장 오래된 지층은 B의 역암층이고, 가장 새로운 지층은 A와 C의 사암층이다.

ㄷ. B의 역암층은 건층인 응회암층보다 먼저 형성되었고, C의 역암층은 응회암층보다 나중에 형성되었다. 따라서 동일한 시기에 형성된 지층이 아니다.

03 ㄱ. 석회암층에서 중생대 표준 화석인 암모나이트가 발견되므로 이 지층은 중생대 지층이다.

ㄴ. 이 지층의 생성 순서는 셰일 – 사암 – 석회암 – 이암 – 안산암 – 응회암 순이다. 따라서 가장 늦게 생성된 지층은 응회암층이다.

ㄷ. 셰일층과 사암층 사이, 이암층과 응회암층 사이에 부정합이 발견되므로 퇴적이 중단된 시기가 있었다.

04 ㄴ. F에 포함된 방사성 원소 X : 자원소의 비가 1 : 1이므로 이 암석은 반감기를 한 번 거쳤다. 따라서 F의 절대 연령은 1억 년이다.

 ㄱ. D의 관입에 의해 E 지층에 변성 부분이 나타난다. 따라서 E가 퇴적된 후 D가 관입한 것이다.

ㄷ. D는 반감기를 두 번 거쳤으므로 절대 연령이 2억 년이다. E는 D보다 먼저 퇴적된 지층이므로 2억 년 전 이전에 퇴적된 지층이다. 속씨식물은 6천 6백만 년 전 이후인 신생대에 번성하였다. 따라서 E는 속씨식물이 번성한 시대에 생성된 지층이 아니다.

05 ㄱ. 빙하 코어에 포함된 공기 방울의 이산화 탄소는 빙하가 형성되는 과정에서 포함된 것이다.

 ㄴ. 빙하 속의 산소 동위 원소비($^{18}O/^{16}O$)는 온난한 시기에 높고 한랭한 시기에 낮다. 그러나 해양 생물 화석에 포함된 산소 동위 원소비는 그 생물이 생존했던 당시의 해수 중의 산소 동위 원소비를 반영하므로 온난한 시기에 낮고, 한랭한 시기에 높다.

ㄷ. 대륙 빙하의 면적은 온난한 시기였던 B 시기보다 한랭한 시기였던 A 시기에 더 넓다.

06 ㄴ. 해양 생물 과의 수가 가장 많이 감소한 시기는 약 2억 5천만 년 전인 고생대 말로, 이는 페름기와 트라이아스기 사이에 해당한다.

 ㄱ. 최초의 척추동물인 어류가 출현한 시기는 고생대 오르도비스기이다.

ㄷ. 판게아가 분리되기 시작했을 때는 중생대 트라이아스기로, 이 시기의 해수면은 현재보다 낮았다.

07 ㄱ. 현생 누대에는 고생대 오르도비스기 말(㉠), 데본기 후기(㉡), 페름기 말(㉢), 중생대 트라이아스기 말(㉣), 백악기 말(㉤)에 생물의 대멸종이 있었다.

ㄷ. 고생대에 번성했던 삼엽충과 방추충을 비롯한 해양 생물의 대멸종 시기는 페름기 말에 해당하는 ㉢이다.

 ㄴ. 판게아가 형성된 시기는 고생대 말인 ㉢이다.

08 ㄱ. 시상 화석은 생존 기간이 길고 분포 면적이 좁을수록 유리하다. 따라서 시상 화석으로는 A가 B보다 적합하다.

ㄴ. B의 생존 시기인 중생대는 지질 시대 동안 가장 온난했던 시기로 빙하기가 없었다.

 ㄷ. C의 생존 시기인 고생대에는 양치식물이 번성하였다. 속씨식물이 번성한 시기는 신생대이다.

예상 적중 문제

35~38쪽

기본 개념 확인

01 동물군 천이의 법칙 **02** 포획암 **03** 기저 역암 **04** 화석
05 고생대, 중생대, 신생대 **06** 감소, 증가 **07** 생물계 **08** 육상 식물

01 ② **02** ⑤ **03** ② **04** ④ **05** ③ **06** ① **07** ⑤
08 ②

01 (가) 퇴적물이 쌓일 때는 중력의 영향으로 수평면과 나란한 방향으로 쌓여 지층이 생성된다. 현재 지층이 기울어져 있거나 휘어져 있으면

퇴적물이 쌓인 후 지각 변동을 받은 것이다. – 수평 퇴적의 법칙

(나) 퇴적 구조와 화석을 이용하여 지층의 역전 여부를 판단할 수 있다. – 지층 누중의 법칙

(다) 관입한 화성암은 주변의 암석보다 나중에 생성된 것이다. – 관입의 법칙

 (라) 동물군 천이의 법칙은 표준 화석을 이용해 지층의 선후 관계를 판단한다.

02 ㄱ. 단층 f–f′는 상반이 하반보다 상대적으로 위로 이동한 역단층이다.

ㄴ. C의 관입암에 E가 포획암으로 관찰되므로 C보다 E가 먼저 형성된 것이다.

ㄷ. 이 지층의 상대 연령을 구하는 데는 지층 누중의 법칙, 관입의 법칙이 이용된다.

03 ㄷ. A와 B 사이, C와 D 사이에 부정합이 존재한다. 부정합면을 경계로 상부 지층과 하부 지층의 퇴적 시기 사이에는 큰 시간적 간격이 존재한다.

 ㄱ. A에서는 B, C, D의 기저 역암이 관찰될 수 있다. F의 기저 역암은 C에서 발견될 것이다.

ㄴ. D와 E 사이의 건열을 통해 지층이 역전되었음을 알 수 있다. 따라서 이 지역 지층의 생성 순서는 D–E–F–C–B–A 순이다. 따라서 가장 오래된 암석은 D이다.

04 ㄱ. 화석에 의한 대비를 통해 지층의 선후 관계를 조사하면, 세 지역에서 가장 새로운 지층은 (가)에, 가장 오래된 지층은 (나)에 분포한다.

ㄷ. 서로 떨어져 있는 지역의 지층의 선후 관계는 암상에 의한 대비보다 화석에 의한 대비가 더 적합하다. 암상에 의한 대비는 비교적 가까운 지역의 지층의 선후 관계를 판단하는 데 이용된다.

 ㄴ. (나)의 석회암층은 삼엽충이 발견된 지층보다 먼저 생성되었고, (다)의 석회암층은 삼엽충이 발견된 지층보다 나중에 생성되었다. 따라서 (나)의 석회암층이 (다)의 석회암층보다 먼저 생성된 지층이다.

05 ㄱ. 화성암 A에 남아 있는 방사성 동위 원소 X의 비율이 25 %이므로 반감기를 두 번 거쳤다. 따라서 절대 연령은 4억 년이다.

ㄷ. f–f′는 상반이 하반보다 상대적으로 위로 이동한 역단층이다.

 ㄴ. D는 A 이전에 형성된 지층이므로 절대 연령이 4억 년보다 많다. 이는 고생대에 해당한다. 화폐석은 신생대 표준 화석이므로 D에서 산출될 수 없다.

06 ㄱ. ㉠은 모원소의 양이 $\frac{1}{4}$이므로 반감기를 2번 거쳤고, ㉡은 모원소의 양이 $\frac{1}{8}$이므로 반감기를 3번 거쳤다. 화성암 P보다 Q가 먼저 생성되었으므로 화성암 P의 모원소와 자원소의 상대적인 양은 ㉠이며, 절대 연령은 2억 년이다.

 ㄴ. 부정합은 화성암 P와 Q의 사이에 형성되었으므로 3억 년 전~2억 년 전 사이에 형성되었다.

ㄷ. 지층 C는 3억 년 전보다 이전에 형성된 지층이므로 겉씨식물이 아닌 양치식물이 번성한 고생대에 퇴적된 지층이다. 겉씨식물은 중생대에 번성하였다.

07 ㄴ. 화석의 종류 변화가 큰 두 경계는 4종류의 화석이 새로 등장한 A와 B 사이, 5종류의 화석이 소멸한 D와 E 사이이다.

ㄷ. 표준 화석은 생존 기간이 짧아야 하고, 시상 화석은 생존 기간이 길어야 한다. 따라서 표준 화석으로 가장 적합한 것은 (가)와 (다)이고, 시상 화석으로 가장 적합한 것은 (아)이다.

오답풀이 ㄱ. (가)는 E와 F층에서만 발견되는 화석이다. 그러나 고사리는 B, D층에서도 발견되므로 (가)는 고사리가 아니다. 고사리 화석으로 가장 적합한 것은 (아)이다.

08 ㄴ. 해양 무척추동물의 과의 수는 고생대 말인 A 시기 말(2억 5천 2백만 년 전)보다 중생대 말인 B 시기 말(6천 6백만 년 전)에 더 많았다.

오답풀이 ㄱ. 그래프에서 육상 식물은 고생대 중기에 출현하였음을 알 수 있다. 최초의 육상 식물은 고생대 실루리아기에 출현하였다.

ㄷ. C 시기는 신생대이다. 신생대에는 제4기에 4번의 빙하기와 3번의 간빙기가 있었다.

대단원 예상 적중 자료 정리

39~40쪽

① 음향 측심법 ② 5100 ③ 1125 ④ 해구 ⑤ 해산 ⑥ 비례 ⑦ 북반구 ⑧ 클 ⑨ 발산형 ⑩ 현무암질 ⑪ 천발 ⑫ 낮다 ⑬ 압력 ⑭ 낮아져 ⑮ 현무암질 ⑯ 연흔 ⑰ 깊은 ⑱ 점토질 ⑲ ㄴ ⑳ 경사 ㉑ 주상 ㉒ 정단층 ㉓ 4억 ㉔ 4억 년 ㉕ 부정합의 법칙 ㉖ 실루리아기 ㉗ 페름기 ㉘ 중생대 ㉙ 4번의 빙하기와 3번의 간빙기

Ⅱ. 대기와 해양

05강 대기의 변화

기출 변형 문제

44~47쪽

01 ②	02 ⑤	03 ①	04 ②	05 ⑤	06 ③	07 ③
08 ①	09 ③	10 ②	11 ⑤	12 ③	13 ②	14 ③
15 ③						

01 ㄴ. 전선면의 기울기는 한랭 전선(ⓛ)이 온난 전선(ⓒ)보다 급하다.

오답풀이 ㄱ. ⊙은 정체 전선, ⓛ은 한랭 전선, ⓒ은 온난 전선이다. 따라서 ⊙은 C의 특징을 설명한 것이다.

ㄷ. 시베리아 기단의 영향을 받는 겨울철에는 정체 전선이 형성되지 않는다. 정체 전선인 장마 전선이 형성된 것으로 보아 이날 우리나라에 영향을 주는 기단은 시베리아 기단이 아니다.

02 ㄱ. 15~18시를 전후로 기온이 급격하게 낮아졌다. 따라서 이 관측소에는 한랭 전선이 통과하였다.

ㄴ. ⊙ 시기는 한랭 전선이 통과하기 전이므로 남서풍이 불고, ⓒ 시기는 한랭 전선이 통과한 후이므로 북서풍이 분다.

ㄷ. 한랭 전선이 통과한 후인 ⓒ 시기는 우리나라 북서쪽에 위치한 A 기단의 영향을 받아 기온이 내려간다.

03 ㄱ. 한랭 전선 뒤쪽인 A와 온난 전선 앞쪽인 C에는 찬 공기가 분포하고, 한랭 전선과 온난 전선 사이인 B에는 따뜻한 공기가 분포한다. 따라서 A~C 중 기온은 B에서 가장 높다.

오답풀이 ㄴ. A에서는 적운형 구름에 의해 소나기가 내리고, C에서는 층운형 구름에 의해 이슬비가 내린다. B는 구름이 없이 맑다.

ㄷ. C에서는 온난 전선면의 높이가 시간이 지날수록 낮아지므로 구름의 높이는 낮아지고, 온난 전선이 통과하고 나면 구름이 거의 소멸된다.

04 ㄷ. 풍향이 시계 방향으로 변했으므로 이 지점은 저기압 중심의 남쪽에 위치한다. 온대 저기압의 중심 아래쪽에서는 온난 전선이 통과하기 전 남동풍, 통과 후 남서풍, 한랭 전선이 통과한 후 북서풍으로 풍향이 변한다.

오답풀이 ㄱ. 풍향은 북동 – 남동 – 남서 – 북서로 바뀌었으므로 시계 방향으로 변하였다.

ㄴ. 13일 06시 이후 풍향이 북서풍으로 바뀌고, 기온이 낮아졌으므로 13일 06시경에 한랭 전선이 통과하였다.

05 ㄱ. (가)에서 A의 남쪽에 고기압, 북쪽에 저기압이 있으므로 A 지역에는 남동 계열의 바람이 분다.

ㄴ. 온대 저기압은 편서풍의 영향으로 서에서 동으로 이동한다. 따라서 (가)보다 (나)가 시간상으로 12시간 이전에 해당한다.

ㄷ. 한랭 전선은 전선의 뒤쪽에서 비가 내리므로 (나)에서 한랭 전선의 뒤쪽에 위치한 서해안 지역이 앞쪽에 위치한 동해안 지역보다 강수량이 많다.

06 ㄱ. A는 ㉠ 시기에 기압이 낮아졌으므로 온난 전선이 통과한 후이고, ㉡ 시기에 기압이 다시 높아졌으므로 한랭 전선이 통과한 후이다. 따라서 찬 공기의 영향은 ㉠보다 ㉡ 시기에 더 크게 받는다.

ㄷ. B는 온대 저기압에서 전선의 영향을 받지 않는 저기압 중심의 북쪽에 위치한 지점이다. 따라서 A보다 B가 고위도이다.

오답 풀이 ㄴ. 전선의 영향으로 풍향이 시계 방향으로 변하는 A는 온대 저기압의 중심보다 남쪽에 위치한 지점이고, B는 전선의 영향을 받지 않는 북쪽에 위치한 지점이다.

07 ㄱ. 풍향이 시계 방향으로 변하고 남풍 계열의 바람이 부는 이 관측소는 태풍 진행 방향의 오른쪽인 위험 반원에 속한다. 따라서 A의 위치는 ㉡이다.

ㄴ. 태풍은 중심 기압이 낮을수록 세력이 강하므로 12일 21시에 가장 강하다.

오답 풀이 ㄷ. 태풍의 눈에서는 하강 기류가 발생하며 태풍의 눈 주변에서 강한 상승 기류가 발생한다.

08 ㄱ. 관측소에 바람이 북동 – 북북서 – 북서로 시계 반대 방향으로 변했으므로 관측 지점은 태풍 진행 경로의 왼쪽에 위치한다. 따라서 관측 지점은 안전 반원에 속한다.

오답 풀이 ㄴ. T_3 이후 태풍은 소멸하였으므로 중심 기압이 높아졌다. 중심 기압이 낮아진다는 것은 태풍의 세력이 강해지는 것을 의미한다.

ㄷ. 관측소에서 측정한 태풍의 풍속은 T_1일 때 10 m/s, T_2일 때 약 16 m/s, T_3일 때 약 4 m/s이다. 따라서 태풍의 풍속은 빨라지다가 느려졌다.

09 ㄱ. 이 지역에서 풍향이 동 – 북동 – 북 – 북서 – 서로 시계 반대 방향으로 변했으므로 이 지역은 태풍 진행 경로의 왼쪽에 위치한 안전 반원에 속한다.

ㄴ. 4~6시에 기압이 가장 낮으므로 상승 기류가 우세하다.

오답 풀이 ㄷ. 기압이 높은 시기에 풍속이 느리고 기압이 낮은 시기에 풍속이 빠르다. 즉, 기압과 풍속은 대체로 반비례하는 경향을 보인다.

10 ㄴ. 태풍은 무역풍의 영향을 받은 구간에서는 북서쪽으로, 편서풍의 영향을 받는 구간에서는 북동쪽으로 이동한다. 우리나라를 통과하는 동안 태풍은 북동쪽으로 이동하므로 편서풍의 영향을 받았다.

오답 풀이 ㄱ. 태풍의 세력은 중심 기압이 낮을수록 강하다. 따라서 A 시기가 B 시기보다 강하다.

ㄷ. 태풍 진행 경로의 왼쪽에서는 시계 반대 방향으로, 오른쪽에서는 시계 방향으로 풍향이 변한다. ㉠은 태풍 진행 경로의 오른쪽에 위치하므로 23일 18시부터 24일 06시까지 풍향은 시계 방향으로 변한다.

11 ㄱ. 태풍의 세력은 중심 기압이 낮을수록 강하다. 따라서 6일 06시가 6일 12시보다 강하다.

ㄴ. 지점 A는 태풍 이동 경로의 왼쪽에 위치하므로 A에서 관측된 풍향은 시계 반대 방향으로 변한다.

ㄷ. 6일 06시의 (관측 당시 기압－생성 당시 기압)의 값이 －25이므로 이 태풍의 생성 당시 기압은 1000 hPa이다.

12 ㄱ. 부산은 태풍 진행 경로의 오른쪽에 위치하므로 태풍의 이동 방향과 태풍의 바람 방향이 같아 태풍의 바람이 강해지는 위험 반원에 속했다.

ㄷ. 적외선 영상으로는 구름의 높이를 비교할 수 있다. 구름의 높이가 높으면 밝은색, 낮으면 어두운색으로 나타난다. 따라서 A 지역에 형성된 구름의 정상부 고도는 24일 15시보다 23일 15시가 더 높다.

오답 풀이 ㄴ. 태풍이 육지를 지나면 수증기의 공급이 줄어들고 지표면과의 마찰에 의해 세력이 약해진다. 따라서 태풍이 한반도를 통과하면서 중심 기압은 높아졌다.

13 B. 호우는 많은 양의 비가 내리는 것이고, 호우 중에서 짧은 시간 동안 많은 양의 비가 내리는 것을 집중 호우라고 한다.

오답 풀이 A. 뇌우는 적란운에서 발생한다. 온난 전선 부근에는 층운형 구름이, 한랭 전선 부근에는 적운형 구름이 형성되므로 뇌우는 한랭 전선이 통과할 때 발생한다.

C. 우박은 강한 상승 기류가 발달한 적운형 구름에서 잘 발생한다.

14 ㄱ. A는 시베리아 기단, B는 오호츠크해 기단, C는 양쯔강 기단, D는 북태평양 기단이다. 한랭 건조한 성질의 기단은 시베리아 기단이다.

ㄴ. 황사는 중국과 몽골의 사막 지역의 모래 먼지가 편서풍을 타고 우리나라에 영향을 주는 현상이다.

오답 풀이 ㄷ. 황사는 주로 양쯔강 기단의 영향을 받는 봄철에 발생한다. 북태평양 기단의 영향을 받는 여름철에는 거의 발생하지 않는다.

15 A. 뇌우는 강한 상승 기류에 의해 적란운이 발달하면서 천둥과 번개를 동반한 소나기가 내리는 현상이다. 이는 온대 저기압이나 태풍 등에 동반하여 강한 상승 기류가 일어날 때 잘 나타난다.

C. 자료에서 우박은 여름철(6~8월)보다 겨울철(12~2월)에 많이 발생하였다.

오답 풀이 B. 뇌우의 적운 단계에서는 빙정이 존재하지 않아 우박이 생성되기 힘들다. 우박은 적란운 속의 얼음 결정이 성장하여 생성된다. 따라서 성숙 단계에서 발생할 수 있다.

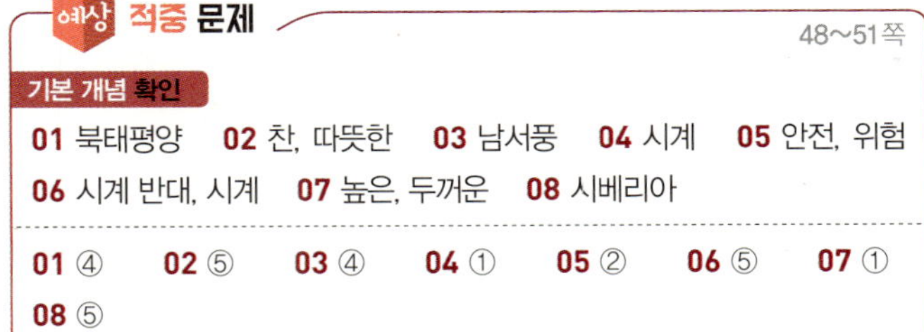

01 ㄴ. 겨울철 우리나라의 북서쪽에 발달한 고기압은 시베리아 고기압으로, 중심부가 주변보다 기온이 낮은 한랭형 고기압인 정체성 고기압이다.

ㄷ. (가)는 장마 전선이 형성되어 있으므로 6월의 장마철 일기도이고, (나)는 서고 동저형의 기압 배치를 보이고 등압선 간격이 조밀하므로 1월의 일기도이다.

오답 풀이 ㄱ. 우리나라의 장마 전선은 북쪽의 오호츠크해 기단과 남쪽의 북태평양 기단이 세력이 비슷한 상태에서 만나 우리나라 부근에 오랫동안 머물러 있으면서 형성된다. 이날은 장마 전선이 우리나라 남쪽에 위치하므로 우리나라는 오호츠크해 기단의 영향을 받고 있다.

02 ㄱ, ㄴ. 일기 기호를 통해 바람의 방향이 남서풍에서 북서풍으로 변하였음을 알 수 있다. 전선 통과 후 풍향 변화가 남서에서 북서로 바뀌는 것은 한랭 전선이 통과했을 경우이다. 한랭 전선이 통과하면 기온은 낮아지고 기압은 높아진다. 따라서 A는 기온, B는 기압이다.
ㄷ. 기온이 낮아지고 기압이 높아지는 16~17시 사이에 한랭 전선이 통과하였다. 일기 기호로 보아 17~18시에는 구름이 많고 북서풍이 강하게 불었다. 따라서 이 시간대에는 적운형 구름이 발달하였다.

03 동짓날은 12월 23일경으로, 북서쪽에 시베리아 고기압이 발달하는 시기이다. 이 영향으로 중국과 우리나라에는 북서풍이 분다. 또한 온난 전선의 앞면에는 남동풍이, 뒷면에는 남서풍이 분다.

04 ㄱ. 6시와 12시 사이에 온난 전선이 통과하였고, 12시와 18시 사이에 한랭 전선이 통과하였다. 온난 전선이 통과하면 기온이 높아지고 기압이 낮아지며, 한랭 전선이 통과하면 기온이 낮아지고 기압이 높아진다. 따라서 A는 기온, B는 기압이다.
오답 풀이 ㄴ. 온대 저기압이 통과하면서 전선의 영향을 받은 지역에서 풍향은 시계 방향으로 변한다. 따라서 6시에 해당하는 바람이 ㉢, 12시에 해당하는 바람이 ㉡, 18시에 해당하는 바람이 ㉠이다.
ㄷ. 한랭 전선이 통과한 18시경에는 좁은 구역에 걸쳐 소나기가 내린다.

05 ㄴ. 북서쪽으로 이동하는 ㉠과 ㉡이 12일과 14일에 해당한다. 12일이 14일보다 이동 속도가 빠르므로 ㉠이 12일, ㉡이 14일이다.
오답 풀이 ㄱ. A 지점은 태풍 진행 경로의 왼쪽에 위치하므로 태풍의 진행 방향과 태풍의 바람 방향이 반대인 안전 반원(가항 반원)에 속한다.
ㄷ. 태풍 진행 경로의 오른쪽에서는 시계 방향으로, 왼쪽에서는 시계 반대 방향으로 풍향이 변한다. 12일부터 14일 사이에 B 지점은 태풍 진행 경로의 오른쪽에 위치하므로 풍향이 시계 방향으로 변한다.

06 ㄱ. 관측소에서의 풍향이 시계 반대 방향으로 변하므로 이 관측소는 태풍 진행 방향의 왼쪽인 안전 반원에 위치한다.
ㄴ. 태풍의 세력은 중심 기압이 낮을수록 강하다. 따라서 10일 18시보다 11일 03시에 태풍의 세력이 약하다.
ㄷ. 태풍이 우리나라 부근을 지날 때 태풍 진행 경로의 왼쪽에서는 북풍 계열의 바람이 불며, 왼쪽 지역 중 태풍의 중심에 가까울수록 서풍 계열의 바람이 우세해진다. 따라서 북풍이 부는 10일 21시가 북서풍이 부는 11일 03시보다 태풍의 중심에서 더 멀다.

07 ㄱ. 가시 영상은 반사된 태양광의 세기를 이용하는 것이므로 야간에는 촬영이 불가능하다. 적외 영상은 태양광의 영향을 받지 않으므로 야간에도 촬영이 가능하다.
오답 풀이 ㄴ. 가시 영상에서 동쪽이 밝고, 서쪽이 어두운 것으로 보아 이 영상은 해가 뜰 무렵에 촬영한 것이다.

ㄷ. 적외 영상은 구름의 높이를 비교하는 데 유리하고, 가시 영상은 구름의 두께를 비교하는 데 유리하다. 적외 영상에서는 구름의 높이가 높을수록 밝게 보이고, 가시 영상에서는 구름의 두께가 두꺼울수록 밝게 보인다.

08 ㄱ, ㄴ. 시베리아 고기압이 확장되면 상대적으로 따뜻한 황해 바다를 지나면서 기단 하부의 기온과 습도가 높아져 상승 기류가 발달하여 적운형 구름이 형성되고, 이 구름에서 많은 눈이 내리게 된다. 이로 인해 중부 지방에 많은 눈이 내리게 된 것이다.
ㄷ. 북서쪽에서 찬 대륙 고기압인 시베리아 기단의 확장으로 우리나라 중부 지방에 많은 눈이 내리는 것은 찬 기단이 따뜻한 바다를 지나면서 기온과 수증기량이 증가하는 기단의 변질에 의한 것이다.

06강 해양의 변화

기출 변형 문제

55~58쪽

01 ①	**02** ④	**03** ②	**04** ①	**05** ③	**06** ②	**07** ③
08 ②	**09** ④	**10** ②	**11** ⑤	**12** ④	**13** ⑤	**14** ②

01 ㄱ. 혼합층의 두께는 바람의 세기에 영향을 받는다. 바람의 세기가 강할수록 혼합층의 두께가 두꺼우므로 A 해역은 B 해역보다 바람의 세기가 강하다.
오답 풀이 ㄴ. 우리나라는 겨울이 여름보다 바람의 세기가 강하다. 따라서 혼합층의 두께는 겨울이 여름보다 두껍다.
ㄷ. A 해역은 북한 한류의 영향을 받고, C 해역은 쓰시마 난류의 영향을 받는다. 동한 난류는 쓰시마 난류에서 갈라져 나와 우리나라 동해를 따라 북쪽으로 흐른다.

02 ㄴ. 수온 염분도에서 오른쪽 아래로 갈수록 밀도가 증가한다. C 구간보다 B 구간에서 오른쪽 아래로의 변화가 크므로, 밀도 변화는 C 구간보다 B 구간이 크다.
ㄷ. 해수의 수온은 태양 복사 에너지의 영향을 받는다. D 구간은 수심이 깊어 태양 복사 에너지의 영향을 거의 받지 않으므로 깊이에 따른 온도 변화가 거의 없다.
오답 풀이 ㄱ. A 구간은 깊이 들어갈수록 온도가 낮아진다. 따라서 수온 약층이다. 혼합층은 바람의 영향으로 깊이에 따른 수온 변화가 거의 없다.

03 ㄷ. (나) 과정은 염분이 같고 수온이 다른 두 소금물을 비교하는 것이므로 염분이 같을 때 수온이 밀도에 미치는 영향을 알아보기 위한 것이다.
오답 풀이 ㄱ. 해수의 밀도는 수온이 낮을수록, 염분이 높을수록 크다. 따라서 A와 B를 혼합하면 밀도가 큰 B가 밀도가 작은 A 아래로 이동하며, B와 C를 혼합하면 밀도가 큰 B가 밀도가 작은 C 아래로 이동한다. 따라서 ㉠은 B, ㉡은 A, ㉢은 B, ㉣은 C이다.
ㄴ. A, B, C 중 밀도가 가장 큰 것은 수온이 7 ℃로 낮고, 염분이 38 psu로 높은 B이다.

04 ㄱ. 해수의 밀도는 수온이 낮을수록, 염분이 높을수록 크다. 따라서 밀도는 C가 A보다 크다.

오답 풀이 ㄴ. B의 수온은 A보다 낮고 C보다 높지만, 염분은 A와 C보다 크다. 따라서 A와 C가 혼합되어 형성되었다고 보기 어렵다.

ㄷ. A는 B보다 수온이 높고 염분이 낮으므로 밀도가 작지만, 용존 산소량은 B가 A보다 작다. 따라서 용존 산소량이 많을수록 밀도가 크다고 할 수 없다.

05 ㄱ, ㄴ. 저위도 지역에서는 태양 복사 에너지 흡수량이 지구 복사 에너지 방출량보다 많고, 고위도에서는 지구 복사 에너지 방출량이 태양 복사 에너지 흡수량보다 많다. 따라서 (가)는 지구 복사 에너지, (나)는 태양 복사 에너지이다. A는 흡수량인 태양 복사 에너지가 방출량인 지구 복사 에너지보다 많으므로 에너지 과잉이다.

오답 풀이 ㄷ. ㉠은 위도 약 38° 부근으로 이 지역은 남북 방향의 에너지 수송이 가장 활발히 일어나는 지역이다.

06 ② 위도 30° 부근의 고기압인 A와 B는 해들리 순환의 하강 기류로 생긴 아열대 고기압이다.

오답 풀이 ① 우리나라의 서쪽에 저기압, 동쪽에 고기압이 배치되어 남동 계절풍이 부는 시기이므로 여름인 7월에 해당하는 기압 분포이다.

③ 페렐 순환은 해들리 순환과 극순환에 의해 간접적으로 발생하는 순환으로, 순환 방향이 일정하지 않고 고압대나 저압대를 형성하지 못한다. B는 해들리 순환이 위도 30° 부근에서 하강하여 형성된 중위도 고압대이다.

④ C 지점은 남극 순환 해류가 흐르는 지역이다. 남극 순환 해류는 편서풍의 영향으로 서쪽에서 동쪽으로 흐르는 해류이다.

⑤ A와 B는 고기압이므로 지상에서는 하강 기류가 생성되어 날씨가 맑다.

07 ㄱ. 우리나라 부근에서 북서 계절풍이 부는 것으로 보아 우리나라가 겨울철인 1월의 평년 풍향 분포에 해당한다.

ㄷ. B는 30°S 부근에 발달한 아열대 고기압이다. 아열대 고기압은 위도 0~30° 사이의 대기 대순환인 해들리 순환의 하강으로 생성된다.

오답 풀이 ㄴ. A 지역은 남극 순환 해류가 서에서 동으로 흐르는 지역이다. A 지역의 풍향도 서풍이므로 이 지역의 풍향 분포와 표층 해류의 방향은 같다.

08 ㄷ. 무역풍과 편서풍에 의해 형성되는 아열대 표층 순환의 방향은 북반구에서는 시계 방향, 남반구에서 시계 반대 방향이다.

오답 풀이 ㄱ. A는 저위도에서 고위도로 흐르는 난류인 멕시코 만류이고, C는 고위도에서 저위도로 흐르는 한류인 카나리아 해류이다.

ㄴ. B는 북대서양 해류, D는 남극 순환 해류로, 모두 페렐 순환에 의해 지상에 부는 바람인 편서풍의 영향을 받아 흐르는 해류이다. 해들리 순환에 의해 지상에 부는 바람은 무역풍으로 이는 북적도 해류와 남적도 해류를 형성한다.

09 ㄴ. B는 무역풍의 영향을 받은 지역이므로 동에서 서로 이동하는 것이 유리하다. 즉, B는 무역풍을 이용하여 유럽에서 아메리카로 향하는 항로이다.

ㄷ. C에는 고위도에서 저위도로 한류인 카나리아 해류가 흐른다.

오답 풀이 ㄱ. A는 편서풍의 영향을 받은 지역이므로 서에서 동으로 이동하는 것이 유리하다. 따라서 A는 편서풍을 이용하여 아메리카에서 유럽으로 향하는 항로이다.

10 ㄷ. A 해역에는 쿠로시오 해류, B 해역에는 캘리포니아 해류가 흐른다. A와 B 해역을 흐르는 해류가 속한 북태평양의 아열대 순환은 시계 방향으로 나타난다.

오답 풀이 ㄱ. C 해역의 표층 해류는 남극 순환 해류로 편서풍의 영향을 받아 서에서 동으로 흐른다.

ㄴ. A 해역에 흐르는 해류는 난류인 쿠로시오 해류, B 해역에 흐르는 해류는 한류인 캘리포니아 해류이다. 용존 산소량은 한류가 난류보다 많다. 따라서 한류가 흐르는 B 해역이 난류가 흐르는 A 해역보다 용존 산소량이 많다.

11 ㄱ. A는 쿠로시오 해류이다. 북태평양 아열대 표층 순환은 북태평양 해류 → 캘리포니아 해류 → 북적도 해류 → 쿠로시오 해류로 이루어져 있다.

ㄴ. 용존 산소량은 한류가 난류보다 많다. 따라서 북한 한류인 C가 동한 난류인 B보다 많다.

ㄷ. 동해에는 북한 한류인 C와 동한 난류인 B가 만나 조경 수역을 형성한다.

12 ㄴ. 수온이 낮은 소금물은 상온의 물보다 밀도가 크므로 극지방에서 침강하는 표층 해수에 해당하며, 이는 심층 순환을 일으킨다.

ㄷ. 소금물의 농도를 낮춘 것은 극지방의 빙하가 해빙되어 해수의 염분이 낮아지는 경우에 해당한다. 한편 결빙은 극지방 해수의 염분을 높이는 역할을 한다.

오답 풀이 ㄱ. 소금의 양을 1 g으로 줄이면 소금물의 밀도가 감소하여 침강하는 속도가 느려진다. 따라서 P점에 소금물이 도달하는 시간은 더 길어진다.

13 ㄱ, ㄴ. A 해역에서는 심층수가 올라와 표층 순환과 연결되는 용승이 일어나고 B 해역은 남극 대륙 주변 웨델해 부근으로 침강이 일어난다. B는 침강하여 남극 저층수를 형성한다.

ㄷ. 심층 순환은 표층 순환과 연결되어 에너지 불균형을 해소하고, 표층 해수의 용존 산소를 심해로 운반하는 역할을 한다.

14 ㄷ. a 구간에서 수온 변화는 거의 없으므로, 이 구간에서 밀도 변화는 염분의 영향을 더 받는다.

오답 풀이 ㄱ. 북대서양 심층수가 남극 저층수보다 염분이 높다. 따라서 A가 북대서양 심층수, B가 남극 저층수이다.

ㄴ. 남극 중층수는 북대서양 심층수와 남극 저층수보다 밀도가 작다. 따라서 밀도는 1.0280 g/cm^3보다 작다.

예상 적중 문제

59~63쪽

기본 개념 확인

01 클 **02** 감소 **03** 과잉, 부족 **04** 해들리, 극 **05** 아열대 고압대, 극고압대 **06** 높다 **07** 북적도, 시계 **08** 조경 수역 **09** 에너지 불균형 **10** 증가

01 ③	**02** ①	**03** ⑤	**04** ④	**05** ①	**06** ③	**07** ③
08 ③	**09** ③	**10** ③				

01 ③ 심해층이 나타나는 깊이의 수온과 표층수의 온도 차이가 클수록 수온 약층이 발달한다. 적도 부근과 중위도 지역에서 심해층이 나타나는 수온은 거의 비슷하다. 따라서 표층 수온이 높은 A 해역이 B 해역보다 수온 약층이 발달하였다.

오답 풀이 ① 극지방인 C 해역은 표층 해수에 도달하는 태양 복사 에너지양이 적어 표층수와 심층수는 온도 차이가 거의 없기 때문에 혼합층과 수온 약층이 발달하지 않는다. 즉, 깊이에 따른 수온 변화가 거의 없다.
② 해수의 밀도는 수온이 낮을수록, 염분이 높을수록 크다. A 해역은 가장 저위도에 위치하므로 수온이 높고, 염분 값이 세 지역 중 가장 낮으므로 밀도가 가장 작은 해역이다.
④ (증발량-강수량) 값은 중위도 고압대가 형성되어 있는 위도 30°N부근의 해역이 적도 부근인 위도 5°N 부근의 해역보다 크다.
⑤ 염분은 $NaCl$을 포함한 염류들의 총 g 수이다. C 해역의 염분이 33.5 psu이므로 해수 1 kg 속에 녹아 있는 총 염류의 양이 33.5 g이고, $NaCl$의 양은 이보다 적다.

02 ㄱ. 우리나라는 겨울에 북서 계절풍, 여름에 남동 계절풍이 분다. 월별 풍속 자료를 통해 겨울(북서 계절풍)이 여름(남동 계절풍)보다 풍속이 빠르다는 것을 알 수 있다.

오답 풀이 ㄴ. 표층의 밀도는 여름에는 약 1.0217 g/cm³이고, 겨울에는 약 1.0257 g/cm³이며, 수심 500 m의 밀도는 여름과 겨울에 거의 같다. 따라서 표층과 수심 500 m의 밀도 차이는 여름이 겨울보다 크다.
ㄷ. 표층수는 수온과 염분의 계절별 차이가 크지만 수심 500 m 지점에서는 계절별 차이가 거의 없다. 수심이 깊어질수록 수온과 염분의 계절별 차이는 감소하는 경향을 보인다.

03 ㄱ. 에너지 수송은 지구의 열수지 평형을 맞추기 위해 저위도에서 고위도로 에너지가 이동하는 것이다. 이것은 (가)처럼 에너지 과잉과 에너지 부족이 나타날 경우에 일어난다.
ㄴ. (가)에서 저위도 지역은 에너지 과잉, 고위도 지역은 에너지 부족이 나타난다. 따라서 A가 흡수량인 태양 복사 에너지이고, B가 방출량인 지구 복사 에너지이다.
ㄷ. 열수지가 평형을 이루고 있는 것은 흡수량인 태양 복사 에너지와 방출량인 지구 복사 에너지의 양이 같은 (나)이다. (가)는 위도별 열수지 불균형이 일어난다.

04 ㄱ. A는 위도 60°S인 지점이고, B는 위도 30°S인 지점이다. 이 사이에서 대기 대순환은 간접 순환인 페렐 순환에 해당하고, 페렐 순환에 의해 지표 부근에서 부는 바람은 편서풍이다.

ㄷ. 적도 부근 ~30°N 사이에 해당하는 C와 D 사이의 대기 대순환은 해들리 순환으로 직접 순환에 해당한다. 해들리 순환에 의해 지표 부근에서 부는 바람은 무역풍이다.

오답 풀이 ㄴ. B는 중위도 고압대로 적도 저압대에서 상승한 공기가 고위도로 이동하다 전향력에 의해 위도 30° 부근에서 하강한다. C는 적도 저압대로 적도에서 가열된 공기가 상승한다. 따라서 B에서는 하강 기류, C에서는 상승 기류가 나타난다.

05 ㄱ. A 해역은 남극 순환 해류가 흐르는 해역이다. 남극 순환 해류는 서에서 동으로 흐르는데, 이는 남극 대륙을 중심으로 시계 방향에 해당하는 흐름이다. 따라서 ① 방향으로 흐른다.

오답 풀이 ㄴ. B 지역은 극고압대로 지표면 부근에 극순환에 의한 하강 기류가 형성된다.
ㄷ. 남극 순환 해류가 흐르는 A 해역은 편서풍의 영향으로 서풍 계열의 바람이, 극지방에 해당하는 C 지역은 극동풍의 영향으로 동풍 계열의 바람이 분다.

06 ㄱ. 북태평양 아열대 순환을 형성하는 A 해역에 흐르는 해류는 편서풍의 영향을 받아 흐르는 북태평양 해류이다.
ㄴ. 동일한 위도에서는 난류가 흐르는 해역이 한류가 흐르는 해역보다 수온이 높다. B 해역에 흐르는 해류는 난류, C 해역에 흐르는 해류는 한류이므로 수온과 염분이 높은 ⑤이 B 해역의 관측값이다.

오답 풀이 ㄷ. 기체의 용해도는 온도가 낮을수록 크므로, 용존 산소량은 수온이 낮은 A 해역이 수온이 높은 D 해역보다 많다.

07 ㄱ. B 해역을 흐르는 해류는 편서풍의 영향을 받는 북태평양 해류, D 해역을 흐르는 해류는 무역풍의 영향을 받는 북적도 해류이다.
ㄷ. A, B 해역을 흐르는 북태평양 아열대 순환의 방향과 C, D 해역을 흐르는 북대서양 아열대 순환의 방향은 모두 시계 방향으로 같다.

오답 풀이 ㄴ. A는 쿠로시오 해류, B는 멕시코 만류이다. 두 해류는 모두 저위도에서 고위도로 흐르는 난류에 해당한다.

08 ⑤은 황해 난류, ⑥은 서한 연안류, ⑥은 쓰시마 난류, ⑥은 동한 난류, ⑥은 쿠로시오 해류, ⑥은 중국 연안류, ⑥은 북한 한류이다.
ㄱ. 조경 수역은 난류와 한류가 만나는 곳으로 영양 염류와 용존 산소량이 풍부하여 좋은 어장이 형성되는 곳이다. 우리나라의 동해에서는 북한 한류(⑥)와 동한 난류(⑥)가 만나 조경 수역이 형성된다.
ㄴ. 수온 염분도에서 같은 부피의 두 수괴가 혼합되어 형성된 해수의 밀도는 두 수괴를 직선으로 연결할 때 중간 지점에 위치한 값이다. 따라서 해수의 밀도는 A와 B를 섞은 해수보다 B와 C를 섞은 해수가 더 크다.

오답 풀이 ㄷ. 쓰시마 난류와 중국 연안류는 수온은 비슷하지만, 염분은 난류인 쓰시마 난류가 육지의 하천수가 많이 유입되는 중국 연안류보다 높다. 따라서 A가 중국 연안류(⑥), B가 쓰시마 난류(⑥)이다. C는 수온이 가장 낮으므로 북한 한류(⑥)이다.

09 ㄱ. 얼음이 든 종이컵을 통과한 물은 밀도가 커서 침강한 후 수조 바닥을 따라 A에서 C 쪽으로 이동한다. 따라서 가장 먼저 온도가 낮아지는 온도계는 A이다.

ㄷ. 바닥에서는 A에서 C 쪽으로 얼음물이 움직이고, 표층의 스타이로 폼 조각은 종이컵 쪽으로 움직인다. 이는 얼음물이 침강하여 바닥에서 이동하는 흐름이 표층까지 영향을 주어 나타나는 현상이다. 이 실험을 통해 표층 순환과 심층 순환은 컨베이어 벨트처럼 연결되어진 순환임을 알 수 있다.

오답풀이 ㄴ. 수조 바닥에서는 A에서 C 쪽으로 물이 움직이고, C에서 상승한 물은 표층에서 종이컵 쪽으로 이동한다.

10 ㄱ. 대서양 심층 순환에서 염분이 낮은 수괴가 염분이 높은 수괴보다 아래쪽을 흐르고 있다. 이것은 염분에 의한 밀도 차를 극복할 정도로 수온이 낮기 때문이다. 이처럼 대서양 심층 순환에서는 염분보다 수온이 해수의 밀도에 더 큰 영향을 미치고 있다.

ㄷ. (가)의 심층 순환 자료에서 가장 위에서 흐르는 남극 중층수의 밀도가 가장 작고, 가장 깊은 곳에서 흐르는 남극 저층수의 밀도가 가장 크다. 따라서 A가 남극 중층수, B가 북대서양 심층수, C가 남극 저층수이다.

오답풀이 ㄴ. 수온 염분도에서 밀도는 오른쪽 아래로 갈수록 커진다. 따라서 A보다 B의 밀도가 더 크다.

07강 대기와 해양의 상호 작용

기출 변형 문제

01 ㄴ. C 해역은 B 해역에 비해 표층 수온이 낮다. 페루 연안인 C 해역에서는 용승이 활발하므로 수온 약층이 시작되는 깊이가 얕다. 따라서 B 해역에서 C 해역으로 갈수록 수온 약층이 나타나는 깊이는 얕아진다.

ㄷ. C 해역에는 용승이 일어나고 있으므로 남풍 계열의 바람이 지속적으로 불고 있다.

오답풀이 ㄱ. A 해역 주변에서는 연안에 가까워질수록 표층 수온이 낮아지므로, A 해역에서는 연안 용승이 일어나고 있다.

02 적도 해역은 무역풍에 의해 용승이 일어나는 해역이다.

ㄴ. 무역풍이 강하게 불면 남북으로 이동하는 해수의 이동량이 많아져서 용승은 더욱 활발해진다.

오답풀이 ㄱ. 적도를 기준으로 에크만 수송의 방향은 서로 반대 방향이므로 표층 해수는 발산하게 된다.

ㄷ. 용승으로 인해 심층의 찬 물이 표층으로 올라오므로 수온 약층이 시작되는 깊이는 얕아진다.

03 ㄱ. 엘니뇨 시기에는 동태평양의 수온 약층이 평년에 비해 깊은 곳에서 나타난다. 그림에서 동태평양 쪽의 수온 약층의 깊이가 평년에 비해 깊어졌으므로 엘니뇨 시기이다.

ㄴ. 수온 약층이 나타나는 깊이가 깊어지므로 혼합층의 두께는 평년보다 증가한다.

오답풀이 ㄷ. 엘니뇨 시기에는 동태평양 적도 해역에서 용승이 약해지므로 표층 수온은 높아진다.

04 엘니뇨는 동태평양의 수온이 평상시보다 높아지는 현상이고, 라니냐는 동태평양의 수온이 평상시보다 낮아지는 현상이다.

ㄱ. (가)는 라니냐, (나)는 엘니뇨 시기의 수온 편차이다. 라니냐 시기에 서태평양의 수온 편차는 (+)이므로 해수면 높이 편차도 (+)가 된다.

오답풀이 ㄴ. 엘니뇨 시기에 동태평양의 수온은 평상시보다 높아 상승 기류가 활발해지고 강수량이 많아진다. 따라서 강수량 편차는 (+)이다.

ㄷ. 동태평양 해역에서 용승이 활발한 경우에는 수온이 평상시보다 낮아지므로 수온 편차는 (−)를 나타낸다. 따라서 (나) 시기보다 (가) 시기에 용승이 강하다.

05 (가)는 평상시, (나)는 엘니뇨 시기이다.

ㄴ, ㄷ. 엘니뇨 시기에 동태평양의 A 해역은 평상시보다 수온이 높으므로 해수면 높이가 높아지고, 따뜻한 해수층 두께가 두껍다.

오답풀이 ㄱ. (나)에서 해류의 속도 편차 방향이 동쪽으로 나타나므로 무역풍과 북적도 해류가 약해지는 엘니뇨 시기이다.

06 (가)는 무역풍의 풍속이 상대적으로 약하므로 엘니뇨 시기이고, (나)는 무역풍의 풍속이 상대적으로 강하므로 라니냐 시기이다.

ㄱ. 엘니뇨 시기에는 동태평양에서 용승이 활발하지 않아 수온이 높다.

ㄷ. 태평양 적도 부근 해역의 구름양은 (나)가 (가)보다 적다.

오답풀이 ㄴ. 남적도 해류의 세기는 라니냐 시기인 (나)가 엘니뇨 시기인 (가)보다 강하다.

07 ㄷ. 동태평양 적도 부근 해역(B)의 수온은 엘니뇨 시기가 라니냐 시기보다 높다. 그러므로 수온 약층이 나타나는 깊이는 엘니뇨 시기(b)가 라니냐 시기(a)보다 깊다.

오답풀이 ㄱ. 풍속 편차가 (+)로 큰 a는 라니냐 시기이고, 풍속 편차가 (−)로 작은 b는 엘니뇨 시기이다. 엘니뇨 시기에 기압이 높아진 A가 서태평양 적도 부근 해역이고, 기압이 낮아진 B가 동태평양 적도 부근 해역이다.

ㄴ. 라니냐(a) 시기에는 동태평양 적도 부근 해역의 용승이 강화되어 수온이 더 낮아진다. 그러므로 수온 편차가 음(−)의 값을 갖는 해역은 B이다.

08 엘니뇨는 태평양 적도 부근의 남아메리카 해안에서 태평양 중앙부에 이르는 넓은 범위에서 표층 수온이 평상시보다 높아지는 현상이다. (가)는 엘니뇨 시기의 수온 편차이다.

ㄱ. 엘니뇨 시기에는 무역풍이 약화되어 동태평양 적도 부근의 표층 수온이 상승하므로 상승 기류가 발달하여 평년보다 강수량이 증가해 홍수가 발생할 수 있다.

ㄴ. 엘니뇨 시기에 서태평양 적도 해역에서는 표층 수온이 하강하여 하강 기류가 발달하면서 평년보다 강수량이 감소한다.

ㄷ. (나)에서 우리나라 주변 해역의 수온 편차가 음(−)의 값을 나타내고 있으므로 이 시기에 우리나라 주변 해역의 수온은 평년보다 낮다.

09 A는 라니냐 시기이고, B는 엘니뇨 시기이다.

ㄴ. 라니냐 시기에는 무역풍이 강하게 불고 남적도 해류가 강하므로 서태평양 적도 해역의 해수면이 높아진다. 따라서 동태평양과 서태평양의 해수면 높이 차이는 A 시기가 B 시기보다 크다.

오답 풀이 ㄱ. (가)에서 타히티에는 상승 기류가, 다윈에는 하강 기류가 발달하였으므로 엘니뇨 시기이다. 엘니뇨 시기에 남방 진동 지수는 (ㅡ)이므로 B 시기에 해당한다.

ㄷ. 동태평양 적도 해역에서는 용승이 약화되는 엘니뇨 시기에 따뜻한 해수층이 두껍게 형성되므로 수온 약층이 나타나는 깊이는 더 깊어진다. 따라서 동태평양 적도 해역에서 수온 약층이 나타나는 깊이는 B 시기가 A 시기보다 깊다.

10 ㄴ. 현재로부터 6500년 후는 (나)에서 19500년 후가 되므로, (나)의 자전축 방향에 대해 시계 반대 방향으로 90°를 향하게 된다. 따라서 A에 위치할 때 북반구는 겨울철이 된다.

ㄷ. ㉠ 시기에 북반구는 근일점에서 여름철이 된다. 또한 궤도 이심률을 비교하면 북반구가 여름철일 때 지구에서 태양까지의 거리는 ㉠ 시기에 최소가 된다. 따라서 북반구 기온의 연교차는 ㉠ 시기가 ㉡ 시기보다 크다.

오답 풀이 ㄱ. (나)에서 13000년 전에 북반구는 근일점에서 여름철이므로 현재 북반구는 원일점에서 여름철이다.

11 ㄷ. 20만 년 전에는 지구 공전 궤도의 이심률이 현재보다 컸으므로, 근일점 거리는 현재보다 가까워지고 원일점 거리는 멀어져 일사량의 차이가 현재보다 컸다.

오답 풀이 ㄱ. 자전축 경사각의 변화 주기는 약 41000년이고, 이심률의 변화 주기는 약 10만 년이다. 따라서 주기는 (나)가 (가)보다 약 2.4배 길다.

ㄴ. 60만 년 전 지구 자전축 경사각은 현재보다 작으므로 기온의 연교차가 현재보다 작았을 것이다. 또한 이심률은 현재보다 커서 북반구에서는 겨울철이 되는 근일점이 더 가까워지고 여름철이 되는 원일점은 더 멀어지므로 기온의 연교차는 현재보다 작았을 것이다.

12 ㄴ. 이심률이 커지면 원일점은 더 멀어지고 근일점은 더 가까워진다. 남반구는 근일점에서 여름, 원일점에서 겨울이므로 겨울은 더 추워지고 여름은 더 더워진다.

ㄷ. 이심률이 커지면 북반구의 여름은 서늘해지고 겨울은 더 따뜻해지므로 기온의 연교차가 작아진다.

오답 풀이 ㄱ. 자전축의 경사 방향이 변하지 않았으므로 계절은 바뀌지 않는다.

13 지구 온난화가 심화되면서 지구 평균 해수면의 높이는 높아지고 북극해 얼음 면적은 감소했다.

ㄷ. 얼음 면적이 증가하면 반사율이 증가한다. 따라서 북극 해역에서 태양 복사 에너지 반사율은 얼음 면적이 상대적으로 더 넓은 ㉠ 기간이 ㉡ 기간보다 높다.

오답 풀이 ㄱ. A는 시간이 지남에 따라 감소하고 있으므로 북극해 얼음 면적을 나타낸 것이다.

ㄴ. 북극해 얼음 면적은 ㉠ 기간이 ㉡ 기간보다 넓으므로 북극 해역의 평균 기온은 ㉡ 기간이 ㉠ 기간보다 높다.

14 ㄴ. 대기 복사 에너지는 온도가 낮으므로 대부분 적외선으로 방출된다.

오답 풀이 ㄱ. 대규모 화산 분출은 태양 복사 에너지의 반사율을 증가시켜 지표면에 흡수되는 태양 복사 에너지를 감소시키므로 지구의 평균 기온은 하강한다. 따라서 지구 복사로 방출되는 에너지(A)의 양이 감소할 것이다.

ㄷ. 대기 중의 이산화 탄소 농도가 증가하면 온실 효과로 지구의 평균 기온이 상승하게 되므로 A가 증가한다. A가 증가하면 지표면으로 재복사되는 C도 증가할 것이다.

15 ㄱ. 성층권에 도달한 다량의 화산재는 지구의 반사율을 높여 지표면에서의 태양 복사 에너지양을 감소시키므로 ㉠을 증가시킨다.

오답 풀이 ㄴ. (가)의 ㉡은 태양 복사 에너지가 O_3, H_2O, CO_2 등에 의해 흡수되는 양을 나타낸다. 반면 (나)의 A는 지표에서 방출된 지구 복사 에너지의 일부가 대기 중에 흡수되는 양을 나타내므로 ㉡은 A가 아니다.

ㄷ. 지구에 입사하는 태양 복사 에너지 중 자외선은 성층권의 오존(O_3)에 의해 대부분 흡수된다. 적외선 역시 온실 기체에 의해 흡수되지만 (가)에서 대기를 통과하여 지표에 흡수되는 태양 복사 에너지는 자외선 영역이 적외선 영역보다 적음을 알 수 있다.

16 ㄱ. 해수의 온도 상승은 기체의 용해도를 감소시키므로 표층 해수의 용존 이산화 탄소량은 감소한다.

ㄴ. 얼음은 다른 표면 상태에 비해 반사율이 크기 때문에 극지방의 빙하 면적이 감소하면 지표면의 반사율은 감소하게 된다.

ㄷ. 대기 중의 수증기나 이산화 탄소와 같은 온실 기체는 태양에서 방출하는 가시광선 영역은 지표로 통과시키지만 지구에서 방출하는 적외선 영역은 선택적으로 흡수한다. 그러므로 온실 기체에 의한 흡수율은 적외선 영역이 가시광선 영역보다 높다.

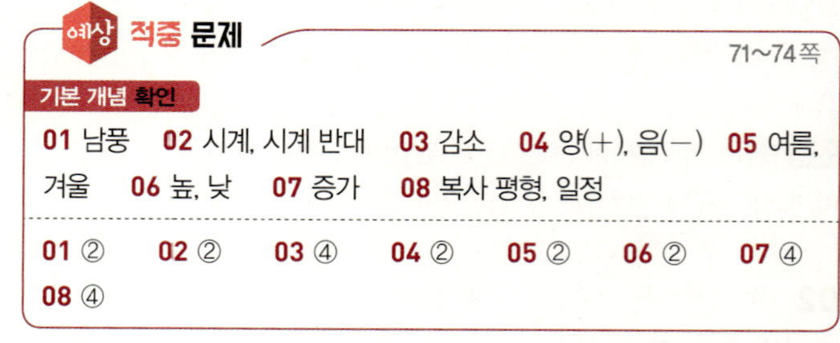

01 ㄴ. A 해역에서 북풍이 지속적으로 불게 되면 에크만 수송은 서쪽으로(해안에서 먼 쪽으로) 일어나므로 해안에서 해수면이 낮아지게 되고, 이를 보충하기 위해 용승이 일어나면서 주위보다 표층 수온이 낮아진다.

오답 풀이 ㄱ. 북반구에서 에크만 수송은 바람 방향의 오른쪽 90° 방향으로 일어난다.

ㄷ. 용승이 일어나는 해역은 심층에서 찬 해수가 표층으로 올라오므로 수온 약층이 나타나는 깊이가 얕아진다.

02 ㄷ. 북적도 해류와 남적도 해류는 해들리 순환의 지상풍인 북동 무역풍과 남동 무역풍에 의해 형성된 해류이다.

오답풀이 ㄱ. A는 북적도 해류, B는 적도 반류로, 북반구에서 열대 순환을 이룬다.

ㄴ. 적도 해역에서는 대체로 해류가 서쪽으로 흐르므로 동쪽 해역에서는 해수면이 낮아져 용승이 일어난다.

03 수온이 20 ℃인 곳의 깊이가 더 깊은 시기가 엘니뇨 시기이다. (가)는 라니냐 시기, (나)는 엘니뇨 시기이다.

ㄴ. A 해역의 수온은 수온이 20 ℃인 곳의 깊이가 더 깊은 (가) 시기가 (나) 시기보다 높으므로, A 해역에서 상승 기류는 (가) 시기가 (나) 시기보다 활발하다.

ㄷ. A와 B 해역에서 수온 차는 (가) 시기가 (나) 시기보다 크게 나타나므로, 두 해수면 높이 차는 (가) 시기가 더 크다.

오답풀이 ㄱ. 엘니뇨 시기에는 무역풍이 평상시보다 약해지고 남적도 해류가 약해지면서 동태평양에서 용승이 약화되어 따뜻한 해수층의 두께가 두껍다.

04 ㄴ. 남방 진동 지수는 [(타히티의 해면 기압 편차—다윈의 해면 기압 편차)/표준 편차]로 정의되므로, 엘니뇨 시기에는 중앙 태평양~동태평양의 기압이 낮아지면서 큰 음(—)의 값을 나타내고, 라니냐 시기에는 큰 양(+)의 값을 나타낸다. 따라서 남방 진동 지수는 (가)가 (나)보다 크다.

오답풀이 ㄱ. 엘니뇨 시기에는 상승 기류가 평상시보다 동쪽으로 이동하므로, (가)는 라니냐 시기, (나)는 엘니뇨 시기이다.

ㄷ. 동태평양에서 강수량이 많은 시기는 동태평양의 수온이 높은 엘니뇨 시기이다.

05 ㄴ. 현재 남반구는 근일점에서 여름철이고, 원일점에서 겨울철이다. 1만 년 전에는 공전 궤도 이심률이 현재보다 컸다. 따라서 근일점은 현재보다 태양에 더 가까웠고, 원일점은 태양에서 더 멀었으므로 남반구 중위도 지역에서 기온의 연교차는 1만 년 전이 현재보다 컸다.

오답풀이 ㄱ. 지구 공전 궤도 이심률 이외의 요인은 변하지 않는다고 가정하였으므로, 공전 궤도 긴 반지름은 변하지 않았다. 따라서 공전 궤도 긴 반지름은 1만 년 후와 현재가 같으므로, 1만 년 후의 근일점과 원일점 사이의 거리는 현재와 같은 2 AU이다.

ㄷ. 태양의 남중 고도는 지구 자전축의 경사각이 달라질 때 나타난다. 그런데 지구 자전축 경사각은 변하지 않았으므로 1만 년 전과 1만 년 후의 우리나라에서 겨울철 태양의 남중 고도는 같다.

06 ㄴ. 11500년 후에는 자전축 경사각이 증가하고, 경사 방향이 현재와 반대이다. 자전축 경사각이 증가하면 북반구와 남반구에서 여름철 태양의 남중 고도가 증가하므로 낮의 길이가 길어진다.

오답풀이 ㄱ. 11500년 후에는 북반구에서 여름철의 기온은 상승하고, 겨울철의 기온은 하강하므로 기온의 연교차가 현재보다 커진다.

ㄷ. 지구 공전 궤도의 이심률 변화가 없으므로 근일점과 원일점에서 지구가 받는 일사량의 차이는 일정하다.

07 ㄱ. A는 지표와 대기에서 반사되는 에너지에 해당한다. 대규모 화산 분출에 의해 상층으로 올라간 화산재는 지구의 반사율을 증가시킨다.

ㄴ. B는 대류권에서 수증기와 이산화 탄소와 같은 온실 기체에 의해 흡수되는 적외선 영역이다.

오답풀이 ㄷ. C는 성층권에서 오존에 의해 흡수되는 자외선 영역이다.

08 ㄴ. 지구 온난화가 진행되면 대기가 지표에서 방출하는 에너지를 더 많이 흡수하여 지표로 재복사하므로 이에 해당하는 에너지양인 D는 증가한다.

ㄷ. F가 일정할 때 사막의 면적이 넓어지면 증발이 잘 일어나지 않으므로 증발을 통해 대기로 전달되는 에너지양이 감소하여 상대적으로 대류와 전도에 의한 열 전달이 증가한다.

오답풀이 ㄱ. 지구는 전체적으로 복사 평형을 이루고 있으므로 지표면에서 방출한 에너지양(B+C+F)과 흡수한 에너지양(A+D)이 같다. 따라서 (A+D)와 (B+C)의 차는 F와 같다.

Ⅲ. 우주

08강 별의 물리량과 H-R도

기출 변형 문제

.80~81쪽

01 ③　**02** ③　**03** ⑤　**04** ③　**05** ⑤　**06** ①　**07** ②
08 ①

01 파란색의 고온의 별은 B 등급보다 V 등급이 커서 색지수가 (−) 값이고, 노란색의 저온의 별은 B 등급보다 V 등급이 작아서 색지수가 (+)값이다. 별의 표면 온도가 높을수록 색지수가 작다.

ㄱ. 표면 온도가 6000 K인 별은 색지수가 (+)이므로 B 등급이 V 등급보다 크다.

ㄷ. 주계열성은 표면 온도가 높을수록 질량이 큰 별이고, 질량이 클수록 수명이 짧다. 따라서 X가 Y보다 수명이 짧다.

오답풀이 ㄴ. 표면 온도가 낮을수록 그래프 기울기가 완만해지는데, 이는 온도 차이에 따른 색지수 변화폭이 크다는 것을 의미한다.

02 (가)의 별은 A형, (나)의 별은 K형이다. 주계열성은 질량이 클수록 중심부 온도가 높고 크기가 커서 단위 시간 동안에 많은 양의 에너지를 방출하므로 광도는 크지만, 주계열 단계를 빨리 벗어나므로 주계열 단계의 수명이 짧다.

ㄷ. 표면 온도 높을수록 색지수가 작고, 주계열성의 질량이 크며, 중심부 온도가 높아 에너지 생성률이 높으므로 수명은 짧다.

오답풀이 ㄱ. A형 별의 색지수는 0이고, K형 별의 색지수는 (+)이다.

ㄴ. 주계열에 머무르는 시간은 표면 온도가 높을수록 짧으므로, A형 별이 K형 별보다 짧다.

03 ㄱ. 주계열성은 광도가 클수록 질량이 큰 별이므로 질량은 스피카 > 직녀성 > 프로키온 > 태양 순이다.

ㄴ. 분광형이 A형인 별의 색지수는 0이므로 A형보다 표면 온도가 높은 O형과 B형 별은 색지수가 음(−)의 값이다.

ㄷ. 리겔은 거성에 해당하고 나머지 별들은 주계열성에 속한다. 따라서 반지름이 가장 큰 별은 리겔이다.

04 별의 표면 온도가 같으면 분광형이 같고 색지수가 같다.

ㄱ. A와 C는 태양과 표면 온도가 같으므로 태양과 색지수와 분광형이 같다. 태양의 분광형은 G2형이므로 A와 C의 분광형은 G2형이다.

ㄷ. 절대 밝기는 반지름의 제곱과 표면 온도의 4제곱에 비례한다. 따라서 A : B : C의 절대 밝기는 다음과 같다.

$$1^2 \times 1^4 : 10^2 \times (0.84)^4 : 10^2 \times 1^4 = 1 : 50 : 100$$

오답풀이 ㄴ. 색지수는 표면 온도가 높을수록 작다. 따라서 표면 온도가 높은 A가 B보다 색지수가 작다.

05 절대 등급의 숫자가 작을수록 광도가 큰 별이다. 절대 등급이 1등급 작아지면 광도는 2.5배 증가하므로, 등급이 5등급 차이가 날 때 광도는 100배 차이가 난다.

ㄱ. A는 B보다 절대 등급이 5등급 작으므로 광도는 100배 더 크다.

ㄴ. C는 태양보다 10등급 작으므로 10000배 더 밝다. 광도는 반지름의 제곱에 비례하고 표면 온도의 4제곱에 비례하는데, C는 태양보다 표면 온도가 낮으므로 반지름은 100배 이상 크다.

ㄷ. D는 백색 왜성으로 A~D 중 평균 밀도가 가장 크다.

06 주계열성은 H−R도의 왼쪽 위에서 오른쪽 아래로 이어지는 좁은 띠 모양으로 분포하고, 적색 거성은 H−R도에서 주계열의 오른쪽 위에 분포하며, 초거성은 H−R도에서 적색 거성보다 더 위에 분포한다. H−R도에서 A는 주계열성, B는 거성에 해당한다.

ㄱ. 주계열성은 질량이 클수록 광도가 크다. A의 광도는 태양보다 크므로 질량은 A가 태양보다 크다.

오답풀이 ㄴ. 별의 평균 밀도는 주계열성인 A가 거성인 B보다 크다.

ㄷ. 색지수가 클수록 표면 온도가 낮은 별이다. 따라서 표면 온도는 색지수가 큰 B가 A보다 낮다.

07 ㄷ. 주계열성은 질량이 클수록 광도가 크다. 따라서 질량은 광도가 가장 큰(절대 등급이 가장 작은) A가 가장 크고, C가 가장 작다.

오답풀이 ㄱ. 주계열성은 질량이 클수록 광도가 크고 수명은 짧다. 따라서 질량이 가장 큰 A가 수명이 가장 짧다.

ㄴ. B는 색지수가 0.00이므로 표면 온도가 10000 K인 흰색을 띠는 별이다.

08 ㄱ. 절대 등급이 5등급 작아지면 광도는 100배 증가한다. ㉠은 ㉡보다 등급이 15등급 낮으므로 밝기는 10^6배 밝다.

오답풀이 ㄴ. ㉠은 태양보다 절대 등급이 10등급 작으므로 태양보다 10000배 밝다. (나)의 질량 광도 그래프에서 광도가 태양보다 10^4배 크면 질량은 태양보다 약 10배이다.

ㄷ. ㉠과 ㉡은 분광형이 같아 색지수가 같으므로 같은 색을 띤다. B형 별은 청백색을 띠는 별이다.

예상 적중 문제

82~85쪽

기본 개념 확인

01 짧아진다　**02** 반지름, 표면 온도　**03** (−)　**04** G2, 칼슘
05 멀다　**06** 크고, 크다　**07** 크고, 짧다　**08** 크고, 크다

01 ②　**02** ④　**03** ②　**04** ③　**05** ⑤　**06** ③　**07** ④
08 ③

01 ㄷ. A는 B보다 표면 온도는 낮지만 광도가 더 크다. 따라서 반지름은 A가 B보다 크다.

오답풀이 ㄱ. 최대 에너지를 방출하는 파장이 길수록 표면 온도가 낮은 별이다. 따라서 표면 온도는 최대 에너지를 방출하는 파장이 더 긴 A가 B보다 낮다.

ㄴ. 광도는 절대 등급이 낮을수록 크고, 등급이 5등급 차이가 나면 밝기는 100배 차이가 난다. 따라서 광도는 A가 B보다 100배 크다.

02 파장에 따른 복사 에너지의 상대적 세기를 나타낸 그래프에서 표

면 온도가 높을수록 최대 에너지를 방출하는 파장은 짧아진다.

ㄴ. B는 태양보다 표면 온도가 낮으므로 최대 에너지를 방출하는 파장이 더 길다.

ㄷ. 반지름이 같다면 표면 온도가 낮을수록 광도가 작으므로 별의 절대 등급이 크다. 따라서 절대 등급은 B가 A보다 크다.

오답풀이 ㄱ. 색지수가 0인 별의 표면 온도는 10000 K이고, 표면 온도가 높을수록 색지수는 작아진다. A는 표면 온도가 30000 K이므로 색지수는 (−)값이다.

03 ㄴ. 색지수가 클수록 표면 온도가 낮으므로 표면 온도가 가장 낮은 별은 A이다.

오답풀이 ㄱ. 색지수=(사진 등급−안시 등급)이므로 B의 안시 등급은 1.62이다.

ㄷ. 표면 온도가 높을수록 색지수가 작고 최대 에너지를 방출하는 파장이 짧다. C는 D보다 색지수가 작으므로 표면 온도가 더 높고, 최대 에너지를 방출하는 파장이 더 짧다.

04 ㄱ. 별은 표면 온도에 따라 스펙트럼을 O, B, A, F, G, K, M형의 7개로 분류하며, O형 별의 표면 온도가 가장 높다. 표면 온도는 O형 > G형 > M형 순이므로 (다) > (가) > (나) 순이다.

ㄴ. 태양의 분광형은 G2형이므로 (가)와 스펙트럼이 가장 유사하다. 별의 표면 온도에 따라 원소의 이온화되는 정도가 다르고, 각각 가능한 이온화 단계에서 특정한 흡수선을 형성하게 된다.

오답풀이 ㄷ. 금속 원소나 분자에 의한 흡수선은 표면 온도가 낮은 별에서 강하게 나타난다.

05 A는 주계열성, B와 C는 적색 거성이다.

ㄱ. 절대 등급(광도)과 분광형(표면 온도)을 비교하면 반지름을 비교할 수 있다. 표면 온도는 가장 낮지만 광도가 가장 큰 C의 반지름이 가장 크고, 광도는 같고 표면 온도가 낮은 B가 A보다 반지름이 크다. 따라서 반지름은 C > B > A 순이다.

ㄴ. 주계열성의 광도 계급은 Ⅴ이고, 거성의 광도 계급은 Ⅱ과 Ⅲ이다. 따라서 광도 계급은 A가 B보다 크다.

ㄷ. 별까지의 거리는 (겉보기 등급−절대 등급)의 값이 클수록 멀다. (겉보기 등급−절대 등급)의 값이 B는 2이고, C는 1이므로 B가 C보다 더 멀리 있는 별이다.

06 M−K 분류법에서 광도 계급 Ⅱ는 밝은 거성, Ⅴ는 주계열성을 나타낸다.

ㄱ. (가)는 K2형 별이고, (나)는 M0형 별이므로, 표면 온도는 (가)가 (나)보다 높다.

ㄷ. 질량 광도 관계가 성립하는 별은 주계열성이므로 (가)이다.

오답풀이 ㄴ. 광도 계급이 작을수록 별의 크기와 광도가 큰 별이다. 따라서 별의 반지름은 (나)가 (가)보다 크다.

07 태양은 스피카보다 광도와 표면 온도가 낮은 주계열성이다.

ㄴ. 주계열성은 질량 광도 관계가 성립하므로 태양은 스피카보다 질량이 작고, 수명은 더 길다.

ㄹ. 색지수는 표면 온도가 낮을수록 크므로 태양이 스피카보다 색지수가 크다.

오답풀이 ㄱ. 겉보기 등급이 작을수록 밝게 보이는 별이다. 태양은 스피카보다 지구에 가까이 있어 겉보기 등급이 매우 작다.

ㄷ. 주계열성은 왼쪽 위에 있을수록 표면 온도가 높고 반지름이 크며 밝은 별이다. 따라서 태양보다 스피카의 반지름이 더 크다.

08 레굴루스와 태양은 주계열성, 알데바란A는 적색 거성, 프로키온B는 백색 왜성에 속한다.

ㄱ. H−R도에서 왼쪽 아래에서 오른쪽 위로 갈수록 별의 반지름이 커진다. 따라서 거성에 해당하는 알데바란A의 반지름이 가장 크다.

ㄴ. 태양 정도의 질량을 가진 별은 주계열성 → 적색 거성 → 행성상 성운, 백색 왜성으로 진화한다. 따라서 진화가 가장 많이 진행된 별은 백색 왜성인 프로키온B이다.

오답풀이 ㄷ. 주계열성에서 H−R도의 왼쪽 위에 있는 별일수록 질량이 크고 수명이 짧다. 따라서 레굴루스는 태양보다 주계열 단계에 머무르는 시간이 짧다.

09강 별의 진화와 에너지원

01 H−R도에서 주계열성은 질량이 큰 별일수록 왼쪽 위에 위치한다. 원시별의 질량이 클수록 중력 수축이 빨라 주계열성에 빠르게 도달하며, 광도가 크고 표면 온도가 높은 주계열성이 된다.

ㄴ. 질량이 큰 주계열성의 내부 구조는 대류핵, 복사층으로 이루어져 있다.

오답풀이 ㄱ. 질량이 더 큰 A가 B보다 중력 수축이 빠르게 일어나 주계열성에 빨리 도달한다.

ㄷ. A와 B 모두 진화 과정에서 H−R도의 왼쪽으로 이동하는데, 이는 표면 온도가 높아지는 것을 나타낸다.

02 (가)는 원시별, (나)는 주계열성, (다)는 적색 거성, (라)는 백색 왜성이다.

ㄱ. 원시별에서 주계열성으로 진화하는 과정의 주된 에너지원은 중력 수축 에너지이다.

ㄴ. (나)는 주계열성으로 중심핵에서 수소 핵융합 반응으로 에너지를 생성하며, (다)는 적색 거성으로 수소 껍질에서 수소 핵융합 반응이 일어난다. 따라서 (나)와 (다)의 내부에서는 모두 수소 핵융합 반응이 일어난다.

오답풀이 ㄷ. 안정된 상태로 가장 오랜 시간을 보내는 단계는 주계열 단계이다. 이처럼 별이 주계열 단계에서 일생의 대부분을 보내는 것은 별을 구성하는 원소의 대부분이 수소이므로 수소 핵융합 반응이 오랜 시간 동안 유지될 수 있기 때문이다.

03 나이가 같은 두 별의 진화 단계가 서로 다른 것은 질량이 달라 진화 속도가 다르기 때문이다. 양성자·양성자 반응(P−P 반응)은 중심부 온도가 1800만 K 이하인 별에서 우세하게 일어나고, 탄소·질소·산소 순환 반응(CNO 순환 반응)은 중심부 온도가 1800만 K 이상인 별에서 우세하게 일어난다.

ㄱ. A는 거성 단계, B는 주계열 단계에 있으므로 질량과 반지름은 A가 B보다 크다.

오답 풀이 ㄴ. 중심부에서 수소 핵융합 반응인 CNO 순환 반응이 우세하게 일어나는 별은 질량이 큰 주계열성이다. A는 거성이므로 중심부에서 수소 핵융합 반응이 일어나지 않는다.

ㄷ. 질량이 작을수록 진화 속도가 느리고 주계열에 더 오래 머무른다.

04 ㄴ. 태양 정도의 질량을 가진 별의 적색 거성 단계에서는 중심부에서 헬륨 핵융합 반응이 일어난다.

오답 풀이 ㄱ. 표면 온도가 높을수록 색지수는 작다. A가 C보다 표면 온도가 높으므로 색지수는 작다.

ㄷ. 주계열성은 기체 압력 차에 의한 힘과 중력이 평형을 이루고 있는 정역학 평형 상태를 이루고 있기 때문에 별의 크기가 변하지 않고 일정하게 유지되지만, 주계열성에서 거성으로 진화하는 과정에서는 기체 압력 차에 의한 힘이 중력보다 커서 별의 반지름이 증가한다.

05 (가)는 태양보다 질량이 매우 큰 별, (나)는 태양과 질량이 비슷한 별의 진화 과정이다. 태양과 질량이 비슷한 별은 적색 거성 이후 행성상 성운과 백색 왜성으로, 태양보다 질량이 매우 큰 별은 초거성 이후 초신성 폭발을 거쳐 중성자별이나 블랙홀로 종말을 맞이한다.

ㄱ. 질량이 클수록 진화 속도가 빠르고 주계열에 머무르는 기간이 짧다. 따라서 (가)는 (나)보다 주계열 단계에 머무르는 기간이 짧다.

ㄴ. CNO 순환 반응은 중심부 온도가 1800만 K 이상인 주계열성에서 우세하게 일어난다. 따라서 질량이 큰 주계열성인 (가)가 (나)보다 중심부 온도가 높아 CNO 순환 반응이 우세하게 일어난다.

오답 풀이 ㄷ. (가)의 진화 과정에서 초신성 폭발을 통해 철보다 무거운 원소가 생성된다. 태양계는 초신성 폭발 후 생성된 성운의 수축으로 생성되었다.

06 태양 정도의 질량을 가진 별은 주계열성 → 적색 거성 → 백색 왜성으로 진화한다.

ㄱ. 밀도는 적색 거성이 가장 작고, 백색 왜성이 가장 크다. 따라서 B<A<D 순으로 크다.

ㄷ. (나)는 별의 중심부에서 헬륨 핵융합 반응이 일어나는 적색 거성(B)의 내부 구조를 나타낸다.

오답 풀이 ㄴ. 철보다 무거운 원소는 초신성 폭발 과정에서 생성된다.

07 ㄱ. 태양 질량의 0.9배 이상인 별은 모두 중심부에서 수소 핵융합 반응이 일어나는 주계열 단계를 거친다.

ㄴ. 태양 정도의 질량을 가진 별은 중심부에서 헬륨 핵융합 반응으로 탄소를 생성하고 더 이상 핵융합 반응이 일어나지 않는다.

오답 풀이 ㄷ. 별은 주계열 단계에서 일생의 대부분을 보낸다.

08 태양보다 질량이 매우 큰 별에서는 핵융합 반응에 의해 무거운 원소가 연속적으로 생성될 수 있다.

ㄱ. 태양 정도의 질량을 가진 별은 수소 핵융합 반응에 의해 헬륨 핵을 생성하므로 (가)와 같은 내부 구조를 가지게 된다.

오답 풀이 ㄴ. 태양보다 질량이 매우 큰 별은 계속적인 핵융합 반응이 일어나 탄소, 규소, 철 등의 무거운 원소가 생성된다. 또한 핵융합 반응이 멈추면 빠르게 중력 수축하다가 엄청난 에너지와 무거운 원소를 우주 공간으로 방출하는 초신성 폭발을 일으키고 중성자별이나 블랙홀이 된다.

ㄷ. 중심부에서 수소 핵융합 반응이 끝난 별은 주계열에서 벗어나 거성으로 진화한다.

예상 적중 문제

90~93쪽

기본 개념 확인

01 크고, 높은　　**02** 탄소　　**03** 짧다　　**04** 백색 왜성　　**05** 초신성 폭발
06 커, 짧다　　**07** P−P　　**08** 복사층

01 ③　　**02** ④　　**03** ②　　**04** ④　　**05** ③　　**06** ②　　**07** ①
08 ②

01 ㄷ. A~D 모두 원시별보다 주계열에 도달했을 때 절대 등급이 커졌다. 즉, 광도가 작아졌다.

오답 풀이 ㄱ. H−R도에서 질량이 큰 별일수록 주계열의 왼쪽 위에 위치하며, 질량이 큰 원시별이 주계열성으로 진화할 때 절대 등급의 변화가 더 작게 나타난다.

ㄴ. 질량이 작은 원시별보다 질량이 큰 원시별이 H−R도에서 수평적으로 이동하므로 표면 온도 변화가 더 크게 나타난다.

02 ㄱ. A~C 중 별의 진화가 가장 많이 진행된 것은 A이고, 질량이 클수록 진화 속도가 빠르므로 주계열에 머무를 때 질량은 A가 B보다 크다.

ㄴ. (나)에서는 중심핵에서 수축이 일어나 내부 온도는 높아지고, 중심핵 바깥층이 팽창하면서 표면 온도는 낮아진다.

오답 풀이 ㄷ. (나)는 적색 거성에 해당하는 B의 내부 구조이다.

03 성단의 진화가 진행될수록 성단을 이루고 있는 별 중에서 주계열성이 차지하는 비율이 작아진다.

ㄴ. (나)에서 M형인 별은 질량이 작아 주계열에 도달하지 않은 원시별로 중력 수축으로 에너지를 생성한다.

오답 풀이 ㄱ. 성단의 진화 과정의 순서는 (나) → (가) → (다)이고, 나이가 가장 많은 성단은 (다)이다.

ㄷ. (나)에서 B형 별은 질량이 매우 큰 별이므로 진화해서 중성자별이나 블랙홀로 최후를 맞이한다.

04 ④ 거성의 광도 계급은 Ⅱ와 Ⅲ이고 주계열성의 광도 계급은 Ⅴ이다.

오답 풀이 ① 별의 일생 중 가장 오랜 시간을 보내는 단계는 주계열성이다.

② 태양 정도의 질량을 가진 주계열성의 분광형은 G형이다.
③ 태양 정도의 질량을 가진 별은 헬륨 핵융합 반응을 마치고 탄소 핵을 가진 백색 왜성으로 일생을 끝낸다.
⑤ 행성상 성운의 중심부에는 백색 왜성이 존재한다.

05 성운 A는 행성상 성운이고, 성운 B는 초신성 폭발의 잔해이다.
ㄱ. 성운 A를 형성한 별보다 성운 B를 형성한 별의 질량이 더 크고 수명은 더 짧다.
ㄴ. 태양 질량의 4배 이상인 별의 경우에는 초신성 폭발이 일어난다.
오답풀이 ㄷ. 성운 A의 중심에는 백색 왜성이 있고 H-R도의 왼쪽 아래에 위치하며, 성운 B의 중심에는 중성자별이나 블랙홀이 있고 H-R도에 나타나지 않는다.

06 ㄴ. (다)는 질량이 매우 큰 주계열성이므로 중심부에서 CNO 순환 반응이 우세하게 일어난다.
오답풀이 ㄱ. 질량이 클수록 중심부에서 수소 소모율이 크고 에너지 생성률이 더 높다. 따라서 중심부에서 수소의 소모율은 (나)가 (가)보다 크다.
ㄷ. A는 백색 왜성으로 핵융합 반응이 일어나지 않는다. 철보다 무거운 원소는 초신성 폭발로 생성된다.

07 ㄴ. 분광형이 K, M형인 주계열성은 질량이 작고 중심부 온도가 낮아 P-P 반응이 우세하게 일어난다.
오답풀이 ㄱ. A는 중심부 온도가 낮은 경우에 우세하게 일어나므로 P-P 반응을, B는 중심부 온도가 높은 경우에 우세하게 일어나므로 CNO 순환 반응을 나타낸다.
ㄷ. 온도 변화에 따른 에너지 생성률의 그래프에서 기울기가 더 급한 것은 온도에 대한 의존도가 높음을 의미한다. 따라서 온도에 대한 의존도는 B가 A보다 높다.

08 ㄴ. 충력 가속도는 질량에 비례하고 반지름의 제곱에 반비례한다. ⓒ은 백색 왜성, ⓔ은 거성으로 표면에서 중력 가속도는 밀도가 큰 ⓒ이 더 크다.
오답풀이 ㄱ. ⓒ은 분광형이 G형인 주계열성이므로 질량은 태양 정도이다. (나)의 내부 구조를 갖는 별은 ⓒ이고, 중심핵에서 수소 핵융합 반응을 하는 주계열성으로 질량이 태양 질량의 2배 이하이다.
ㄷ. 별은 질량에 따라 에너지 전달 방식(대류, 복사)이 다르기 때문에 내부 구조가 다르다. 태양과 질량이 비슷한 별은 중심부와 표면 사이의 온도 차이가 작아 중심핵에서 생성된 에너지가 복사로 전달된 후 바깥층에서 대류로 표면까지 전달되고, 태양보다 질량이 매우 큰 별은 별의 중심부와 표면 사이의 온도 차이가 매우 커서 중심핵에서 생성된 에너지가 대류로 전달된 후 바깥층에서 복사로 전달된다. 따라서 (나)는 태양 정도의 질량을 가진 주계열성의 내부 구조로, 중심핵에서 P-P 반응이 우세하게 일어난다.

10강 외계 행성계와 외계 생명체 탐사

01 중심별과 행성이 공통 질량 중심을 중심으로 공전할 때 중심별의 시선 속도가 변하면서 나타나는 별빛의 파장 변화를 측정하여 행성의 존재를 확인할 수 있다.
ㄱ. 행성과 중심별은 만유인력에 의해 공통 질량 중심을 중심으로 공전하므로 두 천체의 공전 방향은 같다. 중심별이 시계 반대 방향으로 공전하므로, 행성도 시계 반대 방향인 ⓒ 방향으로 공전한다.
오답풀이 ㄴ. 행성의 질량이 클수록 별이 공통 질량 중심에서 멀어지므로 별빛의 시선 속도 변화(a)가 크게 나타난다.
ㄷ. 행성이 A에 위치할 때 중심별은 후퇴 속도가 최대인 지점을 지나 점차 감소하고 있으므로 (나)에서 $T_4 \sim T_5$에 해당한다.

02 ㄱ. (가)는 시선 속도 변화 주기가 행성의 공전 주기가 되며, (나)는 별의 밝기 변화 주기가 행성의 공전 주기가 된다.
ㄴ. 두 가지 방법은 모두 행성의 공전 궤도면이 관측자의 시선 방향과 나란할 때 행성을 찾기 쉽다.
오답풀이 ㄷ. (가)는 도플러 효과를 이용하는 방법으로 행성의 질량이 클수록 행성을 찾기 쉽고, (나)는 식 현상을 이용하는 방법으로 행성의 반지름이 클수록 행성을 찾기 쉽다.

03 ㄷ. 식 현상에 의한 별의 겉보기 밝기 변화폭은 중심별에 대한 행성의 크기 비가 클수록 크게 나타난다. 그런데 (가), (나), (다) 외계 행성계에서 별과 행성의 반지름의 조건이 각각 같으므로 중심별과 행성 사이의 거리가 가까운 (나)가 (다)보다 별의 겉보기 밝기 변화폭이 크게 나타난다.
오답풀이 ㄱ. 중심별과 행성은 공통 질량 중심을 중심으로 서로 마주보며 같은 방향으로 공전한다.
ㄴ. 도플러 효과에 의한 시선 속도 변화폭은 행성의 질량이 클수록 크게 나타나므로 (나)가 (가)보다 크다.

04 ㄱ. 행성의 반지름이 클수록 행성에 의해 가려지는 면적이 커지므로 별의 밝기 감소에 해당하는 A값이 커진다.
오답풀이 ㄴ. 관측자의 시선 방향과 행성의 공전 궤도면이 수직일 경우에는 식 현상을 이용해서 외계 행성을 탐사할 수 없다. 관측자의 시선 방향과 공전 궤도면이 수직인 행성은 미세 중력 렌즈 현상을 이용하는 방법으로 탐사할 수 있다.
ㄷ. 행성의 공전 궤도 반지름이 크면 행성의 크기가 중심별의 크기에 비해 작아져 A값이 작아지므로 행성 탐사가 어려워진다.

05 식 현상에 의한 중심별의 밝기 변화를 관측하여 행성의 존재를 확인할 수 있다.
ㄴ. 행성의 반지름이 클수록 식 현상에 의해 중심별의 밝기 감소폭이 커진다. 한편 지구에서 관측했을 때 식 현상이 일어나는 위치에서의 행성

의 거리가 A가 B보다 먼데 A의 밝기 감소폭이 더 크므로 행성의 반지름은 A가 B보다 크다.

오답 풀이 ㄱ. (나)에서 식 현상이 지속되는 시간은 B가 A보다 길다는 것을 알 수 있다.

ㄷ. 식 현상이 지속되는 시간이 길다는 것은 더 느리게 공전한다는 것이다. 따라서 식 현상이 나타나는 주기는 공전 속도가 느린 B가 A보다 길다.

06 중심별의 시선 속도 변화를 이용하는 방법으로 발견한 행성들은 대부분 질량이 크고, 식 현상을 이용하는 방법으로 발견한 행성들은 대부분 공전 궤도 반지름이 작다. 또한 미세 중력 렌즈 현상을 이용하는 방법으로 발견한 행성들은 대부분 공전 궤도 반지름이 크다.

ㄱ. 시선 속도 변화는 행성에 의한 별빛의 파장 변화를 관측하는 도플러 효과를 이용하여 행성의 존재를 찾는 방법이다.

오답 풀이 ㄴ. 행성의 공전 궤도 반지름이 크면 행성의 크기가 중심별의 크기에 비해 작아지고, 식 현상에 의한 별빛의 밝기 감소폭이 작아지며, 식 현상이 일어나는 주기가 길어지므로 행성 탐사가 어려워진다.

ㄷ. 미세 중력 렌즈 현상을 이용하는 방법은 행성의 공전 궤도면이 관측자의 시선 방향과 수직인 경우에도 탐사 가능하다.

07 ㄱ. S의 생명 가능 지대의 범위가 태양보다 가까운 곳에서 형성되므로 S는 태양보다 표면 온도가 낮은 별이다.

ㄴ. 생명 가능 지대는 물이 액체 상태로 존재할 수 있는 거리의 범위이므로, a에는 액체 상태의 물이 존재할 수 있다.

오답 풀이 ㄷ. 별의 질량이 작을수록 별의 수명이 길기 때문에 행성이 생명 가능 지대에 머물 수 있는 기간이 길어진다. 따라서 생명 가능 지대에 머물 수 있는 시간은 지구보다 a가 길다.

08 ㄷ. 생명 가능 지대는 별의 주위에서 물이 액체 상태로 존재할 수 있는 거리의 범위로, 중심별에서 단위 시간당 단위 면적이 받는 에너지양(S)에 의해 결정된다. 따라서 생명 가능 지대에 존재하는 행성의 S 값은 태양계와 같다.

오답 풀이 ㄱ. 중심별로부터 생명 가능 지대에 놓인 행성 A까지 안쪽 경계에 있는 행성의 수는 4개로 태양계보다 많다.

ㄴ. 태양보다 광도가 작은 별이므로 S=1인 별까지의 거리는 1 AU보다 가까울 것이다.

예상 적중 문제

98~99쪽

기본 개념 확인

01 청색, 음(−)	**02** 클	**03** 불가능	**04** 넓어진다

01 ⑤	**02** ①	**03** ④	**04** ④

01 관측자와 별 사이의 거리가 가까워지면 별빛의 파장이 원래 파장보다 짧게 관측되고, 멀어지면 별빛의 파장이 원래 파장보다 길게 관측되는데, 이와 같은 현상을 도플러 효과라고 한다.

ㄱ. 시선 속도의 변화 주기가 약 6일이므로 행성의 공전 주기는 약 6일이다.

ㄴ. 외계 행성의 질량이 클수록 외계 행성과 중심별의 공통 질량 중심이 별에서 멀어지므로 중심별의 시선 속도 변화가 커진다.

ㄷ. 별의 시선 속도가 양(+)의 값에서 음(−)의 값으로 변할 때는 중심별이 2에서 1로 이동할 때이므로 행성은 2′에서 1′로 이동하게 된다. 따라서 외계 행성은 중심별의 앞쪽을 지나게 된다.

02 ㄱ. 행성의 공전 주기는 식 현상이 나타나는 주기이므로 A와 B의 공전 주기는 각각 4일과 7일이다.

오답 풀이 ㄴ. 행성의 단면적이 클수록 중심별을 가리는 면적이 넓어져 밝기 감소율이 증가한다. 중심별의 밝기가 감소하는 비율이 A : B=1 : 4이므로 반지름의 비는 1 : 2이다. 따라서 행성의 반지름은 B가 A보다 2배 크다.

ㄷ. 별의 밝기가 최대로 감소할 때 행성은 별 앞쪽을 통과할 때이고, 이때 별은 행성 뒤쪽에서 관측자의 시선 방향과 수직으로 움직이므로 시선 속도 변화는 0이다.

03 두 별이 같은 시선 방향에 있을 때 뒤쪽에 있는 별로부터 오는 빛이 앞쪽에 있는 별이나 행성의 중력에 의해 미세하게 굴절되어 더 밝게 보이는 미세 중력 렌즈 현상을 이용하여 행성을 탐사한다. 미세 중력 렌즈 현상을 이용하면 행성의 공전 궤도면이 관측자의 시선 방향과 수직일 때에도 행성의 존재를 확인할 수 있다.

ㄴ. 앞쪽 별이 행성을 가지고 있으면 행성에 의한 중력 효과로 뒤쪽 별의 밝기가 (나)에서 A와 같이 추가적으로 변하게 되어 행성의 존재를 확인할 수 있다.

ㄷ. 행성의 질량이 작은 경우에도 미세한 밝기 변화가 나타나므로 질량이 작은 행성을 찾는 데도 이용할 수 있다.

오답 풀이 ㄱ. 미세 중력 렌즈 현상은 뒤쪽 별(먼 천체)의 별빛이 앞쪽 별의 중력에 의해 미세하게 굴절되어 뒤쪽 별의 밝기가 변하는 현상이다. 따라서 B는 지구와 가까운 앞쪽 별의 중력에 의한 미세 중력 렌즈 현상으로 나타난 뒤쪽 별의 밝기 변화이고, A는 지구와 가까운 앞쪽 별 주위를 공전하는 행성에 의한 중력 효과로 뒤쪽 별의 밝기 변화가 추가적으로 나타난 것이다.

04 생명 가능 지대는 물이 액체 상태로 존재할 수 있는 거리의 범위이다.

ㄴ. 별의 질량이 클수록 생명 가능 지대의 거리가 별에서 멀어지고 별의 수명이 짧아 행성이 생명 가능 지대에 머물 수 있는 시간이 짧다. 케플러-452가 태양보다 질량이 크므로 수명이 짧다. 따라서 케플러-452b는 지구보다 생명 가능 지대에 머물러 있는 시간이 짧다.

ㄷ. 케플러-186f와 케플러-452b는 모두 생명 가능 지대에 위치하므로 물이 액체 상태로 존재할 수 있다.

오답 풀이 ㄱ. 케플러-186f는 중심별로부터의 거리는 수성과 같지만, 중심별의 광도가 태양보다 작고 생명 가능 지대에 위치하므로 수성보다 표면 온도가 낮다.

11강 외부 은하와 우주 팽창

102~103쪽

01 ① **02** ⑤ **03** ② **04** ⑤ **05** ② **06** ③ **07** ④
08 ①

01 외부 은하는 가시광선 영역에서 관측되는 형태에 따라 타원 은하, 나선 은하, 불규칙 은하로 분류한다.

ㄱ. 색지수가 클수록 붉은색 별의 비율이 높다. E0~E7인 타원 은하가 Irr 불규칙 은하보다 색지수가 더 크므로 붉은색 별의 비율이 높다.

오답 풀이 ㄴ. 나선 은하에서 a → b → c로 갈수록 색지수가 작아지고 있다. 이는 파란색의 젊은 별들의 비율이 높다는 것을 의미한다. 따라서 Sb형 은하는 Sa형 은하보다 젊은 별의 비율이 높다.

ㄷ. 새로 태어난 젊은 별들은 색지수가 작다. 따라서 별의 탄생은 불규칙 은하에서 가장 활발하다. 타원 은하는 성간 물질이 거의 없어 새로운 별이 거의 탄생하지 않는다.

02 퀘이사는 은하이지만 너무 멀리 있어 하나의 별처럼 보인다. 세이퍼트은하는 일반적인 은하에 비해 핵이 다른 부분보다 상대적으로 밝고 가스운이 매우 빠른 속도로 움직이고 있다.

ㄱ. 적색 편이량이 매우 크게 나타나는 (가)가 퀘이사이다.

ㄴ, ㄷ. 수소 방출선의 적색 편이량이 클수록 후퇴 속도가 빠르고 지구에서 은하까지의 거리가 멀다.

03 전파 은하는 보통의 은하보다 수백 배 이상 강한 전파를 방출하는 은하로, 에너지 방출원인 중심핵과 핵의 양쪽으로 거대한 돌출부인 로브가 있으며, 로브와 핵은 제트로 연결되어 있다.

ㄴ. (나)의 전파 영상에서 보면 중심핵에서 매우 강한 전파를 방출하고 있다.

오답 풀이 ㄱ. 전파 은하는 가시광선 영상에서 타원 은하로 관측되며 중심핵에서 물질이 분출되고 있다.

ㄷ. 우주 탄생 초기의 은하로 하나의 별처럼 관측되는 은하는 퀘이사이다.

04 멀리 있는 은하일수록 빠르게 멀어지는 현상은 우주가 팽창한다는 것을 의미한다.

ㄱ. 밝기는 거리의 제곱에 반비례하므로 A는 B보다 약 9배 밝게 보인다.

ㄷ. 우주가 팽창함에 따라 C까지의 거리는 멀어지므로 후퇴 속도는 현재보다 빨라질 것이다.

오답 풀이 ㄴ. B에서 A와 C까지의 거리비는 2 : 3이므로 B에서 본 C의 후퇴 속도는 A의 1.5배이다.

05 우주 배경 복사는 우주 온도가 약 3000 K일 때 방출된 복사로, 우주가 팽창하는 동안 파장이 길어져 현재는 온도가 약 2.7 K인 복사로 관측된다.

ㄷ. 우주가 팽창함에 따라 우주의 온도가 낮아지므로 파장은 점점 길어질 것이다.

오답 풀이 ㄱ, ㄴ. 우주 배경 복사는 빅뱅 우주론의 증거로, 우주의 온도가 현재보다 매우 높았을 때 방출되었으며 우주가 팽창하면서 파장이 길어져 현재는 2.7 K 복사로 관측된다.

06 급팽창 이론은 빅뱅 이후 우주가 빛보다 빠른 속도로 팽창하였다는 이론으로, 빅뱅 우주론의 세 가지 문제점인 우주의 지평선 문제, 우주의 평탄성 문제, 우주의 자기 홀극 문제를 설명하였다.

ㄱ. A는 빅뱅 우주론을, B는 ㉠ 시기에 우주의 반지름이 급격하게 팽창하고 있는 급팽창 이론을 나타낸다.

ㄷ. 급팽창 이론으로 우주의 지평선 문제, 우주의 평탄성 문제, 우주의 자기 홀극 문제를 설명할 수 있었다.

오답 풀이 ㄴ. 급팽창 이론에서는 ㉠ 시기에 우주가 빛보다 빠른 속도로 팽창하였다고 설명한다. 우주의 크기가 급팽창 이전에는 우주의 지평선보다 작았고 급팽창 이후에는 우주의 지평선보다 크다고 설명한다.

07 가속 팽창 우주는 보통 물질, 암흑 물질, 암흑 에너지를 모두 고려한 모델이다. 우주를 구성하는 물질의 중력 때문에 시간에 따라 우주의 팽창 속도가 감소할 것이라고 예상했지만 Ⅰa형 초신성 관측을 통해 우주의 팽창 속도가 점점 빨라지고 있다는 것이 밝혀졌다.

ㄱ, ㄴ. 허블 법칙으로 구한 초신성의 겉보기 등급은 우주의 팽창 속도가 일정하다고 했을 때의 값이고, 관측 결과 초신성의 겉보기 밝기는 더 어둡게 관측되었다. 이는 Ⅰa형 초신성의 거리가 허블 법칙으로 예측한 거리보다 우리에게서 더 멀리 떨어져 있음을 의미한다.

오답 풀이 ㄷ. 암흑 에너지는 척력으로 작용해 우주를 가속 팽창시킨다.

08 ㄱ. 현재 우주에서 인력으로 작용하는 요소는 보통 물질과 암흑 물질로 척력으로 작용하는 암흑 에너지보다 차지하는 비율이 낮다.

오답 풀이 ㄴ. 암흑 물질은 전자기파로 관측되지 않아 중력적인 방법을 통해서만 관측할 수 있다. 현재는 26.8 %, 115억 년 후에는 4.2 %, 245억 년 후에는 0.6 %로 우주 구성 요소 중 차지하는 비율이 점점 감소하고 있으며, 우주가 팽창함에 따라 암흑 물질의 밀도는 점점 작아질 것이다.

ㄷ. 우주가 팽창함에 따라 척력으로 작용하는 암흑 에너지가 차지하는 비율이 커지고 있으므로 115억 년 후에는 현재보다 우주의 팽창 속도가 빨라질 것이다.

104~107쪽

기본 개념 확인

01 나선팔 **02** 넓은 **03** 인력 **04** 빠르고, 멀다 **05** 3 : 1
06 3 : 1, 우주 배경 복사 **07** 작아서 **08** 가속

01 ② **02** ⑤ **03** ② **04** ④ **05** ④ **06** ② **07** ③
08 ③

01 가시광선 영역에서 관측한 형태로 은하를 분류하면 (가)는 타원 은하, (나)는 나선 은하이다.

ㄷ. 타원 은하는 성간 물질이 거의 없고 나선 은하는 나선팔에 성간 물질

이 많이 분포하고 있다. 따라서 보통 물질 중 성간 물질이 차지하는 비율은 (가)가 (나)보다 작다.

오답 풀이 ㄱ. 은하의 모양과 진화는 관련이 없다. 허블은 은하가 타원 은하에서 나선 은하로 진화한다고 생각하였으나 은하에서 나이가 많은 별들이 차지하는 비율이 나선 은하보다 타원 은하에서 더 크게 나타나는 것으로부터 허블이 제시한 은하 분류 체계는 은하의 진화 순서와 상관없음을 알 수 있다.

ㄴ. 사진 등급(B 등급)과 안시 등급(V 등급)의 차이를 색지수라고 하는데 별의 표면 온도가 낮아 붉은색으로 보일수록 색지수가 크다. (나)에서 은하 중심부에는 나선팔보다 나이가 많은 붉은색 별이 더 많이 분포하므로 색지수는 더 크다.

02 세이퍼트은하의 핵에서 관측한 스펙트럼에서는 폭이 넓은 방출선이 나타난다.

ㄱ. 세이퍼트은하는 가시광선 영역에서 대부분 나선 은하의 형태로 관측된다.

ㄴ, ㄷ. 세이퍼트은하의 내부에서는 가스운이 매우 빠른 속도로 움직이고 있어 스펙트럼에서 넓은 방출선이 관측된다.

03 두 은하가 가까이 접근하면 은하끼리 서로 인력이 작용하여 길게 휘어진 구조물과 같은 특이한 형태가 나타나기도 한다.

ㄷ. 은하가 충돌하는 과정에서 별끼리의 충돌은 일어나지 않지만 거대한 분자 구름들은 충돌하고 압축되면서 성운의 밀도가 증가하게 되므로 별의 탄생을 촉진한다.

오답 풀이 ㄱ. 충돌 은하는 가까운 곳에 위치한 두 은하 사이에 강한 인력이 작용할 때 은하가 충돌하여 형성된다. 이 과정에서 두 은하 사이의 거리가 가까워지므로 청색 편이가 나타날 것이다.

ㄴ. 나선 은하의 충돌로 불규칙 은하가 형성되는 것은 아니다. 은하의 충돌과 은하의 진화와는 관련이 없다.

04 허블 법칙은 은하의 거리와 후퇴 속도가 비례한다는 것이다.

ㄴ, ㄷ. 후퇴 속도는 적색 편이량이 더 큰 은하 A가 은하 B보다 빠르다. 허블 법칙에 따르면 외부 은하의 후퇴 속도가 빠를수록 지구로부터의 거리가 더 멀다.

오답 풀이 ㄱ. 그래프에서 기울기는 허블 상수로, 허블 상수 $H = \dfrac{v}{r}$ 이다.

$$H = \frac{v}{r} = \frac{5 \times 10^4 \text{ km/s}}{30억 \text{ 광년}} = \frac{5 \times 10^4 \text{ km}}{900 \text{Mpc}} \fallingdotseq 55.5 \text{ km/s/Mpc}$$

05 빅뱅 우주론에서는 우주의 질량은 일정하고, 우주가 팽창함에 따라 우주의 밀도와 온도는 감소한다.

ㄴ, ㄷ. 우주가 팽창함에 따라 우주의 온도는 낮아지고 우주의 밀도는 감소한다.

오답 풀이 ㄱ. 빅뱅 우주론에 따르면 우주의 팽창 속도는 일정하고, 멀리 있는 은하일수록 후퇴 속도가 빠르다.

06 빅뱅 우주론의 증거에는 수소와 헬륨의 질량비가 약 3 : 1이라는 것과 우주 배경 복사 등이 있다.

ㄴ. 헬륨 원자핵이 생성된 후 수소 원자핵과 헬륨 원자핵의 개수비는 12 : 1이고, 질량비는 약 3 : 1이었다.

오답 풀이 ㄱ. 헬륨 원자핵이 생성된 것은 빅뱅 후 약 3분까지이다.

ㄷ. 빅뱅 우주론에서 예측한 수소와 헬륨의 질량비는 약 3 : 1로 현재 관측한 값과 일치한다.

07 우주의 지평선은 우주가 광속으로 팽창한다고 가정할 때의 우주 크기이다. 급팽창 이론에서는 급팽창 이전의 우주 탄생 초기에는 우주의 크기가 우주의 지평선 크기보다 작았기 때문에 양끝의 두 지점에서 정보를 충분히 교환할 수 있었다고 설명하여 빅뱅 우주론에서 설명하지 못했던 우주의 지평선 문제를 해결하였다.

ㄱ. (가)의 우주 모형에서는 우주의 크기가 급팽창 이전에는 우주의 지평선보다 작았고, 급팽창 이후에는 우주의 지평선보다 크므로, (가)는 급팽창 이론의 우주 모형이다.

ㄷ. 급팽창 이전에 우주의 크기는 (가)에서는 우주의 지평선보다 작았고, (나)에서는 우주의 크기가 우주의 지평선이다.

오답 풀이 ㄴ. (나)의 빅뱅 우주론에서는 우주의 지평선 문제, 우주의 평탄성 문제, 우주의 자기 홀극 문제를 해결하지 못하였다.

08 A는 가속 팽창 우주, B는 팽창 속도가 일정한 우주, C는 평탄 우주이다. 최근에 관측한 결과를 통해 현재 우주는 팽창 속도가 점점 증가하는 가속 팽창 우주임이 밝혀졌다. 또한 현재로부터 우주의 크기가 0이되는 시점 즉, 대폭발이 일어난 시점까지의 시간으로 우주의 나이를 추정할 수 있다. 따라서 가속 팽창 우주 모형으로 추정한 우주의 나이가 평탄 우주 모형으로 추정한 우주의 나이보다 많다.

ㄷ. 우주의 크기가 0이 되는 점이 대폭발이 일어난 시점이므로 현재부터 이 점까지의 시간으로 우주의 나이를 추정할 수 있다. 우주의 크기가 0이 되는 점까지의 시간은 A 우주 모형이 C 우주 모형보다 더 길다.

오답 풀이 ㄱ. 암흑 에너지는 우주에 널리 퍼져 있으며 척력으로 작용해 우주를 가속 팽창시키는 역할을 하는 것으로 추정하고 있다. 따라서 암흑 에너지를 고려한 우주 모형은 A이다.

ㄴ. A 우주 모형에서 ㉠ 시기는 우주가 감속 팽창하는 시기이고, 현재 우주는 가속 팽창하고 있다. 따라서 A에서 ㉠ 시기에 우주 팽창 속도는 현재보다 작았다.

◆ 대단원 예상 적중 자료 정리

108~109쪽

① 100배　② 파란　③ 작아　④ 짧다　⑤ 커　⑥ 크다　⑦ 백색 왜성　⑧ 큰　⑨ 원시별　⑩ 많다　⑪ 정역학　⑫ CNO 순환　⑬ 적색 편이　⑭ 0　⑮ 공전　⑯ 수직　⑰ 크　⑱ 비례　⑲ 허블 상수　⑳ 작았　㉑ 크다　㉒ 평탄성　㉓ 홀극

MEMO

MEMO

start
15 min
complete